Bester Sex 3

Alexandra Newski, Mia Ming, Marie Sommer,
Christiane Hagn, Cornelia Jönsson, Julia Strassburg,
Kira Licht und viele andere

Bester Sex 3

33 Frauen erzählen von ihren
aufregendsten, unanständigsten
& romantischsten Abenteuern

SCHWARZKOPF & SCHWARZKOPF

> »*Wir hatten Sex in den Trümmern und träumten.*
> *Wir fanden uns ganz schön bedeutend.*«
>
> DIE STERNE

Liebe Leserinnen,
liebe Leser!

Manche mögen's heiß, wir mögen's heißer: Nachdem wir in *Bester Sex* und *Bester Sex 2* bereits erfahren haben, dass es nicht alle Frauen kuschelig-romantisch mögen und dass sich die außergewöhnlichsten sexuellen Abenteuer nur selten mit einem Fremden ereignen, wollten wir mehr über die aufregendsten Begegnungen, unanständigsten Erlebnisse und ekstatischen Augenblicke normaler Frauen wissen. Denn auch das haben wir aus den ersten beiden Teilen unserer Reihe bereits gelernt: Was Frauen anmacht, das lässt sich in wenigen Worten kaum zusammenfassen. So unterschiedlich ihre Persönlichkeiten sind, so unterschiedlich sind auch ihre Vorlieben und Höhepunkte. Deshalb hat jede ihre ganz eigene Antwort auf die Fragen: Was macht eine Nacht zur aufregendsten des Lebens? Wie wird Mann zum Don Juan? Und wie fühlt er sich wirklich an, der allerbeste Sex?

Bei solch einer Vielfalt haben sich unsere erfahrenen Lust-&-Liebe-Autorinnen nur allzu gern erneut auf die Suche nach hocherotischen Storys gemacht, nach den Geschichten, die beste Freundinnen einander nach einer Flasche Rotwein zuflüstern. Detailreich und offenherzig berichten Mia Ming, Marie Sommer, Christiane Hagn, Kira Licht, Verena Maria Dittrich, Cornelia Jönsson und viele andere von ihren eigenen Sternstunden und denen ihrer Geschlechtsgenossinnen. Seien Sie gespannt auf 33 weitere wahre Geschichten, die garantiert für rote Ohren sorgen und Ihre Lust auf eigene Bester-Sex-Erlebnisse wecken.

Viel Spaß und ein inspririendes Leseerlebnis wünscht das
Schwarzkopf-&-Schwarzkopf-Team!

HANNA DONATH

Das Spiel

Eva (29), PR-Agentin, München,
über
Florian (32), Marketingmanager, München

- - - - - - - - - - - -

»Ich war nicht darauf aus, etwas Ernstes
anzufangen, jetzt sollte es nur um Spaß gehen.
Ich sah es wie ein Spiel, als die einzige Möglichkeit,
wieder einen Mann an mich heranzulassen.«

- - - - - - - - - - - -

Manchmal zieht dir das Leben die Beine weg. Einfach so. Da bist du Ende zwanzig, beruflich läuft es prima, du hast viele Freunde und einen geregelten Alltag – und nur ein einziger Mann kann dir alles kaputt machen. Von heute auf morgen funktioniert gar nichts mehr. Zumindest ging es mir so: Ich war 28 und seit fast fünf Jahren glücklich mit meinem Freund zusammen. Doch eines Tages brach all das, was wir uns aufgebaut hatten, zusammen. Es war der Tag, an dem er auszog. Keine Diskussion vorher, kein Gespräch, kein Beziehungsrettungsversuch. Er packte seine Sachen und ging. Und ließ mich zurück. Oder besser das, was von mir noch übrig war. Und das war beileibe nicht viel.

Wochenlang verkroch ich mich zu Hause, ging wie ferngesteuert zur Arbeit. Ich hatte den Spaß am Leben verloren, manchmal fehlte mir sogar die Kraft zum Aufstehen. Der Glanz in meinen Augen war erloschen, mein Dasein war unerträglich geworden. Nur wenn ich fast vor Erschöpfung umfiel, schlief ich ein paar Stunden. Ich aß, wenn ich der Ohnmacht nahe war. Ich ärgerte mich über mich selbst. Ich war eine selbstständige Frau mit einem eigenen Leben und doch konnte so ein Scheißkerl mich so sehr ins Wanken bringen, dass ich nahe dran war, alles zu verlieren, was mir Freude bereitete. Damals dachte ich, ich würde mein Herz nie wieder an jemanden verschenken können. Nicht, wenn es so sehr wehtat, es zurückzubekommen. Ich war nie ein Kind von Traurigkeit gewesen, ich hatte schon immer zwischen Sex und Liebe unterscheiden können und ich hatte nie ein Problem mit unverbindlichen Liebeleien gehabt. Die Trennung hatte mir aber so sehr zugesetzt, dass zu dieser Zeit ein Abenteuer für mich nicht infrage kam. Allein der Gedanke daran, dass mir jemand nahe kam – und wenn es nur körperlich war –, erschreckte mich. Ich wollte zunächst nur Kräfte sammeln und wieder auf die Beine kommen.

Zwei meiner Kollegen, Reto und Christoph, waren an meiner Seite. Sie merkten, dass ich mich verändert hatte, und taten alles, um mich von meinem Herzschmerz abzulenken. Einmal in der Woche, immer donnerstags, trafen sich die Jungs auf ein gepflegtes Feierabendbesäufnis, ich ließ mich überreden mitzugehen. Außer ihnen kamen noch Retos Frau, Christophs Mitbewohner, dessen Freundin und ein Kumpel des Mitbewohners: Flo.

Flo war der Typ Mann, dem du aus hundert Metern Entfernung ansiehst, dass er dir wehtun kann. Einer, der teure Lederjacken trägt und die BH-Größe einer Frau kennt, ehe er ihr überhaupt die Hand geschüttelt hat, einer, der bestimmen will, wo es langgeht. Zu diesem Zeitpunkt wusste ich sehr genau, was ich wollte – und was nicht. Und einen wie ihn sicher nicht. Doch ich gefiel ihm, das merkte ich bereits beim ersten Hallo, er zog beide Brauen hoch, musterte mich lächelnd und legte den Kopf schief, als er mir die Hand reichte. Ich kannte diese Regeln, doch ich hielt mich nicht an sie.

Aber Flo war keiner, der schnell aufgab. Im Gegenteil: Meine Distanziertheit reizte ihn – umso mehr, je öfter sich unsere Runde traf. Von Donnerstag zu Donnerstag wurde er süßer. Er strahlte, wenn ich zur Tür hereinkam, er sah mir hinterher, wenn ich aufs Klo ging, er versuchte stets, einen Platz in meiner Nähe zu ergattern. Er lachte über meine Witze und manche Geschichten erzählte er nur für mich.

Die Wochen verstrichen, mein Herz erholte sich langsam und das Leuchten in meinen Augen kehrte zurück. Viel zu lange hatte ich an der Trennung geknabbert, doch nun ging es mir wieder besser. Einfach so. An einem Donnerstagmorgen. Ich war freier als je zuvor und fühlte mich wieder richtig wohl. Es war das erste Mal, dass ich mich wirklich auf unseren Donnerstagabend freute, der Sommer hatte begonnen, die Luft war warm und mir ging's gut.

Und an diesem Abend reagierte ich zum ersten Mal auf Flos Geschäker. Ich weiß gar nicht mehr genau, worum es im Gespräch der Runde ging. Ich sah quer über den Tisch, erwiderte Flos Blick und zwinkerte ihm zu. Er war sichtlich baff und wurde sogar ein bisschen rot. Als ich nach diesem Abend nach Hause lief, nahm ich mir vor, mir für nächsten Donnerstag etwas einfallen zu lassen.

Ich war nicht darauf aus, etwas Ernstes anzufangen, jetzt sollte es nur um Spaß gehen. Ich sah es wie ein Spiel, als die einzige

Möglichkeit, wieder einen Mann an mich heranzulassen. Aber nur in mein Bett, ermahnte ich mich, nicht in mein Herz, nicht in mein Leben, nicht in meinen Kopf. Ich wollte Sex, sonst nichts. Ich wollte unverletzbar sein.

Die Woche verging unendlich langsam und dann wurde es doch endlich Donnerstag. Am Morgen stand ich lange vor dem Spiegel und überlegte, was ich anziehen sollte. Schließlich entschied ich mich für ein weißes Sommerkleidchen und Sandalen mit Keilabsatz. Während der Arbeit konnte ich mich kaum konzentrieren, immer wieder erwischte ich mich dabei, wie ich auf die Uhr linste. Als endlich Feierabend war und Christoph und Reto mich abholten, hatte ich mir bereits die Lippen nachgeschminkt, die Haare gerichtet und war richtig aufgeregt. Verrückt! Ich fühlte mich wie ein junges Mädchen vor seinem allerersten Date. Möge die Nacht beginnen, dachte ich und verließ mit den Kollegen das Gebäude.

Wir trafen uns in einer Tapas-Bar. Die Jungs und ich tranken schon den ersten Caipi, als Flo endlich zu uns stieß. Er trug einen sommerlichen Anzug, hatte die Krawatte bereits abgelegt und das Hemd aufgeknöpft. Er sah mir in die Augen und ich grinste ihn an. Ich glaube, er kapierte es sofort.

Und so fingen wir an zu spielen. Nach der ersten Caipi-Runde schwenkten wir auf Sex on the beach um und das Gespräch begann, nun ja, um Sex am Strand zu kreisen. Das süße Zeug lockerte die Zunge und jeder packte eine unterhaltsame Geschichte aus. Die Stimmung wurde heißer und ich genoss den Abend.

Schließlich ergriff ich die Initiative, nahm Flo an der Hand und sagte: »Lass uns eine rauchen gehen.« Er ließ den Drink stehen und folgte mir nach draußen. Wir standen zwischen alten Gemäuern, vor uns eine Steintreppe in die Altstadt. Ein warmer Wind wehte. Ich stand so nah neben ihm, dass mein Oberschenkel seinen berührte, und erzählte ihm von einem Festival, das ich im vorherigen Sommer besucht hatte. Ich legte meine Hand wie zufällig auf seinen Unterarm und merkte, dass er seine Aufregung zu verbergen versuchte. Ich drehte mich zu ihm, legte die andere Hand an seine Hüfte und meinen Kopf ein wenig schief. In dem Moment, in dem er sich zu mir runterbeugen wollte, um mich zu küssen, begann mein Spiel. Ich unterbrach ihn: »Lass uns nach den anderen schauen.«

Wir gingen gemeinsam zurück und bestellten eine Runde Margaritas. Mittlerweile stand die ganze Gruppe um einen Tisch herum, doch das Gespräch schien uns beide nicht länger zu betreffen. Wann immer sich die Gelegenheit ergab, berührte ich ihn wie zufällig mit den Händen, mit den Armen oder gleich mit der Hüfte. Er konnte seine Hände kaum mehr bei sich behalten und ich genoss das Spiel. Ab und zu ließ ich es zu, dass er unter dem Tisch nach meiner Hand griff. Ich drückte dann kurz zu, streifte mit meinem Zeigefinger über seinen Handrücken – und ließ wieder los. Ich entzog mich ihm immer dann, wenn er dachte, er habe die Zügel in der Hand. Meine Regeln, ich bestimmte, was geschah.

Es wurde später und wir beschlossen, noch weiterzuziehen. Jetzt müssen wir allein sein, dachte ich, jetzt oder nie. Ich erfand eine lahme und allzu leicht durchschaubare Ausrede von meinem leeren Portemonnaie und dem Geldautomaten am anderen Ende der Innenstadt und sagte, ich käme dann nach. Als ich mich zum Gehen wandte, warf ich Flo einen kurzen Blick zu. Er reagierte sofort. Wir verschwanden nach rechts, die anderen nach links.

Im Vorraum der Bank war es dunkel und kühl, ich tippte meine Geheimzahl ein, als Flo mich von hinten umarmte. Ich

Wann immer sich die Gelegenheit ergab, berührte ich ihn wie zufällig mit den Händen, mit den Armen oder gleich mit der Hüfte.

nahm mit einer Hand das Geld, drehte mich zu ihm und küsste ihn. Der Kuss war feucht und aufgeregt, aber innig. Ich hatte gedacht, nach der langen Zeit mit ein und demselben Mann würde es sicher merkwürdig sein, einen anderen zu küssen. Und das war es auch. Merkwürdig, aber großartig.

Er drückte mich gegen den Automaten und ich schlang meine Arme um seinen Hals. Seine Hände lagen auf meinem Hintern und er griff so fest zu, dass er mein Kleid völlig zerknitterte. Irgendwann löste ich mich von ihm und zog ihn aus der Bank.

Draußen war die Luft noch so heiß wie am Tage. Ich strich mir durch die zerzausten Haare, Flo sah mich fragend an. Ohne ein Wort zu sagen, zerrte ich ihn in die Einkaufspassage gegenüber und direkt in einen Fotoautomaten. Ich machte den Vorhang zu, lächelte ihn schief an und ließ mich rittlings auf seinem Schoß nieder. Ich sah ihm in die Augen und näherte meine Lippen seinen. Kurz bevor sie sich berührten, hielt ich inne. Doch Flo ließ mich nicht aus den Augen, packte mich am Nacken und zog mich nah an sich heran. Ungestüm küssten wir uns und ich schob meine Hand in seine Hose. Dummerweise endete der Vorhang in der Fotokabine genau dort, wo es für Umstehende spannend wurde. Leute sammelten sich vor der Kabine, wir hörten sie kichern und reden. Doch das machte uns nichts aus, wir knutschten wie die Teenies, meine Bewegungen wurden drängender, der Schwanz in meiner Hand immer härter. Ganz kurz ließ ich seine Finger in mich gleiten und stöhnte auf. Dann hielt ich seine Hände jedoch fest und gab selbst das Tempo vor. Flo war schier wahnsinnig vor Lust und ich genoss es, die Kontrolle zu haben. Ich kam noch vor ihm, erhob mich, richtete mein Kleid und knöpfte Flos Hose zu, ohne ihn dabei aus den Augen zu lassen. Kurz bevor er aufstehen konnte, flüsterte ich ihm ins Ohr: »Das war nur der Anfang, keine Angst«, und verließ die enge Kabine. Flo trottete mir hinterher und die Menschentraube machte uns anstandslos Platz. Einige lachten und zwei Jungs applaudierten. Doch das war mir egal.

Kurz bevor er aufstehen konnte, flüsterte ich ihm ins Ohr: »Das war nur der Anfang, keine Angst«.

»Lass uns was trinken gehen«, sagte ich, bevor er auch nur einen klaren Gedanken fassen konnte. Wir verschwanden in einer kleinen schummrigen Bar, die mitten in der Woche eher leer blieb. Auf zwei Ebenen gab es Theken und Tische und in der untersten Etage eine Lounge. Ein rotes Sofa an der Wand lachte uns an. Wir kauften zwei Bier und ließen uns dort nieder. Niemand war hier und der Barkeeper musste um die Ecke kommen, um unseren Tisch sehen zu können.

Flo ließ sich mit dem Rücken zur Wand nieder und ich verschwand kurz zur Toilette. Dort zögerte ich einen Moment, ehe ich mein Höschen auszog, es in die Handtasche steckte und zurück an den Tisch ging. Ich blieb vor Flo stehen und sah ihn an, sein Blick und die Beule in seiner Hose verrieten seine Erregung. Er atmete tief ein, als ich seine Hand nahm und so weit unter mein Kleid schob, dass er fühlen konnte, dass ich nichts darunter trug. Ich beugte mich über ihn, knöpfte seine Hose auf und befreite seinen Schwanz, der sofort auf meine Berührungen reagierte. Ich fackelte nicht lange und ließ mich rittlings auf ihm nieder. Flo fing augenblicklich an, mich auf und ab zu bewegen. Ich legte meine Arme um seinen Hals und drückte ihn an mich.

Verdammt, wir waren zu laut, der Reiz des Verbotenen war zwar ganz nett, aber in flagranti beim Vögeln in einer Bar erwischt werden, wollte ich dann doch nicht. Zu mir?, schoss es mir durch den Kopf, oder zu ihm? Oder …

»Komm«, flüsterte ich und zog Flo um die Ecke in die Damentoilette. Der Raum war furchtbar klein und hatte eine hübsche blau gestrichene Tür. Es gab nur eine Kabine, die war aber wenigstens mit Wänden vom Boden bis zur Decke recht luft- und geräuschdicht abgeschlossen. Wir zwängten uns beide hinein und ich schloss die Tür ab. Flo setzte sich auf den Toilettendeckel und ich drehte ihm den Rücken zu und beugte mich, soweit es ging, nach vorn, hielt mich an der Klinke fest und ließ zum ersten Mal an diesem Abend ihn machen.

Er kam schnell und heftig. Zu meiner Überraschung war sein Schwanz danach aber immer noch hart, sodass ich mich nun vorwärts auf seinen Schoß setzte und Flo mit beiden Armen umklammerte. Zum ersten Mal kam Intimität auf, wir küssten uns innig, unsere Körper waren mittlerweile klatschnass geschwitzt, die Lippen ebenso feucht wie der Rest. Wir kamen beim zweiten Mal fast gleichzeitig. Ich lachte, strich mir eine Strähne aus dem Gesicht und sagte: »Lass uns zu mir gehen.«

Wir verließen die Bar, nahmen ein Taxi und betraten meine Wohnung. Ich war erst vor wenigen Wochen eingezogen, doch mein Schlafzimmer war schon fertig. Weißes Bett, weißes Parkett, weiße Vorhänge, weißer Schrank, ich im weißen Kleid. Ich öffnete eine Flasche Wein und wir verbrachten die ganze Nacht gemeinsam. Wenn wir uns nicht ineinander verschlungen durchs Bett kugelten, lag ich erschöpft in seinen Armen und wir sprachen über dieses und jenes. So lange, bis wieder einer von uns unter die Decke glitt. Wir knutschten und lachten, balgten und stöhnten. Als der Morgen anbrach, hatten wir keine Sekunde geschlafen. Das Glück glänzte aber in unseren Augen und ich war zugleich müde und wach wie noch nie.

Ich habe Flo danach nie wiedergesehen, das war immerhin eine der Regeln des Spiels, das ich mir selbst ausgedacht hatte. Vergessen habe ich ihn dennoch niemals.

SOPHIE CARLSEN

Nicht allein

**Isabel (25), Germanistikstudentin, Gießen,
über
Manuel (ca. 27), Frankfurt**

- - - - - - - - - - - -

*»Seine Finger fühlten sich gut an, heiß selbst
durch den ledernen Stoff meines Korsetts.
Obwohl die Berührungen noch vergleichsweise
unschuldig waren, zog sich tief in mir alles
vor Erregung zusammen.«*

- - - - - - - - - - - -

Die Bässe hämmerten durch meinen Körper und hinterließen ein vibrierendes Gefühl im Magen. »Hard 'n' Heavy« war das Motto des Abends und genau so war auch die Musik. Die meisten Lampen in dem Club waren schlicht ausgeschaltet, nur einige rote Lichter zuckten zusammen mit einem eisweißen Flashlight über die dunkle Tanzfläche. Die Bewegungen der Headbanger wirkten dadurch abgehackt. Haar – gewaschen, ungewaschen, gestylt oder gefärbt – peitschte in Richtung Decke und dann zu Boden. Gesichter, die durch das Licht franzenhaft wirkten, zeigten die Ekstase der Tänzer. Der Dresscode war simpel: schwarz und ausgefallen.

Ein Mädchen drückte mich an die Bar, als es durch die Menge huschte. Es trug einen schwarzen Rock, der so aufgeschlitzt war, dass man das rote Innenfutter sehen konnte, ein schwarzes Top, keinen Schmuck. Ich warf einen kurzen Blick auf meine eigene Hand, die auf dem Tresen lag. Ich selbst trug vier Ringe; nur am kleinen Finger hatte ich keinen. Die Ringe zeigten keine Totenköpfe oder Anarchiesymbole, sondern ineinandergeschlungene Ranken. Jeder hatte ein eigenes Muster. Filigrane Ketten tanzten auf meiner Brust, als ich mich der Bar zuwandte und mich leicht vorbeugte. Meine Brüste, hoch- und zusammengedrückt durch eine Lederkorsage, hypnotisierten den langhaarigen Barkeeper.

»Ein Bier«, rief ich über den Lärm hinweg und reichte ihm das Geld. Drei Euro plus Pfand. Wucher, fand ich, doch ich sagte nichts und trank einen Schluck. Ich blieb noch einen Moment stehen, nippte ein zweites Mal und befand dann, dass die Gefahr, dass ich das Getränk verschütten würde, nun weit genug gebannt war. Ich wendete mich ab und ging mit langsamen Schritten in den zweiten Raum des Clubs. Die Luft hier war schlechter und die Musik noch lauter, aber weniger durchdringend – wenn man so etwas von Heavy Metal überhaupt sagen konnte.

Aus meiner Rocktasche holte ich meine Zigaretten, nahm eine und steckte sie zwischen meine knallrot geschminkten Lippen. Während ich mit der einen Hand die Schachtel zurückpackte, suchte ich mit der anderen nach meinem Feuerzeug. Hier war Rauchen erlaubt und um mich herum taten gut fünfzig Leute auch nichts anderes, als rauchen und die Frauen und Männer anzustarren, die sich auf der Tanzfläche zum Mix aus Techno und Metal bewegten. Es bildeten sich keine Grüppchen von kichernden Freundinnen, die alberne Moves ausführten, sondern jeder tanzte für sich und genoss die Musik – den Krach, hatte mich eine meiner Freundinnen mal verbessert, als sie mich das erste Mal zu einer solchen Mottoparty begleitet hatte. In ihrer dunklen Jeans und dem einfachen schwarzen Top war sie dabei tatsächlich mehr aufgefallen als das Mädel, das sich in diesem Moment ihre pinke Perücke vom Kopf riss und den Mund weit öffnete. Wahrscheinlich brüllte es, doch das war über die Musik hinweg beim besten Willen nicht zu hören.

Mein Übernachtungsgast würde mich nicht davon abhalten, heute noch zu ficken.

Ich zündete meine Zigarette an und sog den Qualm tief in meine Lungen ein. Dabei schien ich den Bass mit einzuatmen, denn das Vibrieren in meinem Körper wurde stärker. Ich lächelte. Nur ein klein bisschen, fast unsichtbar, denn ich fühlte mich hier wohl.

Das Glöckchen an meinen Plateauboots klingelte ungehört, als ich einen Schritt zurücktrat, um jemanden an mir vorbeistolpern zu lassen. Ich warf demjenigen einen kurzen Blick nach, um zu prüfen, ob es einer meiner Freunde war, mit denen ich hierhergefahren war. Schon seit einer Stunde hatte ich die drei nicht mehr gesehen. Doch das war bei der Menge an Leuten auch nicht ungewöhnlich. Und auf einer Metalparty blieb man sowieso nur selten allein.

Allerdings hätte ich damit auch kein Problem gehabt. An diesem Abend sollte ein Kumpel auf meiner Couch übernachten, also musste ich mir keine Gedanken über den langen, dunklen Weg zur Bushaltestelle machen. Irgendwo in dem Getümmel war dieser Kumpel wahrscheinlich gerade dabei, seine Fleischbeschau durchzuführen. Und auch ich begann gerade damit. Mein Übernachtungsgast würde mich nicht davon abhalten, heute noch zu ficken.

Ich sah mich im Raum um. Wie immer war die Anzahl der Männer weitaus größer als die der Frauen. Das war wunderbar, denn Sex mit Frauen war meiner Meinung nach langweilig. Er dauerte zu lange und alles daran war zärtlich und liebevoll. Heute hatte ich Bock auf schnellen, harten Sex. Wo und mit wem würde sich schon noch zeigen.

Mein Blick blieb an einem Mann hängen, lange, dunkle Haare, ein kleiner Bart, der die Lippen umrahmte, silberne Bolzen in seinen Ohrläppchen. Er trug eine schwarze Hose und ein schwarzes T-Shirt mit einem Wacken-2009-Emblem. Wie groß er war, konnte ich nicht abschätzen, denn er saß auf einer der langen, schwarzen Kunstlederbänke. Für einen kurzen Moment fixierte ich ihn, bis sich unsere Blicke trafen. Meine Lippen formten ein kurzes Hallo und er nickte leicht lächelnd, machte aber keine Anstalten, aufzustehen und rüberzukommen. Ich hob eine Augenbraue und fragte mich kurz, ob ich sein Mienenspiel falsch gedeutet hatte, doch dann winkte er mich heran.

Ich war schon auf ihn zugekommen, hatte mich regelrecht durch die Menge gekämpft und er zuckte nur mit den Achseln?

Ich zögerte einen Moment, warf dann meine halb aufgerauchte Zigarette auf den Boden und trat sie mit dem ersten Schritt in Richtung des Kerls aus. Die Leute standen dicht gedrängt, doch ich schaffte es, mich vorwärtszuschieben, ohne geschubst zu werden. Mit jedem Meter, den ich tiefer in den Raum ging, wurde die Musik lauter. Als ich endlich vor ihm stand, konnte ich ihn nicht hören, nur sehen, dass er die Lippen bewegte. Die Musik hämmerte aus den Boxen und trieb die wogende Masse weiter an. Der Kerl rutschte leicht zur Seite und endlich verstand ich: Er bot mir einen Platz an. Ich lächelte kurz und setzte mich neben ihn.

»Wie heißt du?«, fragte ich laut, doch er kniff nur die Augen zusammen und beugte sich vor. »Wie heißt du?«, wiederholte ich. Er schüttelte den Kopf und hob die Hände. Dann lächelte er und bewegte erneut die Lippen. Ich hörte nur das Brüllen der Musiker, hob eine Hand an mein Ohr und zeigte auf es. Er zuckte mit den Achseln. Frustriert biss ich mir auf die Unterlippe und sah ihn mit zusammengezogenen Augenbrauen an. Ich war schon auf ihn zugekommen, hatte mich regelrecht durch die Menge gekämpft und er zuckte nur mit den Achseln? Nee, dafür war ich mir zu schade. Ich wollte mich gerade erheben und meine Freunde suchen, als er mir plötzlich sein Handy in die Hand drückte. Ich reichte es ihm zurück und schüttelte den Kopf. Ich hatte kein Interesse daran, ihm meine Nummer zu geben, damit wir uns ein anderes Mal treffen konnten. Ich wollte keine Beziehung. Nicht einmal eine Affäre. Ich wollte nur einen Fick.

Er rollte mit den Augen, drückte auf eine Taste und hielt mir das Handy erneut hin. Auf dem beleuchteten Bildschirm las ich: »Hi.«

Ich lachte und schrieb langsam zurück. Die Tastatur war zu klein und das Gewicht des Handys war ungewohnt. Außerdem erkannte das Programm meinen Namen nicht. »Isabel. Wie heißt du?«, schrieb ich schließlich.

»Manuel. Oft hier?«

Ich wiegte meine Hand hin und her, das universelle Zeichen für »Na ja«. Er tippte eine Weile, während ich mir eine neue Zigarette ansteckte. Schließlich gab er mir das Handy wieder. Auf dem Bildschirm stand, dass er nur alle paar Monate aus beruflichen Gründen in der Stadt wäre und er das erste Mal diese Mottoparty besuchte. Und er fragte mich, wie es mir hier gefiele.

Es waren keine tiefgründigen Nachrichten, die wir in den darauffolgenden Minuten austauschten, doch es reichte, um uns miteinander vertraut zu machen. Zumindest vertraut genug für mein Vorhaben: Sex.

Ich wollte gerade fragen, ob wir vielleicht nach draußen gehen sollten, um zu quatschen, als das Display aufblinkte. Der Akku war leer; wahrscheinlich hatten wir die Warntöne nicht gehört. Ich reichte ihm das Handy zurück und hob die Hände. Er runzelte die Stirn und tippte schnell: »Raus? Auf dem Parkplatz ficken?«

Kurz nachdem ich das gelesen hatte, wurde der Bildschirm schwarz. Ich hob den Kopf und nickte ihm zu – hoffentlich nicht allzu enthusiastisch. Er grinste und reichte mir nach dem Aufstehen die Hand. Wir drängelten uns durch die Menge bis zum Eingang, an dem noch immer Leute auf Einlass warteten. Ich ließ mir einen Stempel geben und folgte Manuel nach draußen. Die Stille außerhalb des Clubs überwältigte mich. Für einige Momente hörte ich nur Rauschen.

Obwohl er, laut eigener Aussage, noch nie in dem Club gewesen war, führte er mich gezielt bis zum Parkplatz und zwischen den Autos hindurch. »Wo gehen wir hin?«, fragte ich verwirrt und warf einen Blick zurück auf die Traube am Eingang. Selbst hinter all den Fahrzeugen am Ende des Schottergeländes würde man uns noch sehen können, außer wir legten uns auf den Boden. Und darauf hatte ich so überhaupt gar keinen Bock.

»Zu meinem Auto.« Seine Stimme war überraschend rau und heiser. Wahrscheinlich, weil er die ganze Nacht gegen die Musik angebrüllt hatte. Er nahm meine Hand und lächelte mich an. »Steht ganz hinten«, murmelte er.

Ich nickte ergeben, während mein Herz zu rasen anfing. Manuels Hand in meiner war überraschend angenehm, er packte fest zu. Das würde auf jeden Fall interessanter Sex werden. Er führte mich bis in die letzte Reihe, dahinter wurde der Parkplatz durch ein paar Bäume abgegrenzt. Es war kein dichter Wald, vielmehr war es eine Ansammlung von mickrigen Büschen. Dahinter war nur ein schmaler Abwassergraben und dann begann schon der Bürgersteig, den ich später auf dem Weg zur Bushaltestelle nehmen würde. Zumindest würde man mich im Inneren des Wagens nicht sehen können. Die Straßenlampen standen so, dass es in den Autos, die hier standen, dunkel blieb.

Manuel steuerte auf einen dunkelgrünen Passat zu und presste mich mit dem Rücken an die Fahrertür. Ich war gefangen zwischen ihm und dem Wagen, ließ meine Hände über seine Brust hinaufgleiten und schlang meine Arme um seinen Nacken. Er senkte den

Kopf und küsste mich. Er war kaum größer als ich, sodass er sich nicht tief vorbeugen musste und ich mich nicht auf die Zehen zu stellen brauchte – was meine Plateauboots ohnehin nicht zugelassen hätten.

Als seine Zunge in meinen Mund eindrang, überkam mich ein wohliger Schauer. Obwohl ich meine Sexualpartner abgeklärt und kalkuliert auswählte, war der erste Kuss doch jedes Mal ein aufwühlendes Erlebnis. Meine Finger zitterten, als ich sein langes Haar auf seinem Rücken ausbreitete und mit den Fingerspitzen hindurchfuhr. Es war glatt, seidig und fühlte sich überraschend kühl an. Manuel vertiefte den Kuss und legte den Kopf schief. Seine Zunge schlang sich feucht, warm und leidenschaftlich um meine, während er seine Arme um meine Taille legte. Ein heiseres Stöhnen vibrierte in meinem Hals. Seine Finger fühlten sich gut an, heiß selbst durch den ledernen Stoff meines Korsetts. Obwohl die Berührungen noch vergleichsweise unschuldig waren, zog sich tief in mir alles vor Erregung zusammen. Mein Herz pumpte aufgeregt, als Manuel langsam an dem Lederoberteil hinaufstrich. Vielleicht suchte er die Bänder, die es zusammenhielten. Es war kompliziert und zeitaufwendig gewesen, das Korsett an- und auszuziehen, deshalb seufzte ich erleichtert, als er von der Verschnürung abließ und die Hände um meine Brüste legte. Das enge Lederoberteil drückte sie fest zusammen, ich nahm selbst die feinste Berührung wahr. Seine Fingerspitzen spielten einen Moment am Rand der Korsa-

Ich nickte ergeben, während mein Herz zu rasen anfing. Manuels Hand in meiner war überraschend angenehm, er packte fest zu.

ge, dann tauchten sie in mein Dekolleté, zwischen meine Brüste und drängten sich zwischen den Stoff und die Haut. Ich biss ihn fast vor Lust, als seine Fingernägel über meine harten Brustwarzen strichen. Kurz zupfte er an meinem Nippelpiercing, doch das Oberteil ließ ihm nicht genug Platz, um richtig damit spielen zu können.

Ein wenig frustriert drängte ich mich näher an ihn, presste meine Hüfte gegen seine, bis ich seine Erektion an meiner Leiste fühlte. Er packte mich fester und versuchte gleichzeitig, meine Brüste aus dem Top zu befreien, doch das war nicht möglich. Einen Moment spielte ich mit dem Gedanken, ihn doch mit zu mir zu nehmen. Oder vielleicht zu ihm zu gehen. Nur damit wir ganz nackt sein konnten. Doch der Gedanke verflog, als sein Kuss fordernder wurde und seine Hände an meine Schenkel wanderten. Seine Finger krallten sich in meinen Rock und schoben ihn Stück für Stück höher. Etwas überrascht keuchte ich.

Der Parkplatz schien zwar menschenleer, zwischen den Autos konnten sich aber ohne Probleme Betrunkene verbergen. Doch das stieß mich plötzlich nicht mehr ab. Vielmehr spürte ich Aufregung und Unsicherheit gleichzeitig durch meinen Körper rauschen. Mein Puls beschleunigte sich, bald hörte ich über meinem Herzschlag kaum noch sein raues Stöhnen. Mein Rock rutschte immer weiter nach oben, denn ich hielt Manuel nicht auf. Erst als ich das kühle Metall der Autotür an meinem nackten Hintern fühlte, unterbrach ich unseren Kuss. Er schien das Signal nicht zu verstehen. Fester drückte er mich nun gegen den Wagen, bis sich nicht nur meine Schultern gegen den Fensterrahmen pressten, sondern auch mein Kopf auf dem Dach des Wagens lag. Er küsste mich nun um einiges wilder, fast kompromisslos.

Während ich mich ihm hingab, nagte der Zweifel weiter an mir. Dies war ein öffentlicher Ort. Jeder konnte einfach alles sehen. Selbst wenn wir im Auto weitermachten, würde jeder, der vorbeiging, kapieren, was wir trieben. Trotzdem wehrte ich mich nicht. Der Gedanke, beobachtet zu werden; das Gefühl, öffentlich etwas so Intimes zu tun; die Gewissheit, dass nur ein Fotohandy reichte, um mich zur Hauptdarstellerin eines Internetpornos zu machen – all das waren plötzlich keine Gründe mehr aufzuhören.

Ich krallte mich an Manuel, zog ihn mit mir, riss an seinem Shirt. Er ließ von meinem Rock ab, als habe er nur auf meine Aktion gewartet, packte meine Schultern, beendete den Kuss und drehte mich herum. Ich hatte kaum Zeit, meine wackeligen Beine zu kontrollieren, als er sich so abrupt von mir löste und mich weiterdrängte. Ich fasste nach der Motorhaube und starrte für einen seltsam klaren Moment auf zwei, drei schwarze Punkte, die einmal Fliegen gewesen waren, bevor ich seine Hand in meinem Nacken fühlte.

»Beug dich vor«, befahl er mir und ohne nachzudenken, tat ich es. Ich lehnte mich nach vorn, soweit es die Korsage zuließ, doch er lockerte seinen Griff nicht. Stattdessen drückte er mich weiter herunter und die Stäbchen meines Korsetts bohrten sich in mein Fleisch. Es war unangenehm, aber nicht schmerzhaft, deshalb wehrte ich mich nicht. Als er mich losließ, war kaum noch eine Handbreit zwischen mir und der Motorhaube.

Ich stützte mich auf und spürte, wie er meine Hüfte

> *»Beug dich vor«, befahl er mir und ohne nachzudenken, tat ich es.*

packte und an sich zog. Meine Knie gaben leicht nach, als ich den Blick hob und vor mir den beleuchteten, wenn auch leeren Parkplatz sah. Es waren kaum fünfzehn Meter bis zum Eingang des Clubs. Irgendjemand musste nur einen Schritt zurückgehen und den Kopf heben und schon würde er sehen, was wir hier machten.

Ich war nie exhibitionistisch gewesen. Hatte nie das Verlangen gehabt, mich auch nur vor einer kleinen Gruppe zu entblößen oder einen Hauch mehr Haut zu zeigen als nötig. Doch als Manuel meinen Rock bis zu meinen Schultern hochwarf und an meinem Höschen zerrte, hatte ich bereits Gefallen an der Situation gefunden. Ich wimmerte vor Lust, machte ein seltsames Geräusch, das ich vorher noch nie von mir gegeben hatte. Ich wusste, dass wir mit Sicherheit gegen irgendein Gesetz verstießen. Ich wusste, wie gefährlich es war. Doch es war mir egal. Sogar mehr als das.

Als er meinen Slip bis zu meinen Knien herunterzog, dachte ich sogar daran, wie erregend es wäre, wenn irgendjemand uns zuschauen würde. Wie ich dalag, auf der Motorhaube. Erregt, wartend, einem Mann ergeben, den ich kaum kannte. Ohne jede Kontrolle, weder über ihn noch über mich und meine eigene Lust. Wie ich meinen nackten Hintern zeigte, während er seinen Fuß auf meinen Slip setzte und ihn bis zu meinen Knöcheln herunterzerrte.

Wie seine Hände auf meine Arschbacken klatschten und ich ein zischendes Geräusch von mir gab.

Mir gefiel Manuels bestimmende Art. Heute. Jetzt. In diesem Augenblick. Nur der Schmerz seines Schlages ließ mich wieder zur Besinnung kommen. Aber nur kurz, denn im selben Moment trat er vor und ich fühlte seine heißen Oberschenkel an meinen. Sein Schwanz schmiegte sich zwischen meine Pobacken wie ein Hotdog in ein weiches Brötchen. Ich legte die Handflächen auf die Motorhaube und rang nach Luft, was nicht an der Enge der Lederkorsage lag.

Ich legte die Handflächen auf die Motorhaube und rang nach Luft, was nicht an der Enge der Lederkorsage lag.

Die Augen auf den Eingang der Disco und den Parkplatz gerichtet, fühlte ich, wie er sich hinter mir ein Kondom auf den Schwanz rollte und dann einen Fuß zwischen meine stellte. Er zwang meine Beine auseinander, bis sich der Slip zwischen meinen Knöcheln spannte. Seine Hände ließ er über meinen Hintern gleiten und tiefer hinab. Er umfasste mein Becken, suchte zwischen meinen Schenkeln nach meiner Spalte und fand sie. Ich keuchte heiser, senkte meine Lider, schloss meine Augen aber nicht ganz. Gebannt von einer Gruppe, die sich etwas abseits vom Eingang sammelte und den letzten Rest meines Getränks, das ich dort abgestellt hatte, umkippte, bemerkte ich, wie seine Finger in mich eindrangen. Er wollte prüfen, ob ich bereit für ihn war, und schien zufrieden. Durch einen Windhauch fühlte ich deutlich die Feuchtigkeit zwischen meinen Schenkeln.

Er ging leicht in die Knie, die Finger einer Hand immer noch halb zwischen meinen Schamlippen, und dirigierte seine Eichel zu meinem Eingang. Feuchtigkeit benetzte augenblicklich das Kondom und machte ihm das Eindringen leicht. Sein erster Stoß war heftig und unvermittelt. Überrascht rutschte ich ein Stück auf die Motorhaube, doch seine Hand zwischen meinen Beinen hielt mich auf. Ich rutschte zurück auf seinen Schwanz und stöhnte. Sein Fleisch füllte mich aus. Die Reibung war intensiv, ich rang nach

Atem und blieb passiv liegen. Nur mein Stöhnen zeigte, wie sehr mir dieser Fick gefiel. Mein Blick verschwamm, doch ich zwang mich, die Augen offen zu halten.

Während er seine Bewegungen beschleunigte, hoben einige Leute aus der Gruppe die Köpfe. Ich war mir nicht sicher, ob sie uns sahen. Ich war mir nicht sicher, ob diese Leute erkannten, was vorging, doch ich wünschte es mir. Inzwischen *wollte* ich gesehen werden. Wollte diese unglaubliche Lust, die ich verspürte, mit jemandem teilen, der nicht beteiligt war.

Hitze stieg zwischen meinen Schenkeln auf. Meine Fingernägel fuhren über den schmutzigen Lack der Motorhaube, hinterließen aber keine Kratzer. Auch wenn ich hoffte, dass sie es tun würden. Ich wollte, dass dies, dieser Sex, diese Offenbarung eine sichtbare Spur hinterließ. Dann verlor ich mich endgültig. Mein Keuchen wuchs langsam zu einem raunenden Stöhnen, als er tiefer in mich eindrang, schneller stieß. Mich ganz, vollkommen, absolut ausfüllte. Ich warf den Kopf in den Nacken, als er in mein Haar griff und mit der anderen Hand die Finger zwischen meine Schamlippen schob. Er massierte meine Klitoris, schien genau zu wissen, wann er mehr drücken musste, wann weniger. Mit jedem Stoß kam ich meinem Höhepunkt näher und auch er näherte sich dem Orgasmus. Ich wollte mich in diesem Gefühl suhlen, für immer bei diesem Grad der Erregung bleiben, bis auch dem letzten Beobachter klar war, wie unglaublich geil genau dieser Sex war: in der Öffentlichkeit, auf einer Motorhaube, auf diesem Parkplatz, nur ein paar Schritte von einer Traube Menschen entfernt.

Der Höhepunkt kam viel zu schnell. Eine Explosion durchrauschte meinen Körper. Es fühlte sich an, als hätte man das Blut in meinen Adern durch geschmolzenes Glück ersetzt. Alle Muskeln verkrampften sich und ich fühlte, wie auch Manuel hinter mir erschauderte. Sein Orgasmus kam mir im Gegensatz zu meinem unglaublich kurz vor.

Nur einen Moment verharrten wir schwer keuchend halb auf der Motorhaube liegend, halb stehend, dann wand ich mich aus seinem Griff. Er rückte leicht von mir ab und hielt sich an der Kühlerhaube fest, während ich gelassen meinen Rock zurechtrückte und aus meinem Slip stieg. Der Bund des Höschens verhakte sich an der Plateausohle meiner Schuhe und für einen Moment hatte ich den Wunsch, ein Andenken an dieses unglaubliche Erlebnis zu behalten. Doch dann wurde mir bewusst, dass allein die Erinnerung ausreichte. Deshalb löste ich den Slip von meinem Fuß und warf ihn zur Seite. Er landete unbeabsichtigt an Manuels Schienbein und fiel dann zu Boden.

»Behalt ihn«, schlug ich vor, drehte mich um und ging über den Parkplatz zurück in die Disco. Vielleicht bildete ich es mir nur ein, aber ich meinte, dass mir die Blicke der Menschen am Eingang folgten.

CORNELIA JÖNSSON

Die Lust in Gedanken

Cornelia (30), Autorin, Berlin,
über Nadja (26), Krankenschwester, Berlin,
und eine Unbekannte, Montpellier

- - - - - - - - - - - -

»Nadja grinst mich durch ihr Wuschelhaar
verführerisch und irgendwie schuldbewusst an.
Ich mag, wie ihr Zungenpiercing aufblitzt,
wenn sie lacht.«

- - - - - - - - - - - -

Gib Nadja ein Stück Bienenstich und sie tut für dich, was du willst. Sie erzählt dir zum Beispiel Geschichten, solange du magst. Jetzt sitzt sie auf meiner Balkonbank, die braunen Beine mit den breiten Fesseln ausgestreckt, die Zehen nackt vor sich hin wackelnd. Sie isst den Bienenstich mit den Händen. Mit goldberingten, dicken Fingern schiebt sie sich Teig und Creme in ihren kirschfarbenen, runden Kussmund. Es ist zweimal vorgekommen, dass wir uns geküsst haben, beide Male waren wir betrunken, und ich würde es gern auf ein drittes Mal anlegen.

»Also, was ist das für eine großartige Frau, die du da kennengelernt hast?«, frage ich sie.

»Ich weiß es nicht«, antwortet sie und leckt sich die Schokolade von den vollen Lippen. Das mit dem Bienenstich klappt am besten, wenn man ihn in Begleitung eines anständigen Stückes Schokoladenkuchens serviert.

»Wie? Du schwärmst ohne Unterlass von dieser Frau, aber du weißt nicht, wer sie ist?«

Nadja nickt mit seligem Lächeln.

»Alles, was ich weiß, sind zwei Hände unter Wasser, die eine Schatztruhe bergen. Die Hände sind weiß und schmal und die Fingernägel dunkelrot lackiert. Das Wasser ist grün. Ich kenne auch zwei Augen, von einer anderen Fotografie. Die sind ebenfalls grün. Die Wimpern und die Brauen sind fast durchsichtig. Die Haut ist hell und ich glaube, da sind ein paar Sommersprossen auf dem Nasenrücken.« Nadja berührt mit dem Finger ihren eigenen Nasenrücken, als würde das irgendeine Verbindung zu dieser Frau herstellen.

»Wo habt ihr euch kennengelernt?«

Die Sonne blendet mich. Ich kneife die Augen zusammen, um Nadja erkennen zu können. Sie lehnt an der Wand und der Träger ihres weißen Tops ist dabei, von ihrer rechten Schulter zu rutschen.

»Ach, in irgend so einem sozialen Netzwerk.«

Klar. Wo sonst? Romantik ist inzwischen virtuell und dabei öffentlich. Intimität wird spürbar, wo sie vorzeigbar ist. Du hast kein Privatleben, wenn keiner davon weiß.

»Sie hat mich gefunden. Sie steht auf mollige Mädchen.« Nadja kichert in ihren Kaffee, er spritzt. »Sie schreibt, sie stellt sich vor, meinen Bauch mit ihren Händen zu kneten. Und meine Brüste. Und meine Pobacken.« Nadja kichert immer noch in ihren Kaffee und ihr Gesicht nimmt dabei einen rötlichen Ton an. Sie ist unfassbar sexy gerade, noch mehr als sonst.

»Sie schreibt, sie hat eine amerikanische Küche mit einer Fensterfront nach Süden hin. Da möchte sie mich über einen Barhocker legen, ganz nackt. Und dann will sie meinen Po liebkosen. Und so weiter. Sie schreibt, sie könne dabei aufs Meer sehen, denn ihr Haus liege direkt am Meer.«

Ich studiere den Spalt an Nadjas Brustansatz, den Schweißglanz. Sie hat die Angewohnheit, immer wieder mit den Fingerspitzen der rechten Hand durch diesen Spalt zu fahren, um den Schweiß herauszuwischen.

»Sie wird nicht geschrieben haben: Und so weiter«, widerspreche ich.

Nadja lächelt, zerwuschelt ihr schwarzes Haar und wird noch ein bisschen röter. »So in der Art, doch«, murmelt sie.

Ich gehe in die Küche und hole zwei Himbeertörtchen aus dem Kühlschrank. Auf dem Landwehrkanal fährt ein Schiff voll Touristen vorbei. Wenn ich morgens Kaffee mache, bin ich nackt und manchmal auch, wenn ich für einen ausgewählten Personenkreis koche. Dann zucken Augen hinter Ferngläsern, Wimpernhaare werden schneller gegen Linsen schlagen. So werden alle Touristen, die vorbeifahren, meine Freunde. Es gibt Fotos von mir in diversen sozialen Netzwerken, aber mein Echt-Bild sieht man am besten durch mein Küchenfenster.

»Sie hat geschrieben, sie wird die Augen schließen.« Nadjas Mund bekommt einen dunkelroten Rand von den Himbeeren. Auf ihrer Nasenspitze hat sie Gelatine. »Sie wird meinen Hintern streicheln und meine Möse. Sie wird kneten. Sie wird in mich eindringen und die Weichheit meines Inneren fühlen, den Pulsschlag meines Lebens spüren. Sie wird ganz versinken in ihren Empfindungen und wenn sie die Augen öffnet, liegt vor ihr das Meer.« Nadjas Wangen glühen. Ich pule eine Himbeere von meinem Törtchen und stecke sie mir in den Mund. Sie ist süß und sauer und körnig.

»Verstehst du, ich kann mich überhaupt nicht mehr beruhigen.« Das sieht man ihr an. »Es ist egal, wo ich bin, ihre Botschaften können mich immer erreichen. Ich habe mir eine Flatrate für mein iPhone zugelegt. Ich gehe über das Handynetz online. Und kann so Tag und Nacht ihre Nachrichten abrufen, wenn sie mir schreibt. Ich checke meinen Account in diesem Netzwerk andauernd. Viel zu häufig, wirklich, ich bin manisch. Meine übrigen Tätigkeiten zerfallen in Splitter, weil ich zwischendurch immer wieder online gehe. Während ich darauf warte, dass sich mein Postfach öffnet, komme ich fast um vor Aufregung. Wenn ich keine Nachricht von ihr vorfinde, raubt mir die Enttäuschung jede Energie. Wenn sie mir aber geschrieben hat, durchfährt mich die Lust, das kannst du dir nicht vorstellen. Ich laufe aus, an Ort und Stelle. Es durchzuckt mich. Es ist, als würde gut geschüttelter Champagner meinen Brustkorb fluten. Unten ist alles geschwollen. Es ist Wahnsinn.«

Ich gieße Nadja Wasser ein. Ich denke, das braucht sie. Ihr Schweiß lässt ihre olivbraunen Arme glitzern. Die Sonne kleckert goldene Funken in ihre Augen.

> *Während ich darauf warte, dass sich mein Postfach öffnet, komme ich fast um vor Aufregung.*

»Es kommt vor, dass ich in der U-Bahn aufstöhne. Oder auf der Station. Was glaubst du, wie die Leute gucken.«

»Wann trefft ihr euch endlich?«

Nadja zuckt mit den Schultern. »Das ist nicht so einfach. Ich lebe in Berlin und sie bei Montpellier. Das ist eine ziemliche Entfernung. Und wer weiß, vielleicht würden wir einander gar nicht gefallen, stell dir das vor: Das Geld, der Flug, die Zeit und wir wissen nichts miteinander anzufangen.«

»So verrückt, wie ihr euch jetzt schon macht, werdet ihr einander schon gefallen.«

Nadja lacht. »Ja, aber siehst du, es ist, wie du sagst. Wir machen uns völlig verrückt. Sie schreibt, sie möchte durch Montpellier fahren mit mir an ihrer Seite und ich bin nackt unter einem leichten Leinenhemdchen und sie spreizt mir die Beine und fordert mich auf, mich selbst zu streicheln, und ich tue das, solange sie es möchte, und ich komme in einem fort.«

»Also flieg hin und gönn dir diese Fahrt!« Stell dir Nadja vor, nur in einem hellen Leinenhemdchen über ihrer dunklen Haut, die satten, dicken Schenkel weit gespreizt, eine schlanke, weiße Hand darauf. Diese Frau sieht durch ihre Sonnenbrille auf die Straße. Flucht, wenn jemand ihr die Vorfahrt nimmt. Und lächelt, wenn Nadja sich neben ihr aufbäumt.

Ich registriere plötzlich, dass Nadja schon seit mehreren Minuten liebevoll ihre abgewetzte schlammgrüne Jeansjacke streichelt.

»Was läuft da zwischen deiner Jacke und dir?«

Nadja grinst mich durch ihr Wuschelhaar verführerisch und irgendwie schuldbewusst an. Ich mag, wie ihr Zungenpiercing aufblitzt, wenn sie lacht. Und auch, wie sie es manchmal gegen ihre Vorderzähne schlagen lässt oder mit geschlossenem Mund damit ihr Zahnfleisch massiert. Erst recht, wie es sich auf meiner eigenen Zunge anfühlt, wenn ich sie an die ihre schmiege.

Sie greift in ihre Jackentasche wie eine Zauberin und kramt mit einem leisen »Trara« ihr iPhone hervor. Ich stöhne auf. »Hältst du es nicht mal eine Dreiviertelstunde aus?« Bin ich so langweilig?

»Komm, so lange habe ich es ewig nicht mehr geschafft!«, verteidigt sie sich, während ihre Finger über die Tasten fliegen. Sie hat einen angespannten Zug um den Mund, der sich in nichts auflöst und einem breiten Grinsen weicht, als sie fast jauchzend verkündet: »Sie hat geschrieben!«

»Und zwar?«

»Ich habe ihr erzählt, dass ich dich zum Kuchenessen treffe.« Ich fühle mich geschmeichelt. Wie blödsinnig.

»Und jetzt schreibt sie: Wie gern würde ich dich mit kleinen Kuchenstückchen füttern und dich noch das letzte bisschen Süße von meinen Fingern lecken lassen, bevor« – jetzt wird ihre Stimme leiser – »ich anderes mit ihnen tue.« Nadja sieht wirklich aus, als sei sie gerade frisch durchgevögelt aus dem Bett gekrochen. »Ist das nicht geil?«

Klar ist das geil. Ich würde Nadja auch gern mit Kuchen füttern. Und im Gegensatz zu der Französin bin ich anwesend. Der Kuchen auch, Nadja sowieso.

»Weißt du, ich muss gar nicht unbedingt hinfliegen«, erklärt sie mir. »Dieser virtuelle Flirt versetzt mich in einen solchen Zustand anhaltender, lustvoller Erregung, wie ich es bislang nie erlebt habe. Sie hat eine Macht über mich, das glaubst du gar nicht. Mein ganzes Leben kreist um unsere Nachrichten. Ihre Worte können Sachen in mir auslösen, die ich mir niemals habe träumen lassen. Das reicht mir eigentlich vollkommen. Ich muss das nicht live haben.«

Das gefällt mir. Denn ich bin nicht scharf darauf, Nadja bloß noch virtuell zu erleben, weil sich der Aufenthaltsort ihres Körpers 1.500 Kilometer nach Süden verlagert hat.

Ich hole die Mandeltarte. Diese Französin scheint eine Wortartistin zu sein, die ein sehr feines Gespür für Nadjas Nervensystem hat. Aber diese Mandeltarte ist auch nicht schlecht.

Ja, ich will!

**Lizzy (37), Dekorateurin, Wien,
über
Ben (37), Architekt, Wien**

- - - - - - - - - - - -

*»Wir standen uns gegenüber, nur ein halber Meter
trennte uns. Ich spürte seinen Atem auf meiner
Stirn, mein Herz pochte bis zum Hals, er roch
so süß wie ein Erdbeerfeld, auf das ein kurzer
Sommerregen geprasselt war.«*

- - - - - - - - - - - -

In Kirchen ist es kühl. An diesem Tag war es das nicht. Es brannte in mir, als ob mein Fleisch von innen mit einer Paste aus Menthol und Eukalyptus eingeschmiert worden war. Ein Feuer, das nicht nach außen dringen konnte, sondern in meinem Körper eingeschlossen war. Als ich den harten, steinernen Weg zwischen den mit blassrosa und weißen Orchideen geschmückten Sitzreihen entlangschritt, dachte ich nicht, dass dieses Gefühl, das mich normalerweise nur durchfuhr, wenn ich auf einen Mann traf, den ich vom ersten Augenblick an begehrte, auch bei *ihm* bekommen würde. Bei ihm, den ich seit 16 Jahren nicht mehr gesehen hatte, obwohl wir beide in derselben Stadt wohnten.

Dabei hatte ich mir diesen wohligen Schmerz auch immer gewünscht, ganz fest und unbedingt. Zumindest am Anfang unserer Beziehung – wobei ich nicht weiß, ob man das überhaupt so bezeichnen kann. Doch was nicht sein sollte, wurde auch nicht. Ben hatte sich schließlich nach vier Jahren mit einem Satz von mir getrennt, den ich heute noch gern rezitiere, weil er immer wieder für einen Lacher gut ist: »Mit der anderen kann ich halt einfach besser über das Gokartfahren reden.«

Ja, ich hatte damals auch gedacht, das wäre ein Scherz, mich aber geirrt. Er hatte mir die vollbusige Studienkollegin tatsächlich vorgezogen. Damals wurde mir zum ersten Mal bewusst, dass Männern beim Schlussmachen meistens die passenden Worte fehlen.

Was mir inzwischen gänzlich fehlte, war Gelassenheit, obwohl ich auf unser Zusammentreffen vorbereitet war.

Was mir inzwischen gänzlich fehlte, war Gelassenheit, obwohl ich auf unser Zusammentreffen vorbereitet war. Denn diese Hochzeit war auch so eine Art Klassentreffen. Judith und Peter hatten neben Hinz und Kunz auch die gesamte ehemalige 8a eingeladen. Im Gegensatz zu Ben und mir trabten diese zwei Klassenkameraden nun gemeinsam ins sonnenhelle Eheglück. Zwar hatten sie sich im Laufe ihrer Beziehung immer mal wieder getrennt, mussten aber schließlich feststellen, dass sie ohne einander nicht konnten und auch nicht wollten.

Bei mir und Ben war es immer anders gewesen: Wir hatten nie wirklich miteinander gekonnt und ob wir gewollt hatten, wusste ich auch nicht so recht. Was ich allerdings wusste, war, dass der Sex mit ihm fantastisch gewesen war – und genau genommen die einzige Sache, die wir gemacht hatten, wenn wir uns sahen. Ben hatte nie viel geredet. Vielleicht war er deshalb so gut im Bett gewesen, weil er dort nicht viele Worte zu machen brauchte? Auf jeden Fall hatten wir beim Sex auf einer Wellenlänge gelegen. Das hatte ich schon damals gespürt, obwohl mir noch jegliche Vergleichsmöglichkeiten fehlten. Die Männer, die nach Ben gekommen waren, waren wie das Wetter: mal stürmisch, mal ein laues Lüftchen. Vielleicht klingt es naiv, aber für Ben war mein Körper ein unbekanntes Land gewesen, das er mit allen Sinnen entdecken wollte, und ich hatte seine Erkundungstouren genossen.

Das harte Holz drückte an meinem nackten Rücken. Ich hatte gerade in der zweiten Sitzreihe Platz genommen, als meine Gedanken an meinen Ex von nervigen Stöckelschuhschritten und leisem Getuschel unterbrochen wurden. Ein wuchtiger Körper presste sich an mich und holte mich endgültig in die Realität zurück.

»Ich muss schon sagen. Respekt! Beinahe hätte ich dich gar nicht mehr erkannt!«

Ich schaute zur Seite und sah in zwei lachende, stechend hellblaue Augen, umgeben von unzähligen kleinen Fältchen.

»Das gibt's doch nicht! Wobi! Schön dich zu sehen«, strahlte ich und umarmte Alexander stürmisch. Er war die ganze Oberstufe mein Sitznachbar gewesen und wir hatten damals viel Spaß gehabt. In jeder Unterrichtsstunde hatten wir die Lehrer mit mindestens einem Lachkrampf zur Weißglut gebracht. Wobi hatte sich damals bevorzugt mit Wurstsemmeln vollgestopft und am liebsten kalten Kakao getrunken. Er sah aus, als ob er das noch immer gern tat. Er hatte sich kaum verändert, klein und dick, mit roten, rauen Wangen. Bei seinem dunkelblauen Anzug waren die Ärmel viel zu kurz, so wie sie es in der Schulzeit bei seinen abgewetzten Pullovern gewesen waren.

»Darf ich dir meine Frau Silke vorstellen, Lizzy?«

Ich beugte mich nach vorn und schüttelte die zarte Hand eines ebenso zarten Persönchens.

»Hallo, ich bin Lizzy.« Zwei sanfte, freundliche Augen gaben mir zu verstehen, dass Wobi ihr schon von mir erzählt hatte. »Wie lange seid ihr beiden denn schon verheiratet?«, hakte ich nach.

Doch das plötzlich aufkommende Treiben schluckte meine Frage und eine wunderschöne Braut erschien in der Kirche. Leise setzte Pachelbels schaurig-schöner *Canon in D* ein und alle standen auf. Judiths weißes Seidenkleid schimmerte hellrosa wie die Orchideen, wenn ein Lichtstrahl darauffiel. Während sie langsam den Gang zum Altar entlangschritt, verspürte ich einen Hauch von Sehnsucht. Meine Augen wanderten durch die Reihen. Überall nur Händchenhaltende und Verliebte. Ich drehte mich um und wumms, da durchfuhr mich wieder dieses Gefühl: Wie eine Statue stand Ben da, die Hände aufeinandergelegt, den Blick starr auf mich gerichtet, als ob er mich fressen wollte. Ein leichtes Lächeln umspielte seine Lippen; ich wollte es erwidern, doch ich konnte nicht, es war, als ob mein Gesicht eine starre Maske wäre. Schnell wendete ich meinen Blick wieder ab, bekam aber gerade noch mit, dass er einen Platz zwischen zwei Männern gefunden hatte. Seine Freundin war offensichtlich nicht hier, was mich aus der Fassung brachte.

Als ich die Einladung erhalten hatte, hatte ich Judith angerufen, um ihr persönlich zu gratulieren – obwohl auf der Karte eigentlich nur um eine kurze »Ja, ich komme«-E-Mail gebeten worden war. Natürlich war der Hauptgrund für meinen Anruf ein anderer: Ich wollte mich vergewissern, ob tatsächlich die gesamte 8a zu ihrer Hochzeit kommen würde, wie es mir im Vorfeld von einer Bekannten zugetragen worden war. Außerdem war Judith schon immer die Quelle aller Tratsch- und Klatschgeschichten gewesen, und das war auch heute noch so. »Ben kommt, zu neunzig Prozent allein. Momentan läuft es nicht so gut zwischen ihm und seiner Freundin.«

Wie auf Kommando nahmen alle wieder ihre Plätze ein. Und Mist, beim Hinsetzen bohrte sich etwas in meinen Rücken. Ich

drehte ich mich um und sah, dass hinter mir ein Teil der Rücken-
lehne von der Holzbank abgesplittert war, wie bei einem Igel standen viele kleine, spitze Späne ab, einen von ihnen hatte ich nun
in der Schulter. Ich versuchte,
ihn mit der linken Hand zuerst von unten, dann von oben
zu fassen, um ihn aus meiner
Haut zu ziehen. Doch vergeblich, ich kam einfach nicht
an. Erst hatte ich wegen des
sündhaft teuren Kleides mein Konto überzogen und jetzt wurde
ich dafür bestraft, dass ich diesen schimmernden, bodenlangen
Designertraum mit hochgeschlossener Front und tiefem Rücken-
ausschnitt trug. Was für eine Ironie: Ich hatte einfach umwerfend
aussehen wollen, wenn ich Ben nach all den Jahren wieder be-
gegnete. Jetzt wollte ich nur noch, dass sich seine Augen, die ich
förmlich auf meinem sanft gebräunten Rücken kleben spürte, in
Nadeln verwandelten und mir diesen verdammten Holzspan aus
dem Rücken holten.

Erst als Judith »Ja, ich will!« sagte, war der Schleier vor meinen Augen plötzlich verschwunden. Auf einmal war mir bewusst, dass auch ich wollte, und zwar Ben!

Die ganze Feierlichkeit über konnte ich mich nicht richtig konzentrieren. In meinem Kopf war dichter Nebel, der sich nur ab
und an lichtete, wenn ein ergreifendes Seufzen, ein unterdrücktes
Räuspern oder Schnäuzen erklang.

Erst als Judith »Ja, ich will!« sagte, war der Schleier vor meinen
Augen plötzlich verschwunden. Auf einmal war mir bewusst, dass
auch ich wollte, und zwar Ben! Unfassbar, aber er übte noch immer
einen Reiz auf mich aus. Kein Wunder, sah er doch wie eh und
je unverschämt gut aus, ein bisschen älter zwar und mit ein paar
grauen Strähnchen in seinem kurz geschorenen Haar, dafür aber
männlicher und reifer.

Ich spürte die Anziehung zwischen uns. Vielleicht hatte ich aber
auch einfach schon zu lange keinen Sex mehr gehabt. Seit einem
halben Jahr war ich solo und lebte enthaltsam. Es war bisher einfach kein interessanter Mann auf der Bildfläche aufgetaucht.

Die tränenreiche Trauung war zu Ende und nach und nach gingen die Gäste nach draußen, um sich vor der Kirche für das obligatorische Hochzeitsfoto aufzustellen. Da ich nichts mehr als Hektik hasse, wollte ich sitzen bleiben, bis alle im Freien waren. So mache ich das in Flugzeugen auch immer. Ich hab das gern. Diese Ruhe, sich sammeln können.

Ich dachte bereits über einen perfekten Satz nach, den ich zu Ben sagen könnte, als ich plötzlich eine warme Handfläche auf meinem Rücken spürte. Gänsehaut überzog meinen ganzen Körper, ich glühte und wusste sofort, dass *er* es war, seine Berührung war so vertraut. Für einen kurzen Moment hielt ich inne, dann drehte ich mich um und sah in seine leuchtenden braunen Augen, die nach außen hin bernsteinfarben wurden. Er packte mich an den Schultern, zog mich zu sich herauf. Wir standen uns gegenüber, nur ein halber Meter trennte uns. Ich spürte seinen Atem auf meiner Stirn, mein Herz pochte bis zum Hals, er roch so süß wie ein Erdbeerfeld, auf das ein kurzer Sommerregen geprasselt war. Ich entzog mich seinem Blick, damit er nicht merkte, wie sehr ich ihn begehrte. Schnell schlängelte ich mich aus der Sitzreihe, ich wollte nur nach draußen. Doch Ben griff rasch nach meiner Hand, umfasste meine Taille und drückte sich von hinten an mich. Ich spürte seine weichen Lippen auf meinem Hals, ich wurde zu Butter in seinen Händen, wollte alles nur geschehen lassen. Er küsste meine Schulter, dann den Rücken. Schließlich gruben sich seine Zähne in mein Fleisch und holten mit einem einzigen Ruck das Holzteilchen aus meiner Haut. Er wirbelte mich herum, zögerte kurz und presste seine Lippen auf meine. Leidenschaftlich küssten wir uns, als plötzlich hektische Schritte durch die Kirche hallten.

»Komm!«, flüsterte Ben und nahm mich an der Hand. Wir rannten in Richtung Altar, in einen Seitengang, wo sich die Beichtstühle befanden.

»Das ist jetzt wohl nicht dein Ernst?«, fragte ich leise, doch Ben grinste mich nur schelmisch an.

»Doch!«, sagte er entschlossen und zog mich in die mittlere der hölzernen, kunstvoll geschnitzten Kabinen. Ihre Tür war nur ein schwerer, violetter Vorhang aus Samt. Als er ihn zur Seite schob, zupfte ich an seinem Sakko.

»Nein, das können wir doch nicht machen! Wenn uns jemand sieht!«

Meine Zweifel ließen auch Ben unsicher werden. »Du hast recht. Das wäre wirklich Blasphemie. Andererseits«, seine Lippen umspielte wieder ein spitzbübisches Lächeln, »ich bin Atheist.«

»Na, dann!« Ich wollte laut auflachen, verkniff es mir aber, so gut es ging.

Bens betörender Geruch stieg mir wieder in die Nase,

»Dafür kommen wir in die Hölle. Das ist dir doch hoffentlich klar«, hauchte ich, während wir uns aneinanderschmiegten.

ich knabberte nervös auf meiner Unterlippe herum. Doch da waren schon wieder seine Küsse, leidenschaftlich und voller Verlangen. Uns konnte nichts mehr aufhalten, kein Gott, kein Priester, keine Hemmungen. Die Luft im Beichtstuhl war stickig und aufgeheizt, wahrscheinlich von den vielen Sünden, es war eng und hart. Während wir uns stürmisch weiterküssten, riss Ben mein Kleid nach oben und meinen Slip nach unten. Hektisch öffnete ich ein paar Knöpfe seines Hemdes, er seinen Hosenschlitz und drang in mich. Sein schweres Stöhnen peitschte wie warmer Wind an meine Ohren. Wir wurden immer erregter, seine Stöße immer schneller, es fühlte sich so gut an, aber auch so verboten und ziemlich wacklig. Als wir beide kamen, dachte ich: Ein Stoß noch, und wir kippen mit dem Beichtstuhl um.

»Dafür kommen wir in die Hölle. Das ist dir doch hoffentlich klar«, hauchte ich, während wir uns aneinanderschmiegten.

»Die anderen warten sicher schon«, antwortete Ben, ließ mich los und rückte seinen Anzug zurecht. Und dann lächelte er. Er lächelte mich mit diesem Lachen an, in das ich mich damals so verliebt hatte.

»Geh schon mal vor. Ich komme gleich«, sagte ich.

Langsam strich ich mein Kleid glatt und meine Haare zurück. Ich verließ die Kirche durch den Hinterausgang. Bevor ich mich in mein Auto setzte, schaute ich noch einmal kurz zurück, zweifelte für ein paar Sekunden, ob ich das Richtige tat, und brauste dann davon. Tief im Inneren wusste ich, dass eine Beziehung mit ihm nie funktioniert hätte. Und Sex ohne Liebe reichte mir nicht mehr.

Ein reizender Mensch

Louisa (25), Texterin, Düsseldorf,
über
Hannes (24), Physiotherapeut, Düsseldorf

- - - - - - - - - - - -

»Ich nähere mich ihm noch ein Stückchen
und berühre sanft seine Lippen mit meinen.
Duschwasser prasselt auf meinen Körper hinunter
und spritzt hinüber zu Hannes.«

- - - - - - - - - - - -

Nehmen Sie sofort diesen Löffel aus meinem Gesicht. Ich esse nichts von fremden Leuten!«

»Oma, ich bin deine Enkelin! Wir kennen uns seit 25 Jahren.«

»Unsinn. Ich habe Sie noch nie gesehen.«

»Und seit wann magst du keinen Joghurt mehr?«

»Den habe ich noch nie gemocht. Gehen Sie und rufen Sie mir ein Taxi. Ich muss dringend fahren, ich habe schließlich ein Geschäft zu führen. Gehobene Oberbekleidung für Damen, wissen Sie. Und mein Mann kommt auch gleich von der Arbeit.«

Ich seufze, stelle den Joghurt zur Seite und stehe auf. Alzheimer ist eine gemeine, hinterlistige Krankheit. Ich streiche ihr noch kurz die Bettdecke glatt, dann verlasse ich das Zimmer. Im Flur kommt mir eine Schwester entgegen.

»Gerade wieder schlimm?«, fragt sie mich. Ich nicke. Sie drückt aufmunternd meinen Arm. Dann gehe ich hinunter in die Cafeteria und bestelle mir einen Milchkaffee. Wie bei so vielen anderen auch, begann die Krankheit schleichend. Zuerst war meine Großmutter nur ein bisschen zerstreut. Dann half sie sich mit Zettelchen aus. Schließlich vergaß sie sogar die Zettelchen. Als sie sich das zweite Mal verlief und von der Polizeiwache abgeholt werden musste, fanden wir in ihrer Wohnung Zeitungspapier zwischen Pullovern und Obst im Badezimmerschrank. Zwei Wochen später kam sie in ein Pflegeheim. Das ist jetzt über ein Jahr her und ihr Zustand hat sich weiter verschlimmert. Nun ist sie auch noch bettlägerig, weil sie vor zwei Wochen eine Stufe hinuntergefallen ist und sich beide Knöchel verstaucht hat. Als ich mit meinem Kaffee fertig bin, starte ich einen zweiten Versuch.

»Louisa!«, sagt Oma erfreut, als ich die Tür öffne. »Du warst ja schon ewig nicht mehr hier! Setz dich und gib mir einen Kuss!«

»Hallo Oma, tut mir leid, ich hatte viel zu tun«, sage ich höflich und freue mich, dass sie mich erkennt.

»Diese dummen alten Knochen«, sagt Oma und klopft auf ihrer Bettdecke herum. »Jetzt packt man mich ins Bett und behandelt mich wie eine Schwerkranke.« Ich sage ihr nicht, dass sie eine

Schwerkranke ist. Stattdessen lege ich scheinbar fragend den Kopf schief. Ich kann ja offiziell noch nichts von den geknacksten Knöcheln wissen, ich war ja schon ewig nicht mehr hier.

»Was ist denn passiert?«

»Ach, nichts Besonderes. Ich bin umgeknickt.«

»Umgeknickt?« Ich nicke interessiert. »Das ist ärgerlich.«

»Ja, aber da gibt es diesen netten Mann, er ist mein ... na, wie heißt das noch. Irgendetwas mit P und T und H.

»Ein Beruf?«

»Ja! So ähnlich wie ein Masseur.«

»Ein Physiotherapeut, meinst du.«

»Richtig! Nein, was für ein netter Mann ... Bist du eigentlich liiert?«

»Oma, bitte. Ich bin nicht liiert und das ist auch okay so. Ich habe viel zu tun.« Oma zuckt mit den Schultern und schaut auf ihren Wecker, der auf dem Nachttisch steht.

»Oh, gleich habe ich wieder eine Stunde bei ihm! Er holt mich immer ab. So ein reizender Mensch.«

Okay, Zeit zu gehen. Ich habe weder Lust auf eine Physiotherapie-Stunde, noch bin ich sonderlich scharf auf eine Begegnung mit diesem »reizenden Menschen«.

»Oma, ich muss los. Morgen kommt Mama vorbei. Ich bin dann am Wochenende mal da, ja?«

»Ja, gut!«, sagt sie leichthin. Ich küsse sie zum Abschied und mache dann erleichtert die Tür hinter mir zu.

Am Samstag ist das Wetter eigentlich zu schön, um ins Pflegeheim zu fahren. Doch dann denke ich an Oma, die bei strahlendem Sonnenschein im Bett liegen muss, und mache mich doch auf den Weg. Als ich im Zimmer stehe, erkennt sie mich nicht. Stattdessen verlangt sie mal wieder nach einem Taxi. Ich halte es genau zwei Minuten aus und als sie anfängt, mich zu beschimpfen, verlasse ich fluchtartig das Zimmer.

Ich weiß, dass es seitlich am Haus einen Ausgang gibt, an dem die Angestellten manchmal rauchen. Und ich brauche jetzt wirklich dringend eine Zigarette! Ich wühle in meiner Handtasche und zum Glück habe ich eine Schachtel dabei. Eigentlich bin ich eher eine Party-Raucherin, aber dieser Umstand hier rechtfertigt eine Ausnahme. Ich stecke mir hastig eine an, als ich durch die Tür auf den betonierten Vorhof trete. Während ich den ersten tiefen Zug nehme, schließe ich die Augen und lehne mich an die raue Backsteinwand. Erst als ich die Augen wieder aufmache, bemerke ich, dass jemand neben mir steht, in der gleichen gedankenverlorenen Position. Fast gleichzeitig drehen wir die Köpfe zueinander. Er zieht sich die Stöpsel seines MP3-Players aus den Ohren, was erklärt, warum er mich nicht gehört hat.

»Oh, hi, stehst du schon länger da?«, fragt er.

»Seit zehn Sekunden«, sage ich und lächle. Er lächelt zurück und streicht sich durch die ohnehin schon strubbligen blonden Haare.

»Manchmal braucht man einfach eine Pause«, sagt er. »Manche rauchen.« Er deutet auf meine Zigarette. »Ich höre ein paar Minuten Metal, dann ist auch alles wieder in Ordnung.«

»Und ich dachte immer, Metaller müssten lange Haare haben«, grinse ich.

»Ja!«, sagt er und guckt ein wenig leidend. »Hatte ich auch sehr lange Zeit. Aber irgendwann …« Er zupft gedankenlos an seinem kurzen Blondhaar herum. »Irgendwann kommt der Job und man wird erwachsen und alle sagen: ›Junge, mach dir mal 'nen Haarschnitt.‹ Und dann kommt der Chef, der sagt: ›Haare oder Job‹ … und dann … na ja.« Er grinst verschmitzt und schaut mich an. »Sehe ich denn mit kurzen Haaren so bescheuert aus?«

»Gar nicht«, sage ich und versuche ganz ernst zu gucken. Er lacht und wickelt die langen Kabel der Kopfhörer um den MP3-Player, bevor er ihn in seiner Hosentasche verschwinden lässt.

»Bist du neu hier?«

»Ich? Nein. Ich gehöre nicht zum Personal, ich hab nur zufällig mitbekommen, dass hier Pfleger stehen und rauchen. Ich besuche eigentlich meine Oma.«

»Wie heißt deine Oma denn?«

»Dorothee Weidenkamp. Sie ist Alzheimer-Patientin und deswegen manchmal etwas schwierig.«

»Frau Weidenkamp? Die kenne ich. Ich betreue ihre Knöchel.«

»Bitte?«

»Ihre Knöchel«, grinst er. »Ich bin der Physiotherapeut.«

»Ach ... der ›reizende Mensch‹!«, sage ich.

»Oh, danke!«, erwidert er.

»Sagt meine Oma«, füge ich noch hinzu.

»Klar«, antwortet er und lächelt spitzbübisch. »Also wenn deine Oma die Mutter deines Vaters ist, weiß ich immerhin schon deinen Nachnamen. Es sei denn, du bist schon verheiratet?«

»Ich bin Louisa«, lächle ich. »Und weder vergeben noch verheiratet.«

»Hannes. Nachname Ziegler.«

»Angenehm, Hannes Ziegler.«

»Angenehm, Louisa Weidenkamp!«, er greift nach meiner freien Hand, hebt sie an seine Lippen und deutet einen Handkuss an. Ich bin geschmeichelt und fasziniert zugleich. Kein Wunder, dass Oma auf ihn steht. Er lässt meine Hand wieder sinken und schaut auf seine Uhr.

»So, jetzt muss ich aber dringend wieder rein, die Pflicht ruft.« Er schaut mich an, als überlege er, ob er nach meiner Nummer fragen soll, dann lächelt er mir aber doch einfach nur zu und verschwindet im Haus. Ich lasse enttäuscht die Schultern hängen. Mit ihm wäre ich wirklich gern mal einen Kaffee trinken gegangen! Ich stehe noch so da und ärgere mich ein wenig, da taucht Hannes' Kopf erneut in der Tür auf.

»Ehm ... Louisa?« Ich schaue gleichzeitig überrascht und erfreut zu ihm hinüber. »Ich habe bis gerade überlegt, mit was für einem supertollen Spruch ich dich nach deiner Telefonnummer frage, aber mir ist vor Aufregung einfach nichts eingefallen. Wärst du sehr brüskiert, wenn ich dich einfach nur so danach frage?«

»Nein, gar nicht!«, lache ich erleichtert. Juhu, er findet mich auch gut! Wir tauschen Handynummern aus und den Rest des

Tages kann mich nichts mehr runterziehen. Nicht mal Oma, die mir zum x-ten Mal erzählt, dass sie nun aber los muss, weil sie ihr Geschäft für gehobene Damenoberbekleidung nicht so lange ohne Aufsicht lassen kann.

Schon am nächsten Tag habe ich ein Date mit Hannes. Und am Abend danach auch. An dem Abend danach kann ich nicht, weil wir ein wichtiges Projekt haben und ich länger im Büro bleiben muss. Aber am darauffolgenden Abend gehen wir ins Kino und küssen uns das erste Mal. Ich glaube, ich bin ziemlich heftig verschossen in ihn. Wir verknutschen den halben Film und Hannes besitzt tatsächlich die Größe, mich bis zur Haustür zu geleiten, mir einen Gutenachtkuss zu geben und dann nach Haus zu fahren.

Am Freitag bin ganz schrecklich aufgeregt. Ich habe Hannes zu mir eingeladen und wir wollen DVDs gucken. Er ist total pünktlich und ich bin peinlicherweise noch nicht fertig, weil es im Büro mal wieder länger gedauert hat. Genau genommen, stehe ich gerade unter der Dusche, als es klingelt. Ich bin zuerst wie versteinert, das Wasser prasselt auf meinen Kopf herab. Ich wollte mir eigentlich gerade die Beine rasieren. Ich spüle den Schaum ab, da klingelt es auch schon zum zweiten Mal. Oh, so ein Mist, verdammt! Ich wollte gut aussehen, atemberaubend, einfach nur toll. Ganz bestimmt wollte ich nicht ungeschminkt, triefnass und nur in ein Badehandtuch gehüllt sein!

Hannes' Arme werden ganz nass, als er sie um meine Tuille legt und mich an sich zieht.

Als ich die Tür öffne, schaut Hannes ein wenig verdutzt und ich versinke fast im Erdboden.

»Bin ich zu früh?«, grinst er und mustert mich unverschämt von oben bis unten.

»Nein, ich bin zu spät dran ...«, erwidere ich kleinlaut. Hannes fängt einen Tropfen auf, der gerade aus meinen nassen Haaren fällt, dann küsst er mich zärtlich. »Lass dich von mir nicht hetzen. Ich finde schon eine Couch, auf der ich auf dich warten kann.«

Dann dreht er mich um, klapst mir auf den Hintern und schiebt mich vorsichtig an.

»Es war nicht meine Schuld, es hat im Büro länger gedauert.«

»Ja ja schon gut, ab mit dir, bevor du dich noch erkältest.«

Ich trolle mich ins Bad, während Hannes meine Wohnung erkundet. Kaum bin ich wieder unter der Dusche und will nun endlich die Stoppeln an meinen Beinen loswerden, da passiert das Unglück: Ich schneide mir mit dem Rasierer ein großes Stück Haut direkt über dem Knöchel ab. Das Duschwasser färbt sich rot und mir wird ein wenig übel. Es brennt ganz fürchterlich und hört einfach nicht auf zu bluten. Ich beiße die Zähne zusammen und spüle mir den Schaum aus den Haaren. Das Shampoo fließt über die Wunde und ich stöhne laut auf vor Schmerz. Zwei Sekunden später steht Hannes im Bad. Als er das Blut in der Duschwanne sieht, reißt er erschrocken die Augen auf.

»Wolltest du dich umbringen?«

»Der Rasierer ist schuld!«, jammere ich und denke gar nicht daran, dass ich splitternackt vor ihm stehe. »Und es hört einfach nicht auf zu bluten!«

»Dreh mal das Wasser etwas heißer«, sagt Hannes. Ich folge seiner Anweisung und es dauert nicht lange, dann fließt kein Blut mehr. Hannes ist inzwischen näher gekommen und beide schauen wir interessiert auf meinen massakrierten Knöchel.

»Danke, Herr Doktor«, sage ich. Hannes lächelt schief. Ich nähere mich ihm noch ein Stückchen und berühre sanft seine Lippen mit meinen. Duschwasser prasselt auf meinen Körper hinunter und spritzt hinüber zu Hannes. Erst jetzt fällt mir auf, dass ich nackt bin. Doch da ist es schon zu spät. Hannes' Arme werden ganz nass, als er sie um meine Taille legt und mich an sich zieht. Wir küssen uns immer noch und ich finde das ziemlich aufregend. Hannes' Haare liegen in feuchten Strähnen an seinem Gesicht und sein Shirt ist nass von unserer Umarmung. Er sieht so sexy aus!

»Zieh dich aus«, flüstere ich. Das lässt er sich nicht zweimal sagen und reißt sich die klammen Klamotten vom Leib. So viel zu unserem Plan: Wir essen etwas, gucken DVDs und dann schauen wir mal …

Schon steht Hannes in der Dusche. Ich schlinge meine Arme um seinen Hals. Hannes greift mit beiden Händen an meinen Hintern, während unsere Zungen miteinander spielen. An meinem Oberschenkel spüre ich, wie sein Schwanz immer größer wird. Ich lehne mich gegen die Kacheln und er drückt sich an mich, knetet meine Brüste und küsst sie. Genießerisch schließe ich die Augen und das warme Wasser läuft meinen Hals hinab. Meine Hände streicheln Hannes' Rücken, als er mich erneut wild küsst. Dann reißt er plötzlich seinen Mund von meinem los, geht vor mir in die Hocke und beginnt zwischen meinen Beinen zu lecken. Hannes' Zunge ist warm und weich und er weiß sehr genau, was er da tut. Ich stöhne leise. Hannes macht weiter und ich glaube, er will weitermachen, bis ich komme, doch das will ich wiederum nicht. Ich bewege mich ein bisschen und er sieht fragend nach oben.

»Lass uns raus aus der Dusche«, flüstere ich. Hannes nickt und steht auf. Ich greife nach einem Handtuch, während ich in einem meiner vielen Aufbewahrungsdöschen nach Gummis suche. Hannes rubbelt sich mit einem meiner Badetücher ab. Ich wedele mit dem eingepackten Gummi, was Hannes dazu veranlasst, mich erneut stürmisch zu küssen. Seine Waden berühren die Toilette und er zieht mich auf seinen Schoß, während er sich auf den Deckel setzt. Jetzt wird es dringend Zeit für das Gummi. Ich halte Hannes die Verpackung hin, damit er sich selbst darum kümmert. Als er so weit ist, setze ich mich mit gespreizten Beinen auf ihn. Hannes' Kopf klemmt zwischen meinen Brüsten, was ihm sehr zu gefallen scheint. Ich bewege suchend mein Becken, um ihn endlich in mir zu spüren, und als mich seine Eichel berührt, seufzt Hannes laut auf. Langsam setze ich mich auf seinen Schwanz.

»Jetzt kannst du mich reiten«, flüstert Hannes fast heiser. Seine Pupillen sind so geweitet wie nach einer Behandlung mit Augen-

Hannes' Zunge ist warm und weich und er weiß sehr genau, was er da tut.

tropfen. Er saugt an einer meiner Brustwarzen, während ich mich zu bewegen beginne. Hannes lehnt seinen Rücken an den Spülkasten und schließt die Augen. Seine Hände halten meine Hüften, während ich an seinem Schwanz auf und ab rutsche. Hannes schnauft und stöhnt. Ich halte mich an seinen Schultern fest, um mich noch fester an ihn zu pressen. Die Stimulation ist intensiv. Und es ist so sexy, weil wir noch halb nass vom Duschen sind. Es dauert nicht lange und ich merke, dass ich bald kommen werde.

»Ich komme gleich!«, flüstere ich.

»Ich kann auch nicht mehr lange«, keucht Hannes.

»Soll ich dir ein Zeichen geben, wann?«

»Mach das …«, ächzt er, als ich mich hart und heftig auf ihm bewege. Doch das ist genau das, was ich jetzt will. Ich kralle mich noch fester in seine Schulter und ich weiß genau, meine Nägel hinterlassen Kratzer auf seiner Haut. Mein Rhythmus wird immer schneller, während sich Hannes' Atmung parallel dazu beschleunigt.

»Lange halte ich das bei dem Tempo nicht …«, stöhnt er. Ich schneide ihm mit einem Kuss das Wort ab. Während ich immer schneller werde, spüre ich, wie die Wellen der Lust über mir zusammenschlagen. Als ich komme, kneife ich so fest zu, dass Hannes kurz vor Schmerz zusammenzuckt, dann kommt auch er. Seine Hände, die immer noch an meiner Hüfte liegen, pressen mich auf seinen Schoß und ich spüre, wie er in mir zuckt.

»Du meine Güte …«, murmelt er. Ich greife in seine Haare und küsse ihn lange und zärtlich.

»Ich glaube, ich kann dich echt gut leiden«, sage ich.

»Och, ich glaub, ich dich auch«, sagt Hannes und lächelt schon wieder so herzerweichend schief. »Und von deiner Wohnung gefällt mir dein Bad am besten!«

Alien-Sandwich

Miriam, 25, Jobberin,
über Vinzent, 23, Student der Ernährungswissenschaften,
und Esra, 26, Juristin, alle Berlin

- - - - - - - - - - - -

*»Vinzent war von Anfang an ein Objekt meiner
Begierde gewesen, weil er männlich, markant,
braun gebrannt und eben sexy war. Jetzt spürte
ich aber, dass auch Esra mir gefiel.«*

- - - - - - - - - - - -

Es war Oktober und ich erhielt eine SMS von meiner Agentur, ob ich eine Statistenrolle in einem Hollywood-Film übernehmen wolle. Ich saß mit einer Freundin im Mirchi, dem Singapore-Restaurant in der Oranienburger Straße in Berlin, und las ihr den Text vor: »Du wirst einen Alien spielen ...« Einen Alien? Ja, das war so eine Sache, denn die Vorstellungen von Außerirdischen sind ziemlich verschieden: Christina, meine Freundin aus Herne, meinte, ich würde mit Goldstaub eingepudert und bekäme entrückend schöne tintenblaue Kontaktlinsen. Man würde mich natürlich trotzdem genau erkennen, mein Name würde im Abspann des Filmes auftauchen und Ruhm wäre mir gewiss. Ich selbst zweifelte daran und sah mich schon jetzt in einem Alf-Kostüm über die Leinwand laufen. Trotzdem stießen wir mit einem Mango-Lassi auf den Auftrag an. Zwei Tage später trottete ich zu den Proben nach Babelsberg. Zuerst verlief ich mich und landete geradewegs bei den Dreharbeiten von *Gute Zeiten, schlechte Zeiten*. Ein Jungschauspieler mit sexy Zahnlücke, dessen Namen ich vergessen habe, schickte mich in den nächsten Bunker. Beim Überqueren der Straße wurde ich fast von einem Touri-Bus überrollt. Im richtigen Gebäude angekommen, tigerte ich durch einen langen Flur, in dem alles mit Vierzigerjahre-Klamotten vollgestellt war. Eine junge Frau teilte mir auf Englisch mit, dass hier die Requisite für *Inglourious Basterds* sei und fragte, wo ich denn hin wolle. Nach einer weiteren Odyssee durch lange Gänge, auf denen mir eine barock gekleidete Diva mit Schönheitsfleck und der »Alten Fritz« begegneten, landete ich in einem Raum, in dem mich verzerrte Fratzen anglotzten. Ich hätte am liebsten auf dem Absatz kehrtgemacht, aber leider standen schon drei beflissene Requisiteure um mich herum. Sie hatten bereits auf mich gewartet.

Ich bekam eine der »schönen« Alien-Masken auf: also eine mit einwandfrei ausgearbeiteten Glupschaugen und üppigen Narben.

Ich war geschockt, stand nur mit offenem Mund da, als sie mir das Gummiding überstülpten und mich begeistert betrachteten.

Ich war geschockt, stand nur mit offenem Mund da, als sie mir das Gummiding überstülpten und mich begeistert betrachteten. Ich vermute zumindest, dass sie begeistert waren, denn meine Hornhaut war von Gummiknubbeln überlagert. Und Luft bekam ich auch keine. Letzteres wurde durch anschließendes Geschnibbel an den Nasenlöchern der Latexmaske mäßig verbessert.

Danach entließen mich die Requisiteure mit den besten Wünschen für die Dreharbeiten und ich trottete zu den Proben. Dort fand ich mich bald fauchend und in Gorillahaltung wieder und watschelte mit anderen Aliens in Fünferreihen durch die Gegend. Fantastisch. Zum Schluss mussten wir uns alle auf den Boden legen und uns aneinander reiben. Man muss sich das so vorstellen: Der Boden ist kalt, man sieht nichts, bekommt kaum Luft und es riecht nach Kautschuk, Kalk und irgendetwas Giftigem, das man besser nicht inhalieren sollte. Dazu gleiten fremde Hände über Arsch und Hüften, man ist eingeklemmt zwischen Männer- und Frauenkörpern und überhaupt fühlt sich das ziemlich seltsam an.

Warum ich nicht gleich abgehauen bin? Naja, ich war jung und brauchte das Geld. Immerhin gab es für drei Stunden Watscheln und Rumliegen 55 Euro.

Zu den eigentlichen Dreharbeiten in einer kalten Fabrikhalle in Berlin-Steglitz erschien dann auch nur noch die Hälfte der Außerirdischen aus den Proben. Ich hatte den Schock über Nacht zumindest ansatzweise verarbeiten können und bemerkte, dass es meinen Mitstreitern ähnlich erging. Wir waren jetzt alle latex- und gruppenerotikerfahren. Insgesamt bemühte man sich, die Sache professionell anzugehen und sich in den verschiedenen Szenen immer an dieselben Körper zu schmiegen. Hinter mir lag Vinzent. Er war 23 und studierte Ernährungswissenschaften. Vor mir lag Esra. Sie war 26 und Juristin, aber das gefiel ihr nicht. Sie wollte Regisseurin werden. So viel hatte ich in der Pause erfahren. Und das war gut. Es beruhigte mich zu wissen, dass es Vinzents Hände waren, die sich manchmal an meinen Busen verirrten, und seine Lenden, die sich an meinem Hintern rieben. Auch Esras Berührungen waren angenehm. Sie hatte eine schwarze Sünderinnenmähne, die man unter ihrer Maskierung nur erahnen konnte, und Kurven wie ein Fünfzigerjahre-Pin-up. Sie drängte sich immer näher an mich, um den nach ihr grapschenden Tentakeln des Typen vor ihr (O-Ton: »Der stinkt.«) auszuweichen. Mir gefiel das. Ich kann nicht sagen, dass es erotisch war, dennoch fühlte ich mich am Abend nach den Dreharbeiten ganz passabel.

Dann passierte erst mal gar nichts. Esra, Vinzent und ich hatten keine Nummern ausgetauscht. Ich bekam weitere Statistenjobs, machte eine Reise nach Brüssel und hatte eine Affäre mit einem in Salamanca studierenden Sizilianer, der ein Erasmus-Jahr in Berlin machte, mich nach zwei simulierten zu einem echten Orgasmus brachte und sich damit auf Platz zwei meiner besten Sex-Erinnerungen emporpimperte.

Ein Jahr später kam der Alien-Film in die Kinos und alle Statisten wurden per Mail benachrichtigt, dass sie sich ihn gemeinsam ansehen könnten. Natürlich musste jeder seine Karte selbst bezahlen. Ich hatte an dem Abend nichts vor und die Wiedersehensfreude war groß, als Esra, Vinzent und ich aufeinandertrafen. Wir saßen einträchtig im Kino und waren etwas enttäuscht, als wir bei den seltsamen Aufnahmen nicht erkennen konnten, wer welcher Alien war.

Einige Wochen später ging ich zu Esras Geburtstagsparty. Vinzent war noch nicht da, als ich eintraf, und so stellte Esra mich erst einmal ihren Freunden vor. Ich unterhielt mich mit der Französin Virginie, die sich einen Glimmstängel nach dem anderen ansteckte, aber nur selten einen Zug nahm. Sie berichtete mir von ihrem Freund oder auch Nicht-Freund Erik, der später auch kurz vorbeischaute, mit ihr im Flur diskutierte und die Feier wieder verließ. Virginies Konzentration soff daraufhin langsam in Wodka-O ab und ich ging zu einem Gespräch mit dem Juristen Lorenz über, der mir von irgendwelchen öffentlich-rechtlichen Fällen erzählte und von Baugenehmigungen, die nun gar nicht gingen. Er fand diese Fälle ja allesamt so furchtbar öde. Ich verstand aber nicht ganz, warum er mich dann damit langweilte.

Meine Rettung kam von links und stellte sich als Alien vor, das von einem Planeten käme, dessen Name nur ein quietschendes Geräusch war. Die Tatsache, dass ich über den Witz des Typen lachen konnte, zeigte mir, dass auch ich schon genug Wodka-O gehabt hatte und es eigentlich Zeit war zu gehen. Ich wollte mir gerade den Weg zu Esra bahnen, um das Abschiedsritual einzuleiten, da stand Vinzent plötzlich im Flur. »Ach, nee«, sagte er, als sei es ein Wunder, dass wir uns hier über den Weg liefen.

»Ja, hm, also ich bin eigentlich schon im Aufbruch …«

»Bist du?«

»Ja.«

»Nein?!«

»Doch!«

»Wieso?«

Wir blieben dann im Flur stehen, während die Gäste nach und nach die Party verließen. Vinzent trank noch was mit Lorenz und meinte zu diesem, dass mein Arsch sich nun wirklich tierisch gut anfühlen würde, und überhaupt sei ich ja der einzige Grund, aus dem er hier sei. Lorenz bemühte sich um Coolness, obwohl seine Schamgrenze schon überschritten war. Deshalb räusperte er sich und machte alsbald einen Abgang.

Esra umarmte mich von hinten, hielt mir einen Joint vor die Nase und wir gingen in ihr Schlafzimmer, das ins Wohnzimmer überging, wo noch ein paar Gäste saßen. Wir drehten die Musik voll auf und tanzten herum. Und als Vinzent auch zu uns stieß, hatte ich meinen angestammten Platz in der Mitte wieder: vor mir Esra, die mich umarmte, hinter mir Vinzent, der lässig seine Hände auf meine Hüften legte und auf Tuchfühlung ging.

Der Alien vom Quietschplaneten lehnte in der Tür, beobachtete uns und faselte was von: »Die haben ja wohl den Vollabsturz.« Als Esra jedoch begann, mich zu küssen, änderte er seine Meinung. »Geil!«, rief er. Das traf es auf den Punkt. Es war mein erstes Mal, mein erster Kuss mit einer Frau. Kein Liebeskuss, sondern ein sexy Kuss. Esra spielte sinnlich mit meiner Zunge und ich machte mit.

Mir war nicht ganz klar, wie viel davon echte Leidenschaft war und wie viel Show für das männliche Publikum. Aber das war mir auch egal, es fühlte sich gut an. Ziemlich gut sogar. Esras Kuss war weicher als der eines Mannes. Das hieß aber nicht, dass er weniger fordernd war, weniger dominant. Im Gegenteil. Esra traute sich was. Selbst der Sizilianer war zurückhaltender gewesen.

Sie strich gerade meine Kurven entlang, von der Achselhöhle bis zu den Hüften, da traf sie auf Vinzents Hände. Sie griff nach seinen Unterarmen, zog ihn näher, sodass ich zwischen ihnen beiden eingeschlossen war. So schmiegten wir uns aneinander, die Musik dröhnte laut durch die Wohnung, unsere langsamen Bewegungen entfernten sich vom Rhythmus. Und das fühlte sich gut an. Vinzent schien noch keine körperlichen Reaktionen zu haben, knabberte aber an meinem Nacken. Esra küsste mich noch mal, ließ dann aber von mir ab. Während sie sanft über meinen Arm strich, lächelte sie den Alien an, der noch ein paar andere, in unterschiedlichen Stufen peinlich berührte Typen als Zuschauer hinzugerufen hatte, und schloss dann mit einem süffisanten Lächeln die Schiebetür. »Ey, das is aber unhöflich als Gastgeberin«, ließ der Alien noch verlauten, bevor er verschwand.

Esra stellte die Musik leiser. Vinzent hatte inzwischen die Situation genutzt und begonnen, meine Frontseite zu erkunden, die vorher von Esra belegt worden war. Mir begann das

Ich glaube nicht, dass es bei Dreiern Gleichberechtigung gibt. Wie auch?

Spiel zu gefallen. Ich kam mir verwegen vor und als Esra zu uns zurückkam und sich lüstern auf die Lippen biss, spürte ich, was passieren würde.

Vinzent war von Anfang an ein Objekt meiner Begierde gewesen, weil er männlich, markant, braun gebrannt und eben sexy war, und ich war ja hetero. Jetzt spürte ich aber, dass auch Esra mir gefiel. Sehr gefiel. Es war nicht nur ihr Aussehen, mit dem sie bei mir punktete, auch ihre forsche Art imponierte mir. Sie wusste, was sie wollte, und heute Nacht sollte das wohl ich sein. Vinzent wurde zunehmend zum Statisten in unserem Spiel. Ich glaube nicht, dass es bei Dreiern Gleichberechtigung gibt. Wie auch? Dann müsste man sich ja konzentrieren und Konzentration und guter Sex gehen nun wirklich nicht zusammen. Ich knutschte also weiter mit Esra, während Vinzent begann, mich auszuziehen. Es war schön, zwei weitere Hände zur Verfügung zu haben, sodass Esra und ich uns dem Wesentlichen zuwenden konnten. Ich streifte ihr die Spaghettiträger hinunter und strich über ihren Busen. Langsam bewegten wir uns, ich oben ohne, sie im Slip, in Richtung Bett und ließen uns darauf fallen. Das Gestänge des Baldachins wackelte und von oben segelte ein zum Trocknen aufgehängtes Höschen auf uns herunter. Esra lachte. Dann legte sie sich auf mich und wir rieben uns aneinander.

Vinzent stand noch vorm Bett und schaute leicht irritiert. Ich lockte ihn mit einer Handbewegung zu uns. Esra rollte sich von mir herunter und wir schmusten nun in Seitenlage weiter. Vincent legte sich wieder hinter mich – so wie er es als Film-Alien getan hatte. Inzwischen trug er auch nicht mehr viel. Esra streifte mir das Höschen runter, ich griff in ihres und machte die Bewegungen, die auch bei mir selbst immer zum Ziel führten. Esra stöhnte. Ich inhalierte den Duft ihres Haares, keine Spur mehr von Gummi und Kalk wie damals bei den Dreharbeiten, stattdessen roch es nach Guave, Mango und grünem Tee. Mmmmh. Mehr davon. Ich leckte an ihrem Hals entlang, sie massierte meinen Busen. Vincent kam näher. Er assistierte dem lesbischen Spiel, indem er uns beide mit den Fingern stimulierte. Esra und ich sahen uns an. Vinzent gelang es tatsächlich, dass sie und ich gleichzeitig kamen.

Am nächsten Morgen plagte uns alle ein Kater und Esra hatte ein schlechtes Gewissen wegen ihrer anderen Gäste. Es gab keine Wiederholung unseres Dreiers. Mit Esra traf ich mich noch mal zum Kaffee, da berichtete sie mir von ihrem neuen Freund Karl. Aber immerhin hatte ich mit ihr echten Alien-Sex gehabt.

Ein Neubeginn

**Milla (25), Fremdsprachensekretärin, Düsseldorf,
über
Tim (32), Ingenieur, Düsseldorf**

- - - - - - - - - - - -

*»Nur das bläuliche Licht der Straßenlaternen
scheint durch die Fenster, doch das ist nebensächlich, ich will ihn spüren, egal ob Neonlicht oder
Finsternis, genau betrachten kann ich ihn später.«*

- - - - - - - - - - - -

Tim sitzt mir auf dem Sofa gegenüber, entspannt lehnt er sich zurück. Ich dagegen springe auf, suche etwas, vergesse, was ich suche, setze mich hin, springe wieder auf. Warum bin ich eigentlich so nervös, das macht die Situation auch nicht besser. »Markus kommt bestimmt noch«, sagt Tim beruhigend und lehnt sich vor, um mir tief in die Augen zu sehen. Auffordernd. Oder bilde ich mir das ein? Ein Knötchen in meiner Nylon-Leggins schreit nach Zuwendung und ich beginne frenetisch daran zu zupfen.

»Bleib doch mal sitzen«, sagt Tim freundlich, als ich wieder aufstehen will. Er hat ja recht. Also lächle ich, hebe mein Martini-Glas, nippe, und wähle dann doch noch einmal Markus' Handynummer. Es meldet sich die Mailbox, das kenn ich schon.

Tim ist ein Kollege meines Freundes, der hat ihn auch eingeladen, doch jetzt sitzen wir hier und warten auf Markus. Es ist mir unangenehm, vor Tim, vor mir selbst, vor der ganzen Welt. Schon viel zu lange lebe ich mit der Tatsache, dass mein Freund seiner Arbeit mehr Aufmerksamkeit schenkt als mir, dass er mich einfach vergisst.

Endlich kommt eine SMS: »Bin noch im Meeting. Wird spät heute. Markus.« Schnell wähle ich seine Nummer – dein Kollege ist hier, will ich ihm sagen, doch sein Handy ist bereits wieder ausgeschaltet.

»Markus hat offenbar vergessen, dass wir verabredet sind«, sage ich. Tim erwidert nichts, sein Blick sagt dafür umso mehr. Langsam beginne ich mich zu entspannen. Kein Warten mehr, ich möchte nicht mehr enttäuscht sein. Ich habe noch nie gern Entscheidungen getroffen, meist warte ich, bis andere das für mich erledigen. So wie jetzt.

Mit dem Martini rückt mein Groll über Markus langsam in die Ferne, zu oft war ich traurig, zu oft habe ich gewartet. Markus wird heute nicht mehr kommen. Es ist eigentlich zu einfach – doch warum sollte es nicht einfach sein? Ich beschließe, den Abend zu genießen.

»Soll ich gehen?«, fragt Tim. »Wir können das ja verschieben.«

»Nein, bleib hier«, sage ich und fühle mich gleich besser. Überhaupt fühle ich mich in Tims Gesellschaft wohl. Er redet viel, über Musik, Filme, Restaurants, er gibt sich Mühe, mich zu amüsieren. Ich lächle häufig und bin dankbar, dass er nicht über meine Beziehung spricht, mir keine Fragen über Markus stellt. Auch wenn bei uns etwas offensichtlich nicht stimmt.

Und dann erschrecke ich plötzlich – ist das etwa ein abgekartetes Spiel? Hat Markus seinen Kollegen zu mir geschickt, damit der mich verführt? Will er mich damit loswerden? Aber nein, das ist nicht Markus' Art, er ist nicht intrigant, sondern nur selbstbezogen, er hat einfach das Interesse an mir verloren. Und ich werde langsam paranoid, entwickle Verschwörungstheorien. Aber die Situation ist auch zu absurd. Tim rückt seinen Stuhl etwas näher an meinen, erzählt und schaut mich dabei permanent an. Gleich wird er mir auf dem Schoß sitzen, denke ich belustigt, ein Glück, dass er so gut aussieht. Er hat dunkelblonde Haare, die ein bisschen zu lang sind. Ich bekomme Lust, sie ihm aus den Augen zu streichen. Doch stattdessen greife ich nach meinem Martini-Glas.

Früher war Markus ganz anders, er hat mich umworben, mir alle Aufmerksamkeit geschenkt. Doch je sicherer er mich hatte, desto langweiliger wurde ich für ihn. Das alte Spiel. Mittlerweile kommt er grundsätzlich überallhin zu spät, schon um mir zu zeigen, mit wie vielen anderen Dingen sein Leben vollgepackt ist – alle wichtiger als ich. Oder er kommt gar nicht, wie heute. Ist es Bequemlichkeit, die ihn noch bei mir hält? Wenn ich jetzt so darüber nachdenke, während ich Tims Mund betrachte, wohldosiert nicke und so tue, als würde ich zuhören, werde ich wütend auf mich, weil ich das so lange mitgemacht habe. Aus Liebe habe ich alles entschuldigt, gehofft, dass er sich wieder ändern würde. Doch nun ist es an der Zeit, an mich zu denken. Tim hat schöne Lippen.

> *Er hat dunkelblonde Haare, die ein bisschen zu lang sind. Ich bekomme Lust, sie ihm aus den Augen zu streichen.*

»Du hörst mir ja gar nicht zu«, reißt er mich aus meinen Gedanken, er klingt fast ein wenig entrüstet.

»Doch, doch«, beeile ich mich zu versichern. Tim lächelt und schlägt vor, noch ein bisschen rauszugehen, vielleicht in eine Bar. Sofort stimme ich zu. Ich räume nur schnell das dritte Glas weg, das für Markus bereit stand, alles andere lasse ich stehen. Ich bin froh, die Wohnung verlassen zu können, es ist ein warmer Herbstabend und ich fühle mich lebendig und frei, bereit, mein Leben endlich wieder zu genießen. Außerdem möchte ich, dass es morgen kein Zurück mehr gibt.

Tim schließt die Wohnungstür auf und noch bevor er das Licht einschalten kann, liegen wir einander in den Armen und auf dem Wohnzimmerboden.

Tim fährt einen roten Sportwagen, »ein Angeberauto«, würde meine Mutter sagen, doch das stört mich heute nicht. Viel wichtiger ist seine CD-Auswahl und die behagt mir. Mich hat einmal ein Mann nach Hause gefahren, der mir eigentlich gefiel, bis ich die Pur-CDs in seinem Auto sah. *Komm mit mir ins Abenteuerland* – augenblicklich war ich entliebt. Das klingt oberflächlich, aber so schnell kann es gehen.

Ich summe leise vor mich hin, schließe die Augen und öffne sie erst wieder, als das Auto vor einer kleinen, schummrigen Bar zum Stehen kommt. Wir setzen uns nebeneinander, trinken schweren Rotwein aus großen Gläsern; als sich unsere Knie unter dem Tisch berühren, kriege ich Gänsehaut.

Da piepst mein Handy erneut. Markus. »Sei nicht böse, Süße, es wird zu spät, ich schlafe heute zu Hause. Bis morgen.« Mit Befremden lese ich die Nachricht. Ob Markus das so in seinen Vorlagen gespeichert hat? Ob er eine Geliebte hat? Wahrscheinlich, denke ich ohne Bitterkeit. Und hoffe es, denn eine Geliebte wäre zumindest ein nachvollziehbarer Grund für sein Verhalten, für das Abhandenkommen seiner Liebe.

»Ja, okay«, tippe ich zurück. »Sei nicht böse, aber ich mach Schluss! Ich melde mich nächste Woche wegen deiner Sachen.«

Schrecklich, diese Handys, denke ich und schalte das Gerät aus. Eine Beziehung per SMS beenden – wie unwürdig und in diesem Falle doch nicht unangemessen.

»Alles in Ordnung?«, fragt Tim.

»Ja, alles gut. Ich hab nur schnell Schluss gemacht.«

Tim lacht, er hält das für einen Witz. Vielleicht kläre ich ihn ein andermal auf, aber nicht jetzt, sonst verschrecke ich ihn noch. Ich schiebe den Gedanken an Markus endlich weit weg und richte meine ungeteilte Aufmerksamkeit auf mein Gegenüber. Auch seine Augen gefallen mir, dichte Wimpern unter geraden Brauen. Sein Knie drückt noch fester gegen meins, ich beuge mich vor und auf einmal küssen wir einander, ganz ohne Vorankündigung. Gänsehaut breitet sich auf meinem Körper aus, als er die Arme um mich legt. Auch meine Arme umschließen ihn.

Plötzlich steht der Barmann neben uns, klopft auf den Tisch, amüsiert, auch die Musik hat er schon ausgestellt, wir haben es nicht bemerkt.

»Ist zwar noch früh«, sagt er entschuldigend, »doch ihr seid die einzigen Gäste und ich will nach Hause.«

»Wir wollen auch nach Hause!«, rufe ich. Leicht benommen stehen wir auf und verlassen Hand in Hand die Bar.

Tim schließt die Wohnungstür auf und noch bevor er das Licht einschalten kann, liegen wir einander in den Armen und auf dem Wohnzimmerboden. Nur das bläuliche Licht der Straßenlaternen scheint durch die Fenster, doch das ist nebensächlich, ich will ihn spüren, egal ob Neonlicht oder Finsternis, genau betrachten kann ich ihn später. Nur den flauschigen Wollteppich unter mir registriere ich noch, während Tims Hände mein Kleid hochschieben, über meine Brüste streichen. Zärtlich küsst er meinen Hals, seine Zunge gleitet abwärts, umkreist meine Nippel. Sanft umschließt er sie mit seinen Lippen und Zähnen. Dann fühle ich seine Fingerspitzen über meinen Bauch, meine Oberschenkel gleiten und seine Hände fest meinen Po umfassen. Ganz leicht ist es auf einmal, alles zu vergessen. Ich presse meinen Körper gegen seinen, beiße in seinen Hals.

Schnell ziehe ich mir mein Kleid über den Kopf, zerre an seinem T-Shirt, seiner Hose, ich möchte seine Haut auf meiner spüren. Tims Hand umfasst meinen Nacken, drückt meinen Kopf an seine Schulter, als er mit einem einzigen festen Stoß endlich, endlich in mich eindringt. Ich keuche, hebe ihm mein Becken entgegen, umschlinge ihn mit meinen Beinen. Meine Hände krallen sich in den Teppich, ich stöhne laut auf, während seine Stöße schneller werden.

Nachdem wir beide gekommen sind, liegen wir auf dem Boden. Mein Körper nass von seinem Schweiß, mein Kopf ruht auf seiner Brust, seine Finger liegen in meinen Haaren. Wir sind erschöpft, friedlich, erfüllt.

Vielleicht ist Sex umso aufregender, je fremder man sich ist, überlege ich. Die Anspannung der letzten Zeit ist von mir abgefallen. Versonnen betrachte ich die Druckspuren, die unsere Körper im Teppich hinterlassen haben, beobachte, wie sich die Wollfäden langsam wieder aufrichten, bis es aussieht, als sei nichts geschehen.

»Lass uns das die ganze Nacht machen«, flüstert Tim, und das ist das Beste, was er in diesem Moment hätte sagen können.

Nicht ganz nackt

Lara (23), Auszubildende zur Hotelfachfrau, Aurich,
über
Malte (24), Laborant, Aurich

- - - - - - - - - - - -

»Seine Lippen waren überraschend weich.
Ganz anders, als ich sie mir vorgestellt hatte.
Und obwohl diese Aktion vollkommen irrsinnig war,
fühlte sich der Kuss gut an.«

- - - - - - - - - - - -

Er war krank. Einfach so. Ich legte mein Handy beiseite und starrte auf das Display. Es leuchtete noch einen Moment auf, dann erlosch das Licht. Verdammt, verdammt, verdammt. Mein Blick glitt langsam vom Handy durch den Raum und ich seufzte leise. Das hatte man nun davon, wenn man sich auf den besten Freund verließ.

Eigentlich hatte mich Lars ins Kino eingeladen, weil er meinen Geburtstag vergessen hatte. Für mich war es kein großes Ding gewesen. Er hatte aber mal wieder ein riesiges Drama daraus gemacht, als ich ihn mit seiner Unzuverlässigkeit aufzogen hatte. Zuerst hatte er eine Woche lang nicht mit mir gesprochen, doch dann war der obligatorische Anruf gekommen und er hatte mich reuig zu einem Film mit ihm überredet.

Freitagabends fuhren nur stündlich Busse und die auch nur bis acht Uhr. Der Film sollte schon um acht beginnen, also hatte ich mit Lars abgemacht, dass wir uns bei seinem besten Freund Malte trafen. Lars wollte mit dem Auto seiner Mutter dorthin kommen, damit wir gemeinsam zum Kino weiterfahren und später auch nach Hause fahren konnten. Ich dachte, alles sei geklärt, doch schon als ich vor Maltes Tür stand, hätte mir auffallen sollen, dass etwas nicht stimmte. Ich hätte Lars direkt anrufen und fragen sollen, warum zum Teufel Malte von nichts wusste und weshalb Lars nicht wie abgesprochen da war. Stattdessen hockte ich treudoof in Maltes Wohnzimmer und hoffte, dass Lars mit einer brillanten Ausrede ankommen und Malte alles erklären würde. Doch gegen acht musste ich mir eingestehen, dass nichts dergleichen passieren würde. Der Film hatte bereits angefangen. Mal wieder hatte Lars ein Treffen vergessen. Manchmal fragte ich mich echt, warum dieser Vollhorst überhaupt mein bester Freund war.

»Haste ihn erreicht?«, fragte Malte, als er mit einer Flasche Bier ins Wohnzimmer zurückkam. Bis jetzt hatte er sich diskret, aber geschickt von mir ferngehalten.

»Jup. Ist krank.« Ich versuchte, mir nicht anmerken zu lassen, wie sehr mich die Situation ankotzte. Schließlich wollte ich nicht unhöflich sein. Er war auch höflich geblieben und hatte mich hereingebeten, als ich plötzlich vor seiner Tür stand. Ich lächelte ihn kurz an, um meine Dankbarkeit zu zeigen.

Als er erneut den Raum verließ, tippte ich die Nummer meiner Eltern in mein Handy, sie sollten mich abholen. Zehn Minuten später legte ich das Telefon jedoch beiseite. »Malte?«

»Was?« Sein Ton war inzwischen alles andere als höflich. Malte und ich verstanden uns nicht. Gar nicht. Wenn wir uns in der Stadt begegneten, taten wir meistens so, als erkannten wir einander nicht. Es war schwer auszumachen, wann unsere Abneigung eigentlich angefangen hatte, denn wir kannten uns schon seit unserem neunten Lebensjahr. Klar, man konnte sagen, dass wir uns nicht besonders mochten, weil er in der vierten Klasse versucht hatte, Lars zu überreden, mich nicht zu seinem Geburtstag einzuladen, weil »Mädchen blöd sind«. Man konnte auch behaupten, es lag daran, weil er eine meiner Freundinnen in der Konfirmandenfreizeit nur geküsst hatte, um eine Wette zu gewinnen. Vielleicht lag es aber auch daran, dass ich seiner Ex gesteckt hatte, dass er fremdging. Nach zehn Jahren war so einiges zusammengekommen, das uns einander verabscheuen ließ, und trotzdem wusste ich nicht, wann unsere Streitereien begonnen hatten. Doch zum Glück waren wir mittlerweile in einem Stadium gelandet, in dem wir einander meist ignorierten. Nur in Lars' Gegenwart reagierten wir überhaupt auf das, was der andere sagte.

»Meine Eltern können mich nicht abholen«, erklärte ich langsam. Vielleicht schnallte er es ja selbst, dann musste ich ihn nicht bitten, mich nach Hause zu bringen.

»Nimm den Bus«, gab er zurück. Er befand sich immer noch im Nebenraum und brüllte lauter, als es notwendig war.

»Klasse Idee«, murmelte ich. »Charterst du mir einen?«

Es herrschte einen Moment Schweigen. »Ich hab kein Auto.«

Ich schloss die Augen. Spitze. Echt spitze. »Ich krieg das schon hin«, sagte ich.

Ich bekam es nicht hin. Stattdessen weckte mich plötzlich der Geruch von Rauch. Blinzelnd schlug ich die Augen auf und sah mich um. Es dauerte einen Moment, bis ich merkte, dass sich Malte neben mich aufs Sofa gesetzt hatte und mir seinen Zigarettenqualm ins Gesicht pustete. »Was soll das?«, schnauzte ich ihn an.

Malte steckte den Filter zwischen die Zähne und grinste. »Meine Wohnung.«

»Du hast mir das Sofa überlassen.«

Er zog an der Zigarette und im blauen Licht der Lavalampe glomm das Ende auf. Rauch quoll aus seiner Nase, die bei irgendeiner bescheuerten Prügelei mal gebrochen worden war. Damals war er sechzehn gewesen und ich war mit meinem Ellbogen mal gegen seine gegipste Nase gestoßen. Aus Versehen versteht sich. Einige Tage zuvor hatte er behauptet, ich hätte Schamhaare bis zu den Kniekehlen. Trotzdem, mein Schlag war ein Versehen gewesen. Wirklich.

»Ich will einen Film sehen. Geh in die Küche.«

Ich starrte ihn an und rollte dann mit den Augen. »Machen die Machtspielchen Spaß?« Während ich mich aufsetzte, zuckte er nur mit den Schultern. »Ich bleibe hier«, setzte ich nach.

»Ich guck mir einen Porno an.«

Ich wusste, dass er nur bluffte, trotzdem ließ ich mir das nicht anmerken. Ich wickelte mich in die dünne Stubendecke und stand auf. »Einsam, was? Viel Spaß beim Wichsen.«

»Einsam, was? Viel Spaß beim Wichsen.«

Natürlich ging ich nicht in die Küche, sondern verzog mich in sein Schlafzimmer. Sein Bett war voller Hüllen mit DVDs und Computerspielen. Warum er sich seinen Porno nicht einfach hier anschaute, war klar: Er wollte mich einfach nur quälen. Ich schob das ganze Zeug vom Bett und legte mich an den äußersten Rand. Gähnend schloss ich die Augen. Es kam mir noch in den Kopf, dass ich an Maltes Stelle so getan hätte, als würde ich Besuch bekommen, und ihn rausgeschmissen hätte. Aber ohnehin wäre er wohl eher die dreißig Kilometer nach Hause gelaufen, als im Wohnzimmer meiner Eltern zu übernachten. Warum habe ich den

Weg eigentlich nicht auf mich genommen, fragte ich mich noch, bevor ich langsam wegdämmerte.

»Ich hab nachgedacht.«

»Gott«, stöhnte ich und rollte mich herum.

Malte packte meine Schulter und schüttelte mich. »Warum sollte ich wichsen, wenn du da bist?«

»Weil dir etwas an deinem Schwanz liegt?«, murmelte ich und war begeistert von meiner eigenen Schlagfertigkeit – besonders in meinem Zustand des Halbschlafes. Er schwieg einen Moment und obwohl ich müde war, wartete ich gespannt darauf, was jetzt kommen würde. »Du siehst nicht scheiße aus«, sagte er schließlich.

Danke. Sehr nett. »Malte, hör auf damit. Ernsthaft.« Ich sah ihn an, konnte in der Dunkelheit allerdings nur die Konturen seines Gesichts erkennen. Dass er so viele Weiber abbekam, lag mit Sicherheit nicht an seinem lieblichen Charakter. Er war ein wirklich attraktiver, wenn auch etwas breiter, braunhaariger Kerl mit einem Knick in der Nase und einer gespaltenen Augenbraue, weil ihm jemand mal sein Piercing herausgerissen hatte. Leider Gottes war die Narbe sexy, während das Piercing einfach nur bescheuert ausgesehen hatte.

»Lara, denk doch mal nach. Niemand wird je davon erfahren und noch schlimmer kann unsere Beziehung gar nicht werden.« In der Dunkelheit wurde sein Griff an meiner Schulter plötzlich sanft.

Tolle, schlüssige Argumentation, dachte ich. Ich wollte gerade Nein sagen, doch dann klappte ich meinen Mund wieder zu. Es war nicht so, dass ich nie darüber nachgedacht hatte. Das musste ich automatisch, weil ich ständig von irgendwelchen Mädchen in der Disco gefragt wurde, ob er mein Freund wäre. Oder weil irgendwelche Mädchen mir erzählten, wie toll er doch wäre – in jeder Hinsicht. Ich hatte immer mit den Augen gerollt und einen angeekelten Grunzlaut von mir gegeben, aber irgendwie hatte ich mich stets gefragt, was an den Gerüchten dran war. Trotzdem war dieses Gespräch doch vollkommen absurd, oder? Durch meinen Kopf geisterten bereits hundert Szenarien, wie das Danach aussehen würde. Wir würden einander weiterhin ignorieren und beide so tun, als wäre nichts passiert. Oder wir würden das Weite suchen, sobald wir einander sähen. Oder er würde Witze darüber reißen, dass ich mich nicht extra fürs Kino mit meinem besten Freund rasiert hatte. Oder ich würde rumposaunen, dass seiner klein war. All das wäre definitiv beschissen, wenn auch nicht viel anders als jetzt.

Ich drehte mich leicht zu ihm. Er schien das als Einverständnis zu verstehen, denn seine Finger tasteten nun nach meinem Gesicht. Langsam senkte er den Kopf und küsste mich. Seine Lippen waren überraschend weich. Ganz anders, als ich sie mir vorgestellt hatte. Und obwohl diese Aktion vollkommen irrsinnig war, fühlte sich der Kuss gut an. Ich meine, ich hatte nicht mal getrunken. Er allerdings …

Langsam senkte er den Kopf und küsste mich. Und obwohl diese Aktion vollkommen irrsinnig war, fühlte sich der Kuss gut an.

Ich riss mich los. »Okay, Moment.« Ich wischte über mein Gesicht. »Bist du betrunken?«

Sein leises Lachen war vollkommen unvermittelt. »Nein, Lara. Und hier ist auch keine Kamera.«

Meine Augen weiteten sich in der Dunkelheit. Daran hatte ich gar nicht gedacht. »Warum … dann?« Er hatte vorher nicht ein einziges Mal auch nur im Ansatz so gewirkt, als wolle er mit mir schlafen.

Sein Zeigefinger lag inzwischen auf meinem Augenlid und zerrte recht unangenehm daran. Er wollte wohl über mein Gesicht streifen. »Was soll schon groß passieren? Wenn du irgendeinen Scheiß rumerzählst, werde ich einfach sagen, dass du dir das ausgedacht hast. Ich meine, wer würde das schon glauben?«

Er hatte recht. »Hm«, machte ich, halb zustimmend, halb ergeben seufzend, und fasste in der Dunkelheit nach seinem Nacken. Seine Lippen trafen zuerst auf mein Kinn, bis er etwas hochrutschte und mich küsste. Er öffnete den Mund und strich mit seiner Zunge zärtlich über meine Lippen, bevor auch ich den Mund öffnete und den Eindringling reinließ. Noch einmal stellte ich fest, dass das tatsächlich gut war. Schockierend gut. Seine Zunge massierte meine, glitt an ihr vorbei, fing sie ein und zog sich dann zurück. Lockend, verspielt, süß. Fast unschuldig.

Ganz im Gegensatz zu dem, was seine Finger anstellten. Ohne unseren Kuss zu unterbrechen, fasste er nach der Stubendecke und zerrte an ihr. Ich hatte zum Schlafen meine Jeans, meine Socken und meinen BH ausgezogen, deshalb trug ich nun nur noch meine Ohrringe, eine passende Kette, ein Höschen und ein blaues Neckholderoberteil. Seine Finger fanden gezielt den Knoten in meinem Nacken, doch er zog ihn nicht auf. Er berührte ihn nur, spielte einen Moment daran herum, bevor er langsam über mein Schlüsselbein bis zu meiner Achsel streichelte. Hitze stieg in mir auf, weil es seine Hände waren, Maltes, die mich berührten. Und weil er mit dieser Geste eine Grenze zog: Er würde mich nicht ganz ausziehen; er würde nichts sehen in der Dunkelheit. Heute waren wir nur Sex, verstand ich plötzlich. Wir waren nicht wir. Wir waren nicht Lara und Malte, die einander nicht ausstehen konnten, sondern nur Körper. Er wollte meine Brüste nicht sehen; genauso wenig, wie ich Interesse daran hatte zu wissen, wie seine Hoden hingen. Das war einfach zu intim. Viel zu intim für unsere langjährige Feindschaft. Und das zu wissen war befreiend. Wir würden angezogen bleiben – soweit es eben ging.

Ich strampelte die Decke von meinen Beinen, während Maltes Finger unter den Stoff des Oberteils tauchten und meine Brust umfassten. Meine Brustwarze zog sich zusammen, als er mit dem Nippel spielte, und ich keuchte leise. Er war gröber, als ich vermutete. Er kniff richtig zu und genau das wollte ich. Ich schlang meine Beine um seine Beine und fühlte seine Erektion an meinem Unterbauch. Ich wusste, dass er wegen einer Vorhautverengung beschnitten war, doch sehen konnte ich nichts. Wir waren nicht nackt. Wir fummelten unter unserer Kleidung, die nicht störte, sondern die Intimsphäre schützte, eine Feindschaft aufrechterhielt.

Meine Finger glitten über sein T-Shirt, über seinen Bauch und tauchten in seine Boxershorts ein. Mit den Fingerspitzen berührte ich das heiße Fleisch seines Schwanzes und tastete langsam die Eichel ab. Es fühlte sich wirklich ganz anders an. Ungewohnt. Seltsam. Es fehlte nichts; nicht wirklich. Nur fühlte ich eben keine bewegliche Haut, die ich über die Eichel schieben konnte. An meinen Fingerspitzen wurde es plötzlich glitschig und Malte stöhnte in meinen Mund. Ich schluckte seinen Atem, spielte weiter mit seinem Schwanz und maß seine Größe. Ich schloss die Hand und ließ sie langsam auf und ab fahren.

Maltes Finger tauchten aus meinem Oberteil auf und glitten langsam über den Arm, mit dem ich ihn massierte. Dann legte er seine Hand auf meinen Bauch. Durch den Stoff fühlte ich seine Körperwärme wie einen heißen Stein auf meiner Bauchdecke. Ich keuchte leise, sagte fast, nur fast seinen Namen, als er plötzlich meinen Hals küsste und dann wieder meinen Mund. Seine Zunge drang erneut ein und mich überkam ein wundervolles, feuchtwarmes Gefühl, als unsere Zungen miteinander spielten. Meine Finger verharrten, als er seinen Daumen in mein Höschen tauchte. Ich hob mein Bein an, stellte die Füße auf die Matratze und drückte meinen Hintern durch. Langsam glitt der Stoff von meinem Po zu meinen Hüften, und dann hinunter bis zu meinen Knien. Ich streckte mein Bein durch und er streifte den Slip ab. Unsere Münder hatten sich nicht einen Moment voneinander getrennt; meine Finger lagen immer noch an seinem Schwanz. Inzwischen fühlte ich, dass er sich zwang, nicht hinzusehen, nicht nachzuschauen, wie meine nahezu glatte Scham aussah oder ob meine rötlichen Schamlippen vor Feuchtigkeit glitzerten, als wären sie in köstliches Öl getaucht.

Er behielt sich im Griff, wanderte mit seiner Hand über mein Knie und drückte meine Beine auseinander. Während ich den Griff um seinen Schwanz verstärkte und die Bewegungen langsam wieder aufnahm, strich er mit zwei Fingern zart über die Innenseiten meiner Schenkel. Ich erschauderte, als einer seiner Finger auf den äußeren Rand meiner Schamlippe traf und dann die Linie über meiner Scham nachzeichnete. Unwillkürlich spreizte ich die Beine weiter, lud ihn ein, tiefer zu forschen.

Er küsste mich kurz und hart und ließ dann von meinem Mund ab. Doch er sah nicht hinunter, sondern rang einige Male nach Luft, murmelte irgendetwas Unverständliches und küsste mich dann wieder. Noch härter, leidenschaftlicher, feuchter. Unsere Zähne berührten sich ein paarmal; ein seltsam harter Kontrast zu seinen weichen Lippen und seiner seidigen Zunge, die immer schneller mit meiner rang. Plötzlich waren seine Finger da, oben am Scheitelpunkt meiner Schamlippen und glitten gezielt dazwischen. Anders als mein Exfreund suchte er nicht sofort meinen Eingang, sondern erforschte meine Klitoris. Ich riss mich von seinen Lippen los und zog zischend die Luft ein, als er vollkommen unvermittelt und unerwartet meinen

> *Heiße Blitze schossen durch meinen Körper. Ich zitterte und krallte mich an ihm fest.*

Kitzler massierte. Ein einzelner Finger tanzte mit gleichbleibendem, zartem Druck auf dem Knopf. Gleichzeitig spreizte er mit Daumen und Mittelfinger meine Schamlippen. Heiße Blitze schossen durch meinen Körper. Ich zitterte und krallte mich an ihm fest. Erst als ich sein überraschtes Keuchen hörte, bemerkte ich, wie fest ich seinen Schwanz gepackt hatte.

»'Tschuldigung«, nuschelte ich und zog seinen Kopf, seine Lippen erneut zu meinen.

»Nein«, gab er keuchend zurück und schüttelte sich. »Genau so. Fest.« Dann küsste er mich wieder.

Ich leckte an der Unterseite seiner Zunge und versuchte, nicht den Verstand zu verlieren, während er mich so gekonnt und schnell auf den Orgasmus zu massierte. Gleichzeitig umfasste ich seinen Schwanz deutlich fester. Meine Massage wurde ebenso gezielt wie seine.

»Warte«, raunte er nur einen Moment später und angelte über meinen Kopf hinweg ein Kondom aus seinem Nachtschränkchen. Unschlüssig, was ich in dieser Pause tun sollte, leckte ich über sein Schlüsselbein und ließ meine Finger aus seiner Boxershorts nach oben unter sein T-Shirt bis zu seinen Brustwarzen gleiten. Er reagierte kaum, als ich an seinen münzgroßen, flachen Brustwarzen spielte, deshalb ließ ich es nach kurzer Zeit wieder sein. Meinen Mund an seinem Hals festgesaugt, schmeckte ich die überraschend bittere Note seines Aftershaves. Ich zog die Nase kraus, leckte mir über die Lippen.

Nur einen Moment später setzte sich Malte ein Stück zurück, zog seine Boxershorts halb herunter und rollte das Kondom auf seinen Schwanz. Das wenige, graue Licht ließ mich nur seine Konturen erkennen. Und das war auch gut so, denn dies war die Grenze: Nichts sehen. Nicht nackt sein. Nur fummeln und ficken.

Als er sich mir wieder zuwendete, legte ich erneut beide Beine um ihn, sodass er jetzt zwischen meinen Knien saß. Er packte mich und zog mich hart zu sich heran. Mein Haar rutschte durch den heftigen Ruck über das glatte Laken und breitete sich um mich aus, während er seine Hand wieder auf meinen Schamlippen platzierte. Zuerst fühlte ich seine Fingerkuppe, die prüfte, wie feucht ich war, dann seinen Finger, der in mich fuhr. Ich keuchte laut, als er ihn ebenso schnell wieder aus mir herauszog und ihn zusammen mit einem zweiten in mir versenkte. Diesmal verharrte er kurz, spielte in mir, als wollten seine Finger laufen lernen, zog die Finger dann erneut heraus, stieß wieder kurz und hart zu und ließ die beiden Finger dann erneut rennen, sich drehen und kreisen.

Ich hatte mich kaum daran gewöhnt, als er die Finger mit einem fast schmatzenden Geräusch aus mir herauszog und sich vorbeugte. Seine Knie rutschten über das Laken nach hinten, bis sein Becken auf einer Höhe mit meinem war. Sein Schwanz berührte leicht wippend meine Schamlippen, strich an ihnen entlang. Und dann brach er eine Regel. Nur auf eine Hand gestützt, die sich neben meiner Taille in die Matratze drückte, hob er die Finger, die gerade noch in mir gewesen waren, an seinen Mund und lutschte meinen Saft ab, als wäre er eine Art Ambrosia.

Ich schnappte nach Luft, unschlüssig, wie ich reagieren sollte, als er seine Finger mit einem saugenden Geräusch aus seinem Mund zog, brummte und mich küsste. Ich schmeckte mich auf seinen Lippen. Mein Inneres erhitzte sich um ein paar weitere Grad – vielleicht, weil ich mich selbst schmeckte, vielleicht, weil er die Regeln gebrochen hatte, vielleicht, weil dies ein so intimer Moment gewesen war. Ich erwiderte den Kuss, biss auf seine Unterlippe, während er sich abstützte, seinen Schwanz griff und ihn zu meinem Eingang dirigierte. Seine feuchte, heiße Eichel teilte mein Fleisch und drang mit einem Ruck in mich hinein.

Wir verharrten beide und schnappten keuchend nach Luft. Wärme durchflutete mich von dort, wo sich unsere Leiber vereinten. Er zog sich zurück, gebremst durch den Klammergriff meiner Beine, drang dann tiefer in mich ein. Seine Lippen wanderten an meiner Wange entlang, während ich mich an ihm festhielt und genießerisch die Augen schloss. Sein Rhythmus war perfekt. Genau das, was ich brauchte, was ich haben musste. Er glitt wieder in mich, flüchtete und stieß ein weiteres Mal zu.

Meine Lider flatterten und trotz der Dunkelheit sah ich Sterne. Lust schoss durch meine Venen wie eine flüssige Droge und machte mich gleichzeitig anschmiegsam und wild. Unsere Kleidung tränkte sich langsam mit unserem Schweiß. Während ich den Rücken durchdrückte, um ihn noch tiefer zu spüren, rieb der feuchte Stoff an meinen Nippeln. Sein Griff um mein Becken wurde fester und seine Stöße schneller. Alles ging in einem Crescendo aus Hitze, Fleisch, Lust und Reibung unter, bis er plötzlich den Kopf hob.

> *Seine Lippen wanderten an meiner Wange entlang, während ich mich an ihm festhielt und genießerisch die Augen schloss.*

»Berühr dich«, stieß er hervor und presste mich mit seinem nächsten Stoß in die Matratze. Ich wusste sofort, was er meinte, und kam gar nicht auf die Idee, mich ihm zu widersetzen. Ich ließ meine Finger von seinem Rücken zwischen meine Schenkel wandern und fand meinen Kitzler. Ich massierte ihn, schob kurz den störenden Stoff meines Tops bis zu meinem Bauchnabel hoch, masturbierte heftiger, während Malte noch immer in mich hinein und aus mir heraus fuhr.

Diesmal hielt er sich nicht zurück, sondern starrte an mir herunter. Viel konnte er jedoch nicht sehen. Vielleicht die Konturen seines Schwanzes, der in mir verschwand. Vielleicht den Kontrast zwischen meinem Arm und meinem Top. Doch er fühlte mit Sicherheit, wie meine Fingerknöchel bei jedem Eindringen seine Schamhaare berührten.

Er warf den Kopf in den Nacken, stöhnte laut und fickte mich härter. Damit mein Hintern nicht über die Matratze rutschte, hielt er mein Becken fest. Sein Schwanz rieb tief in mir, während meine Finger mich von außen stimulierten. Der Orgasmus baute sich unaufhaltsam auf, wuchs in meinem Unterleib, breitete sich über meine schweißnassen Brüste bis zu meinem Kopf aus. Meine Fersen bohrten sich in seinen Hintern, als sich mein Körper anspannte und aufbäumte. Der Höhepunkt nahm mir für ein paar unglaubliche Momente alle Sinne. Glück durchfuhr mich wie eine Schwertspitze, bevor sich meine Muskeln Stück für Stück entspannten und ich auf dem Bett liegend seine letzten Stöße genoss. Es dauerte nur noch ein paar Momente, bevor sein Rhythmus abbrach, er verharrte, mehrfach zustieß und dann fast geräuschlos auf mir zusammenbrach.

Eine Weile lagen wir einfach so auf dem Bett. Normalerweise hätte ich ihm über den Rücken gestrichen oder seine Haare in Ordnung gebracht, aber bei unserer Vorgeschichte und diesem unfassbar seltsamen Sex erschien mir das unpassend, zu vertraut, zu intim – wie paradox, nachdem wir gerade miteinander geschlafen hatten.

Er hatte sich noch nicht bewegt, als er plötzlich meinte: »Glaubst du, es lag an der Kleidung?«

Die Frage klang komisch, doch ich verstand sie. Ich fragte mich auch, weshalb gerade dieser Sex der beste meines bisherigen Lebens gewesen war. »Vielleicht«, gab ich zurück. Vielleicht aber auch nicht.

VERENA MARIA DITTRICH

Deadline

Larissa (29), Kolumnistin, Eckernförde,
über
Hajo (38), Kameramann, Eckernförde

- - - - - - - - - - - -

»An meinem Bier nippend, scannte ich jede seiner
Bewegungen: wie er die Flasche zum Mund führte,
wie er sich mit den Fingern über die Lippen fuhr,
wie er sich über seinen Bauch streichelte.«

- - - - - - - - - - - -

Jetzt nicht, Schatz! Ich muss diese verfickte Kolumne bis morgen fertig schreiben«, sagte ich zu meinem Freund, der hinter mir stand und sich zu mir runtergebückt hatte, um meinen Hals zu küssen.

»Mmmmmmh«, flüsterte er mir ins Ohr. »Du riechst gut, hättest du nicht Lust, mit …«

»Ich kann nicht«, unterbrach ich ihn. »Mein Chef bringt mich um, wenn ich das nicht pünktlich abliefere. Morgen früh ist Deadline.«

Ich hatte eine eigene kleine Kolumne, die einmal wöchentlich erschien und in der ich die Geschehnisse in der deutschen Politik zu einem satirischen Cocktail verquirlte. Das kam bei den Lesern gut an. So gut, dass mein Chefredakteur der Meinung war, das Ganze ein bisschen größer aufzuziehen, was mich zusehends unter Druck setzte. Ich litt an einer Schreibblockade. Es fiel mir von Zeile zu Zeile schwerer, die Anekdoten, die mir sonst so leicht von der Hand gingen, ironisch pointiert zu Papier zu bringen.

»Der Chef will diesmal mehr«, stöhnte ich. »Noch gestern hat er zu mir gesagt: ›Ich möchte drei Seiten geballten Witz.‹«

»Geballten Witz?«, fragte Hajo, der immer noch hinter mir stand und mir sanft über die Brüste strich. »Der soll mal in den Spiegel gucken, da gibt's genug zu lachen!«

»Hajo, das ist nicht lustig!«, sagte ich und schob ihn zur Seite. »Ich bin jetzt nicht zu Scherzen aufgelegt, diese Scheißkolumne muss morgen früh auf seinem Tisch liegen und auch noch doppelt so lang sein wie sonst. Ich frag mich, wie der Typ sich das vorstellt. Der denkt anscheinend, er sagt einfach: ›Spring!‹ und ich Dämlack frage: ›Wie hoch?‹ Aber so einfach ist das nicht! Es ist Arbeit. Auch Witze müssen erst mal erfunden werden.«

»Dir wird schon was Witziges einfallen!«, murmelte Hajo, der weiterhin eine meiner Brüste in der Hand hielt und sich nicht abwimmeln ließ.

»Was soll mir denn bitte schön Witziges über Sarah Palin einfallen?«, fragte ich.

Mein Chef wollte, dass ich in diesem Artikel nicht nur das deutsche Politikgeschehen der Woche, sondern auch das amerikanische kommentierte. Dort waren gerade Wahlen und seit der Nominierung von Sarah Palin als Kandidatin für die Vizepräsidentschaft an der Seite des Republikaners John McCain wehte in Amerikas Boutiquen ein anderer Wind. Ihr Gespür für Mode hatte bei Amerikas Hausfrauen einen Kaufrausch ausgelöst, sodass es im ganzen Land nahezu keinen Laden mehr gab, der noch Schuhe mit Pfennigabsätzen auf Vorrat hatte. Brillen à la Sarah wurden zum Kassenschlager. Nur die Lippenstift-Marke der Gouverneurin von Alaska war ein wohlgehütetes Geheimnis. Mein Boss war der Ansicht, dass ich diese Details unbedingt in die Kolumne mit einfließen lassen müsste und dabei ruhig auch einen Blick auf den Kleidungsstil unserer Politiker werfen sollte – und das obwohl viele gar keinen hatten.

»Politiker und Mode. Das ist aber auch ein arschlangweiliges Thema«, sagte Hajo. »Politiker und Sex, darüber müsstest du schreiben! Das interessiert die Leute! Ich bin mir sicher, diese Regierung ist bis ins Mark versaut. Viele Politiker sind doch kleine Schweinigel, die sich in Fünf-Sterne-Suiten Pay-TV reinziehen und zum Nachtisch ein paar osteuropäische Prostituierte ordern. Alles auf Kosten der Steuerzahler, versteht sich. So eine Kolumne wäre doch viel interessanter!«

»Darüber würde ich nicht schreiben wollen«, sagte ich. »Bin sicher, dass mir bei diesem Thema nur kalter Schweiß die Stirn entlanglaufen würde.«

»Schweiß ist schon mal gut«, entgegnete Hajo. »Und wenn er an deinem Körper hinunter zwischen deine Schenkel läuft, sind wir doch wieder beim richtigen Thema«, fügte er hinzu und fasste mir provokant zwischen die Beine.

Seine Hand in meinem Schritt ließ mein Herz zwar schneller schlagen, mein Blick wanderte dennoch sofort zur Uhr. Und sie zeigte mir, dass ich endlich in die Puschen kommen musste. Doch Hajo interessierte das nicht. Er drehte mich auf dem Bürostuhl zu sich herum, hockte sich vor mich, zog mein T-Shirt ein Stückchen nach oben und ließ seine Zunge über meinen Bauchnabel gleiten. Dann pustete er sanft über die benetzten Stellen. Es war kühl und kitzelte. Meine Nackenhaare stellten sich auf.

»Politik und Mode«, brach es wieder aus mir heraus. »Also wirklich, hat der Chef keine besseren Ideen?«, meckerte ich vor mich hin, während ich Hajo, der noch immer vor mir saß und seinen Kopf inzwischen auf meinen Schoß gelegt hatte, über die Glatze streichelte.

»Du bist doch schon total verkrampft und angespannt, Süße«, sagte er. »Kein Wunder, dass dir nichts mehr einfällt. Seit wie vielen Stunden sitzt du jetzt schon vor dem Bildschirm?«

»Seit zweien?«, erwiderte ich weinerlich. Ich versank ein bisschen in Selbstmitleid.

»Und wie viel hast du bis jetzt schon geschrieben?«, wollte er wissen.

»Fast nichts«, sagte ich. »Keinen einzigen brauchbaren, verfickten Satz.«

Hajo stand auf, ging in die Küche und kam mit zwei Flaschen Bier zurück.

»Hier!«, sagte er und reichte mir eine.

»Saufen?«, fragte ich erstaunt. »Jetzt? Bist du irre? Das muss alles Hand und Fuß haben, ich kann doch im Suff keine Kolumne schreiben.«

»Du bist ja wohl nicht besoffen, wenn du ein Bierchen trinkst!«

»Okay, aber nur eins«, sagte ich. »Und danach muss ich weitermachen!«

Ich lehnte mich zurück und nahm einen großen Schluck. Hajo machte es sich auf der Chaiselongue neben dem Schreibtisch gemütlich und legte die Beine auf den Tisch. An meinem Bier nippend, scannte ich jede seiner Bewegungen: wie er die Flasche zum Mund führte, wie er sich mit den Fingern über die Lippen fuhr, wie er sich über seinen Bauch streichelte.

»Kannst du dein Höschen mal ein Stück zur Seite schieben?«, fragte er schließlich mit einem unverschämten Lächeln. »Wenn ich dich schon nicht ficken darf, würde ich gern einen Blick auf deine Pussy werfen.«

Ich verschluckte mich an meinem Bier.

»Hast du mir eben nicht zugehört? Ich hab zu tun«, zischte ich ihn halb ernst an.

Hajo zwinkerte mir zu: »Komm schon, Baby, zeig sie mir!« Er ging in Erwartungshaltung, stellte seine Flasche auf den Tisch und grinste verschmitzt.

»Du versauter Hund«, sagte ich lachend, bevor ich langsam meine Beine spreizte, das kurze Höschen, das ich trug, und meinem Slip zur Seite schob und Hajo einen Blick auf meine Pussy gewährte. Ich sah, wie er einen Ständer bekam. Das Wort »Deadline« erschien vor meinem geistigen Auge, als meine Hand über meine Schamlippen streichelte.

»Komm mal her!«, sagte Hajo mit leichtem Befehlston.

»Komm du doch her, Colonel«, gab ich zurück.

»Du kommst jetzt sofort her und lässt mich dort weitermachen, wo dein Chef uns vorhin unterbrochen hat, oder ich jage dich durchs ganze Haus.«

»Da möchte ich aber dabei sein«, feixte ich, nahm die Hand aus meinem Höschen, stand auf und baute mich vor Hajo auf.

»Du weißt genau, dass ich dich kriege«, grinste er, »und wenn ich dich kriege, mach ich dich nackig und leck dich überall ab. Ich an deiner Stelle würde nicht so 'ne dicke Lippe riskieren.«

> *Das Wort »Deadline« erschien vor meinem geistigen Auge, als meine Hand über meine Schamlippen streichelte.*

Ich warf ihm einen provokanten Blick zu, hob mein T-Shirt nach oben, zeigte ihm kurz meine Brüste und zog es wieder herunter.

»Ja, komm, Baby, zeig mir noch ein bisschen mehr von dir!«, rief Hajo.

Als ich sah, dass er sich aufrichtete, quiekte ich laut und rannte durch die geöffnete Terrassentür raus in den Garten.

»Na, warte!«, schrie er und nahm die Verfolgung auf.

Wir spielten Fangen. Mal jagte ich ihn, mal Hajo mich, mal hatte er mich schon fast, dann wieder konnte ich mich aus seinem festen Griff befreien und einige Meter weiter robben. Nachdem wir ein paar Minuten miteinander herumgetollt waren, fanden wir uns schwitzend und atemlos nebeneinander auf der Chaiselongue wieder.

Ich legte meine Hand auf Hajos leicht verschwitzten Bauch, ließ sie in seine Jeans gleiten und fühlte sofort seinen harten Schwanz. Er legte seinen Kopf genüsslich in den Nacken, schnellte dann aber plötzlich nach vorn und packte mich. Wie zur Sicherheit, damit ich nicht fliehen konnte, hielt er mit einer Hand meinen Zopf fest. Sanft, aber trotzdem energisch zog er mich an meinen Haaren nach hinten und griff mit seiner rechten Hand zwischen meine Schenkel. Ich stöhnte, als seine Zunge von meinem Ohr zu meinem Hals herunterglitt, er eine Hand unter mein Shirt steckte und begann, meine Brüste zu kneten. Meine Nippel wurden sofort hart. Er zog mir das T-Shirt nach oben und begann, sie zu liebkosen. Erst fuhr er zart mit seinen Lippen und seiner Zunge über sie, dann nahm er sie zwischen Daumen und Zeigefinger und drehte sie sanft. Geilheit füllte mich vollkommen aus.

Hajo schob mit den Füßen den Couchtisch zur Seite und öffnete seine Jeans. Er trug keine Unterwäsche. Dann zog er mir mein T-Shirt, mein Höschen und den Slip aus.

»Weißt du, das mag ich so an dir«, flüsterte er, »dass dein hübscher Körper nicht in irgendwelchem sinnlosen Klamotten-Kokolores steckt und ich nicht hundert Reißverschlüsse und Knöpfe öffnen muss, um an die heißen Zonen ranzukommen!«

Ich war jetzt ganz nackt, legte mich auf den Rücken und genoss seine Zärtlichkeiten. Sein Mund wanderte von meinem Hals zu meinen Brüsten, immer weiter nach unten. Als er an meinem Schoß angekommen war, winkelte er mein rechtes Bein an und hielt plötzlich inne.

»Hey, guck da nicht so hin, du siehst ja alles, so nah bist du dran!«, sagte ich und genierte mich ein bisschen, weil ich mich ihm noch nie so präsentiert hatte. Klar kannte er meine Möse, wusste, wie sie riecht und schmeckt, aber dass er sich die Zeit nahm, um sie ausgiebig zu betrachten, war doch neu und ungewohnt.

»Du siehst geil aus!«, flüsterte er, zog zärtlich meine Scham lippen auseinander und fuhr langsam mit der Zunge zwischen sie. Dass er jedes einzelne Detail sehen konnte, machte mich inzwischen immer geiler. Bereitwillig winkelte ich auch das andere Bein an. Hajo richtete sich auf, um sich seiner Jeans zu entledigen, wendete seinen Blick dabei aber nicht eine Sekunde von meiner Muschi ab. Ich war so erregt, dass ich es nicht mehr ertragen konnte. Ich griff nach ihm und er füllte mich mit seinem Schwanz aus. Wir fickten.

> *Hajo schob mit den Füßen den Couchtisch zur Seite und öffnete seine Jeans. Er trug keine Unterwäsche.*

»Hast du was geschrieben?«, erkundigte sich Hajo später, als ich wieder am Schreibtisch saß. Er stand hinter mir und war noch immer nackt.

»Selbstverständlich«, sagte ich ein bisschen stolz. »Nachdem du meine Verspannungen gelöst hast, sprudelte es nur so aus mir heraus.«

»Lies mir mal das Ende vor«, bat er mich, während er mir den Nacken massierte.

Ich richtete mich auf und las laut vor: »In der vergangenen Woche hat sich die SPD-Spitze überraschend neu formiert. Böse Zungen prognostizierten dem Ex-Parteivorsitzenden Kurt Beck schon vor Wochen, dass es Ärger geben würde, aber nein, der Kurt wollte ja nicht hören und beging nicht nur parteiinterne Fauxpas, sondern auch modische. Weiße Tennissocken mit blauem Rand in schwarzen Bommel-Slippern tragen eine Mitschuld am Eklat um den überzeugten Vokuhila-Träger. Aber das will der Kurt nicht wahrhaben und rechnet nach seinem Rücktritt bitterböse mit Berlin ab: Von Vertrauensbruch und Fehlinformationen an die Medien ist da die Rede, aber kein einziges Wort zu den schlimmen Herren-Slippern von Deichmann ...«

»Meinst du, das kann ich bringen?«, fragte ich etwas unsicher.

»Klar!«, sagte Hajo und küsste mich so, dass ich schon wieder das Bedürfnis verspürte, mich vor ihm zu entblößen.

Kein Wort

Anouk (30), Autorin, Berlin,
über
Peter (40), Coach, Berlin

- - - - - - - - - - - -

»Vor dem breiten hölzernen Bettgestell bedeckt ein
weiches Fell den Boden. In plötzlicher Hektik reiße
ich mir die Kleidungsstücke vom Leib und feuere
sie auf einen in der Nähe stehenden Sessel.«

- - - - - - - - - - - -

Eigentlich ist der Weg nicht weit. Es sei denn, man muss ihn auf acht Zentimeter hohen Pumps zurücklegen. Wie oft schon bin ich diese Straße hinabgelaufen? In derben Stiefeln, wie ich sie liebe. In Turnschuhen oder Sandalen. Doch heute in ledernen Kunstwerken, für die es in meinem Alltag keinen Platz gibt und die ich höchstens mal abends für eine Party hervorhole – wenn überhaupt –, ist es etwas völlig anderes.

Hochkonzentriert kämpfe ich mich über das unregelmäßige Pflaster. Ich beginne zu schwitzen. Warum habe ich nur diesen Mantel angezogen?, denke ich und öffne meinen hellen Trenchcoat. Für einen Moment halte ich an, atme tief durch und streiche eine widerspenstige Haarsträhne zurück. Meine Finger krallen sich fester um den Griff der Handtasche. Na klar, denke ich, ich habe den verdammten Mantel angezogen, weil er die einzige meiner Klamotten ist, die zu diesen verdammten Schuhen passt! Alles meine Schuld. Ich habe mich wieder einmal überreden lassen, diesen Unsinn mitzumachen, denke ich. Doch dann muss ich grinsen. Denn ich liebe es sehr, dass Peter sich stets neue Spiele und Herausforderungen für mich ausdenkt. Kein Aufwand ist ihm zu groß und nichts scheint unmöglich zu sein. Wie könnte ich da zur Spielverderberin werden?

Als ich heute Morgen aus dem Bad kam, saß mein Freund bereits am Frühstückstisch. Er war in Eile, das sah ich ihm an. Ich selbst hingegen war noch im Bademantel, um die feuchten Haare ein Handtuch zum Turban geschlungen. Während ich mich setzte, ging ich in Gedanken meinen Arbeitsplan für den Tag durch: Mit dem Redakteur telefonieren. Endlich den Artikel schreiben, den ich übermorgen abgeben müsste. Und verdammt, das Buch, das ich für die Sonderbeilage rezensieren sollte, hatte ich bisher noch nicht einmal eines Blickes gewürdigt. Wie sollte ich das alles noch schaffen? Ich stöhnte innerlich auf, während ich zum Messer griff. Peter hatte mir meinen Lieblingsteller hingestellt, rot mit weißem Rand. Und mitten darauf lag ein Schlüsselbund. Schlagartig waren meine Überlegungen beendet.

»Guten Morgen erst mal.« In Peters Stimme erklang leichte Ironie. Er war es gewohnt, dass ich es oft nicht für nötig befand, mich mit der profanen Tagesrealität abzugeben. Zumindest empfand er das so. Fragend richtete ich meinen Blick auf ihn. An meinem Zeigefinger ließ ich den Schlüssel baumeln: »Was ist das?« Ich gab mir keine Mühe, meine Skepsis zu verbergen. Peter hielt meinem leicht spöttischen Blick stand.

»Ich will schließlich nicht, dass mein Schatz sich langweilt.«

Empört schnaubte ich durch die Nase. Ich hatte wahrlich genug zu tun! Und das wusste Peter ganz genau! Er griff nach meiner Hand. »Entschuldige«, sagte er. »Bitte sei nicht böse. Ich habe mir etwas wirklich Schönes für dich ausgedacht.« Mein Ärger verflog etwas. Ich konnte nie wirklich wütend auf Peter sein. Er war oft impulsiv und sagte dann Dinge, die mir missfielen, aber gerade sein Tempo und seine Lebendigkeit faszinierten mich immer wieder. Schließlich legte ich den Schlüssel neben meinen Teller, griff in den Brotkorb und angelte mir das Nutella-Glas. Mir war, als hörte ich Peter erleichtert aufatmen.

»Bänschstraße 22«, sagte er unvermittelt. »Weißt du, wo das ist?«

Ich überlegte kurz. »Die Bänschstraße? Das ist doch ganz hier in der Nähe. Über die Frankfurter Allee und dann die dritte Querstraße.«

»Ganz genau«, bestätigte Peter. »Um vier Uhr am Nachmittag wirst du dich dort einfinden. Keine Unterwäsche, schwarze Strümpfe, deine höchsten Pumps ...« Bei diesen Worten verzog ich leicht den Mund, um auf seinen scharfen Blick hin gleich darauf unschuldig zu lächeln. »Dritter Stock rechts«, fuhr er fort. »Die Wohnungstür lehnst du nur an. Dann suchst du das Schlafzimmer und ziehst dich aus. Auf dem Bett wirst du eine Augenbinde finden. Die legst du an und kniest dich vor das Bett.«

»Und dann?«, fragte ich. Nun war ich doch neugierig geworden. Ja, ich wurde richtig aufgeregt. Und wenn da noch so viel Arbeit auf mich wartete, ich konnte mich diesem Sog nicht entziehen, der mich jedes Mal packte, wenn mein Freund zum Gebieter wurde. Wenn er mir, seiner Sklavin, Befehle erteilte, die keine andere Legitimation brauchten als seine Lust. Und meine!

Plötzlich wurde es heiß zwischen meinen Beinen. Unruhig geworden, rutschte ich auf dem Stuhl herum. Peter registrierte mein verändertes Verhalten (er fand mich oft so kühl und abgeklärt) mit Belustigung.

»Wart ab«, sagte er. »Du wirst schon sehen.«

»Wird noch jemand anders dazukommen?«, fragte ich. »Denn die Tür ... ich soll sie nicht schließen?«

»Keine Fragen.« Und Peters Tonfall signalisierte mir, dass er es ernst meinte.

Nun habe ich es fast geschafft. Ich biege rechts ab in die Bänschstraße und stehe schon bald vor der Nummer 22. Die Sommersonne bricht durch das Blattwerk der Bäume vor dem Haus. Doch für das flirrende Muster, das Licht und Schatten auf dem Gehsteig zeichnen, habe ich jetzt nur einen kurzen Blick übrig.

Drei Stufen trennen mich noch von der Haustür. Meine Füße schmerzen. Fast ziehe ich mich an dem niedrigen, schmiedeeisernen Geländer hinauf. Der Schlüsselbund liegt schwer in der Manteltasche. Meine gerade erwachte Erregung verleiht ihm Gewicht. Ich ziehe ihn hervor und öffne. Im Hausflur riecht es leicht muffig. Oder bilde ich mir das nur ein? Ich wappne mich innerlich für den Aufstieg in den dritten Stock. »Rechts«, hat Peter gesagt, »dritter Stock rechts.«

Mit der linken Hand greife ich meine Handtasche und mit der rechten suche ich Halt am Treppengeländer. Die ausgetretenen Linoleumstufen erscheinen mir ungewöhnlich hoch. Ich muss achtgeben, um nicht zu stolpern. Ich zähle die Stufen.

Als ich endlich im dritten Stock stehe, wende mich nach rechts. Neugierig suche ich nach dem Namensschild an der Türklingel. Doch merkwürdig: kein Name. Meine Hand zittert leicht, als ich den Schlüssel ins Loch schieben will. Klirrend fällt der Bund zu Boden. Ich muss mich an der Tür abstützen, um ihn aufzuheben.

Mein Atem geht schwerer. Erneut packe ich das Metallbündel. Fest krallen sich meine Finger um den Bund. Der nächste Versuch. Schwer dreht sich der Schlüssel im Schloss. Die Tür springt auf. Mein Herz macht einen Sprung. Ich schlucke noch einmal. Dann betrete ich die Wohnung.

Meine Augen müssen sich erst an die Dunkelheit des Flures gewöhnen. Nur wenig Licht fällt vom Treppenabsatz hinein. Alle Türen, die vom Korridor abzweigen – wie lang er ist, denke ich –, sind geschlossen. Nein, halt! Eine steht halb offen. Das muss das Schlafzimmer sein! Ich blinzle. Wie befohlen, lehne ich die Wohnungstür nur an. Ich gehe ein paar Schritte. Die Dielen knarzen. Erschrocken fahre

Plötzlich wurde es heiß zwischen meinen Beinen. Unruhig geworden, rutschte ich auf dem Stuhl herum.

ich zusammen. Ich taste mich vorbei an der Garderobe, vorbei an der alten Kommode mit dem Spiegel darüber, vorbei an den vielen Bildern. Die geöffnete Tür ist die vorletzte.

Das Ächzen, das jeden meiner Schritte auf dem Weg dorthin begleitet, scheint aus dem tiefsten Inneren meines eigenen Körpers herzurühren. Die dunkelrot gestrichenen Dielenwände lassen mich an einen Schlachthof denken. Ich schüttele mich leicht. Als ich mein Ziel erreicht habe, bleibe ich zunächst für einen Moment neben der Tür stehen, ohne in den Raum hineinzublicken. Dann fasse ich mir ein Herz und luge ins Zimmer. Ich habe richtig geraten: Ein großes Bett bestimmt den Raum. Nun ist mir klar, weshalb auch aus diesem Zimmer kein Licht in den Korridor hineinfallen konnte: Dunkle Vorhänge verhüllen die Fenster. Doch es gelang nicht, die Sonne vollkommen auszusperren: Ihre Strahlen bahnen sich hartnäckig einen Weg durch die Fasern des Stoffes. Und so ist dieser Raum in ein warmes Dämmerlicht getaucht, ganz anders als die kalte Düsternis im Flur. Am Ziel, denke ich und fast triumphiere ich dabei. Die Beklemmung löst sich.

Vor dem breiten hölzernen Bettgestell bedeckt ein weiches Fell den Boden. In plötzlicher Hektik reiße ich mir die Kleidungsstücke vom Leib und feuere sie auf einen in der Nähe stehenden Sessel. Vielleicht kann ich das alles hier beschleunigen, wenn ich mich beeile? Oh, ich bin so gespannt, ängstlich, ungeduldig, geil. Ich will wissen, was Peter sich für mich ausgedacht hat! Ich falle buchstäblich auf die Knie. Den Schmerz spüre ich kaum, so unendlich froh bin ich, meine gemarterten Füße zu entlasten. Ich lege die Hände auf den Rücken und schließe die Augen – um Sekunden darauf wieder emporzuschrecken. Die Augenbinde! »Auf dem Bett«, hatte Peter gesagt! Ich brauche nicht zu suchen. Direkt vor mir liegt ein schmaler Schal aus schwarzem Samt, den ich sorgsam um den Kopf schlinge. Nein, nun sehe ich nichts mehr.

Ich strecke den Rücken und lege die Hände erneut nach hinten. Ich bin bereit! Komme jetzt, was da wolle!

Ich warte. Nichts passiert. Es kratzt in meinem Hals. Nichts. Ich räuspere mich. Nichts. Ich schließe die Augen unter der Binde. Ich öffne sie wieder. Immer noch nichts. Das Bild über dem Bett war blau. Das habe ich auch im Dämmerlicht erkennen können. Ein Blau, so blau wie ein Saphir. Vor meinen verbundenen Augen tanzen die Farben. Doch mit einem Mal ist der Taumel vorbei. Ein Geräusch bringt mich auf den Boden der Tatsachen zurück: Hier knie ich auf Befehl meines Geliebten, verharre in Erwartung ungewisser Begebenheiten. Ich bin plötzlich voll gespannter Aufmerksamkeit. Da ist etwas an der Tür! Jetzt höre ich es ganz deutlich. Es sind dieselben ächzenden Laute des alten Holzbodens, die ich selbst beim Eintreten verursacht habe.

Sex beginnt im Kopf und greift von dort aus auf den Körper über.

Meine Atemzüge werden flacher. Ich benötige all meine Kraft zur Selbstbeherrschung, um mir nicht das Tuch von den Augen zu reißen. Der Kampf gegen den Reflex sich umzuwenden, ist hart. Doch Peters Worte lassen hier keinen Spielraum zu. »Du kniest dich vor das Bett«, hatte er gesagt. Nichts anderes.

Ich habe Angst. Doch gleichzeitig fühle ich die Lust zwischen den Beinen. So ist es bei mir immer: Sex beginnt im Kopf und greift von dort aus auf den Körper über. Wer mein Hirn, meine Fantasie in Gang bringt, der hat auch meinen Körper ganz und gar in der Hand. Meine Klitoris wird hart und pocht in einem gleichmäßigen Rhythmus. Erneut knirscht das alte Holz. Eine wirkungsvolle Pause nach jedem einzelnen Schritt. Mein Körper krampft, mein Atem geht flach. Ich stelle mir vor, wie sich diese Person an meiner Angst weidet. Und beim nächsten Schritt – er ist bereits deutlich lauter – schießt mir durch den Kopf: Wer es wohl sein mag? Ein Freund von Peter? Ob ich ihn kenne?

Nun ertönen die Schritte in rascher Folge. Als ich spüre, dass die Person hinter mir an der geöffneten Tür steht, halte ich die Luft an. Meine scharf geschliffenen Fingernägel habe ich fest ins Fleisch meiner Hände gekrallt. Solange ich mich noch spüre, kann noch nichts Schlimmes geschehen sein! Ein Beruhigungsmantra, das auch nicht hilft. Ein furchtsames Wimmern entflieht mir ins Nirgendwo. Hätte ich mich doch nie darauf eingelassen!

Schweigend steht die Person in der Tür. Ich bin überzeugt, den fremden Blick zu spüren, zu spüren, wie er sich in meinen Rücken brennt. Ich höre Atemzüge, die nicht von mir stammen. Ansonsten ist es ganz ruhig. Auch von draußen dringt kein Geräusch hinein. Ich halte es nicht mehr aus, denke ich, und befinde mich irgendwo zwischen Verzweiflung und Geilheit. Ein Karussell aus Gefühlen, das mich in einen seltsamen Zustand jenseits von Zeit und Ort katapultiert.

Nun nimmt der andere Körper Schritt für Schritt den Raum in Besitz. Ich versuche, mir das Bild vor die blinden Augen zu zwingen: Ich, Sklavin, Lustdienerin – und hinter mir? Ja, vielleicht ein großer, breitschultriger Mann im Anzug und mit Latexmaske? Fast entweicht meiner Kehle ein hysterisches Lachen. Gerade noch rechtzeitig beiße ich mir auf die Lippen.

Ich bin nicht erschrocken, als eine Hand meine Schulter berührt. Damit war zu rechnen. Vielleicht lag ich mit der Latexmaske falsch, doch Handschuhe trägt die Person auf jeden Fall. Die Hand liegt einfach da, auf meiner Schulter, als wäre das richtig so, als müsste das so sein. Meine Hände entkrampfen sich und ich versetze der riesigen Angstblase in mir den finalen Nadelstich. Wie ein Blitz durchfährt mich jetzt die ungebremste, durch nichts mehr beeinträchtigte sexuelle Erregung – diese scharfe Lüsternheit, die mir die Körpersäfte zwischen die Schenkel treibt.

Zu der einen Hand gesellt sich eine zweite. Erst fahren sie über meinen Nacken und meine Schulterblätter. Dann über mein Gesicht. Deutlich rieche ich jetzt das Gummi der Handschuhe. Der andere Körper ist ganz nah. Immer in Berührung mit meinem Rücken sinkt er zu mir in die Tiefe und presst seinen Oberkörper an meinen. Arme schlingen sich um meinen Leib, die Hände legen sich auf meine Brüste, deren Warzen schon seit Längerem steil aufgerichtet sind. Und unter den nun einsetzenden knetenden, kratzenden, kneifenden und streichelnden Berührungen kann ich nicht anders, als zu Wachs zu werden. Ich stöhne auf. Schon zwingen sich mir mehrere Finger in meinen Mund. Ich fühle, dass der Zustand der Ekstase, des vollkommenen Rausches, der oft während solcher Spiele von mir Besitz ergreift, nicht mehr fern ist. Meine Zunge umspielt die Finger, die meinen Mund ausfüllen. Gummigeschmack. Ich lecke, knabbere und sauge mit aller Hingabe an ihnen.

Ich bemühe mich darum, meine gerade Haltung zu bewahren. Ich will schön aussehen in meiner Demut. Ich will dem anderen einen hinreißenden Anblick bieten, will aus der Unterwerfung heraus betören und verführen. Ich spanne den Rücken und korrigiere die Haltung meiner Hände. Obwohl ich nichts sehen kann, lege ich den Kopf in den Nacken, suche die andere Person. Doch der Versuch, Kontakt zu dem rätselhaften Wesen aufzunehmen, ihm vielleicht ein Wort abzuringen, scheitert. Kein Ton. Stattdessen ein fester Griff in meine langen Haare. Ein Ziehen. Ja, mehr noch: ein auffordernder Ruck. Soll ich aufstehen? Probeweise folge ich der Bewegung.

Ich bemühe mich darum, eine gerade Haltung zu bewahren. Ich will schön aussehen in meiner Demut.

Meine Reaktion scheint die richtige Deutung gewesen zu sein. Immer stärker wird der Zug in die Vertikale. Ich erhebe mich ganz. Für einen Moment darf ich stehend verharren – mein leichter Schwindel vergeht während dieser Sekunden –, dann schiebt eine Hand mich vorwärts und die andere drückt meinen Oberkörper nach unten. Schon bin ich weich auf dem Bett gelandet. Unwillkürlich drücke ich meinen Körper fest auf die Matratze. Mein Atem ist kaum zu hören. Reglos bleibe ich liegen, bemühe mich, nur ja kein Geräusch zu machen. Aufs Neue ergreift mich die Furcht. Doch zwischen meinen Beinen ist es nass. Wie gern würde ich nach meiner pochenden Klitoris greifen! Doch das traue ich mich nicht. Angst. Lust. Und Warten. Auch diesmal kann ich ein leises Wimmern nicht unterdrücken. Würde mir die Person wehtun? Einmal, da hatte Peter … Plötzlich fühle ich ein Schwanken der Matratze. Ein zweiter Körper auf dem Bett! Die Hand, die eben noch behutsam das Innere meines Mundes erforschte, dringt nun fast brutal in ihn ein, um mir gleich darauf einen dicken Stoffklumpen zwischen die Zähne zu pressen. Erschrocken reiße ich Ober- und Unterkiefer auseinander. Mein Mund ist jetzt fast komplett ausgefüllt. Ein Speichelfaden rinnt mir das Kinn hinunter. Ich ringe nach Luft und kann nicht anders: Meine Augen füllen sich mit Tränen. Nur einen Moment später ist der Schreck schon vorbei. Schicksalsergeben warte ich auf das Kommende.

Ich liege nun auf dem Rücken und der Bezwinger beugt sich über meinen Körper. Meine Arme werden fest auf die Matratze gepresst. Eine Hand greift mir zwischen die Beine und gleitet mühelos durch die feuchte Region. Gerade als ich mich ganz in den Rhythmus dieser Bewegung hineingefunden habe, zieht sich die Hand zurück.

Mit einem Mal liegt ein schwerer Leib auf meinem, ein steinharter Penis sucht Zugang zu meiner Möse, findet ihn und dringt tief ein. Zunächst gleichmäßige, tiefe Stöße. Doch die werden bald schneller, immer schneller. Und fester. Ich presse meine Zähne in den Knebel und recke mein Becken der Herausforderung entgegen. Bilder ziehen an meinen Augen vorbei, so klar wie auf einer Kinoleinwand. Und während ich mich selbst in einem eisernen Käfig und auf Stroh sehe, in Ketten gelegt und ausgestellt auf einem mittelalterlichen Markt, schlagen die Wogen über mir zusammen und ein heftiger Orgasmus reißt mich in die gurgelnde Tiefe. Würde der Knebel es nicht verhindern – ich würde meine Lust und Erlösung herausschreien.

Da liege ich nun, befreit vom Gewicht des fremden Körpers. Ich warte einfach ab. Langsam beruhigt sich meine Möse. Stille. Plötzlich fällt mir etwas ein: Hat mein Mitspieler gar nichts empfunden? Bis auf ein paar Atemzüge habe ich nichts von ihm gehört. Unheimlich, fast unmenschlich. Ich schaudere.

Irgendwann wird mir der Knebel herausgenommen. Ich muss husten. Die fremden Hände ziehen meinen Oberkörper in die Höhe. Finger nesteln an der Augenbinde. Endlich ist der feste Knoten gelöst. Doch der Stoff wird mir immer noch vor das Gesicht gepresst, um dann plötzlich fallen gelassen zu werden! Ich öffne vorsichtig die Augen, um sie gleich darauf so weit aufzureißen, wie ich nur kann! Fassungslos blicke ich ins Gesicht einer freundlich lächelnden jungen Frau, deren Hände die Schnallen des Gürtels lösen, der einen riesigen Gummischwanz an Ort und Stelle hielt.

Der Junge von nebenan

Melanie (34), Werbetexterin, Erlangen,
über
Stefan (18), Schüler, Erlangen

- - - - - - - - - - - -

»Stefan hat den makellosen Körper eines Achtzehnjährigen, schlank und mit Muskeln, die einfach
von Natur aus da zu sein scheinen und nicht mühsam in einem Fitnessstudio antrainiert wurden.«

- - - - - - - - - - - -

Meine Eltern unternehmen immer einmal im Jahr eine größere Urlaubsreise, im August, drei Wochen, und ich hüte in der Zeit ihr Haus und ihre Katze. Ich fahre jeden Abend nach der Arbeit bei ihnen vorbei, leere den Briefkasten, gieße die Blumen und die Beete im Garten, füttere die Katze und mache das Katzenklo sauber. Normalerweise ist das eine ziemlich langweilige Angelegenheit und ich muss mich zwingen, die halbe Stunde bei ihnen auszuharren, um die Katze zu streicheln und mit ihr zu spielen – wie ich es meiner Mutter versprochen habe.

Doch in diesem Jahr haben meine Eltern neue Nachbarn bekommen. Sie, oder vielmehr ihre Kinder, sind nicht zu überhören – anscheinend veranstalten sie gerade eine Grillparty. Ich sitze auf der Terrasse und genieße den perfekten Sommerabend. In meiner Cola zerspringen knackend die Eiswürfel, die meine Eltern im Gegensatz zu mir immer vorrätig haben. Mit meinen Zehen kraule ich Sissi, die sich laut schnurrend auf den kühlen Steinfliesen rekelt. Durch die hohe Hecke kann ich die Nachbarn und ihre Partygäste nicht sehen, aber hören. Ohne angestrengt lauschen zu müssen, bekomme ich ziemlich schnell heraus, dass sie in der zwölften Klasse sind: Sie reden hauptsächlich darüber, wie sie im kommenden Jahr das Abitur schaffen sollen und was sie mit der großen Freiheit danach anfangen wollen. Zwei von ihnen machen gerade den Führerschein, einer hat ihn seit Kurzem. Er ist gleichzeitig für das Grillen zuständig, also wahrscheinlich der Sohn des Hauses, die anderen beiden sind seine Freunde. Es dauert nicht viel länger als die halbe Stunde, die ich meiner Mutter versprochen habe, bis sie auf Mädchen und Sex zu sprechen kommen. Einer der drei hat offensichtlich eine feste Freundin, mit der es »gut läuft«. Bei den anderen beiden scheint es mir fraglich, ob sie überhaupt schon einmal Sex hatten. Bin ich doch nicht die Einzige, die ihre Jugend statt mit wilden Partys, der großen Liebe und heißen Sexerlebnissen mit Gedanken an die Zukunft zugebracht hat? Ist das wilde Teenieleben doch nur ein Mythos?

Ich unterdrücke einen Seufzer. Wo ist sie hin, meine Schulzeit und vor allem die Zeit nach dem Abitur? Anstatt ins Ausland zu reisen, wie es der Nachbar anscheinend vorhat, habe ich ein Praktikum in der Werbeagentur gemacht, für die ich jetzt arbeite. Ich habe auch mein ganzes Studium über dort gearbeitet. Und irgendwie vor lauter Angst, nach der Uni ohne Job dazustehen, habe ich es verpasst, Erfahrungen mit dem anderen Geschlecht zu machen.

Erst spät bin ich dazu gekommen. Mit dem Assistenten meines Chefs, ich war 24, er zehn Jahre älter. Heute ist mir klar, dass er damals nicht jeden Tag bis um neun im Büro blieb, um unseren Chef zu beeindrucken und seine Chancen auf eine Festanstellung zu erhöhen, sondern weil er mich ins Bett bekommen wollte – oder vielmehr auf seinen Schreibtisch, denn dort liebten wir uns das erste Mal. Ich war damals wohl ziemlich naiv, obwohl ich fest davon überzeugt war, sehr viel weniger naiv als meine Kommilitonen zu sein, die stundenlang in der Cafeteria saßen, über philosophische Themen diskutierten und meiner Meinung nach keine Ahnung hatten, wie es in der sogenannten freien Wirtschaft zugeht.

Im Gegensatz zu Clemens. Bevor er bei der Werbeagentur angefangen hatte, war er in der Marketingabteilung eines Autohauses. Ich bewunderte ihn dafür. Deswegen hatte ich auch nichts dagegen, als sein Knie unter dem Schreibtisch plötzlich meines berührte und er sich nicht dafür entschuldigte. Er sah mir nur in die Augen und antwortete nicht mehr auf meine Vorschläge, wie wir die Pressemitteilung noch wirksamer formulieren konnten. Ich stand auf, etwas abrupt vielleicht, weil ich nicht wusste, wie ich reagieren sollte, und weil ich, obwohl ich gern mit Clemens schlafen wollte, gleichzeitig ein schlechtes Gewissen hatte, unsere Arbeitszeit so zu missbrauchen. Ich ging schnell ans Regal und zog einen Ordner heraus, ohne zu wissen, was er enthielt. Ich sollte es auch nie herausfinden, denn obwohl ich meine Augen auf die Papiere heftete, waren alle meine Sinne auf Clemens gerichtet.

Er stand langsam auf und kam mir hinterher, nahm mir den Ordner sanft aus der Hand, drehte mich zu sich und küsste mich. Ich glaube, ich schloss die Augen. Dann hob er mich auf seinen Schreibtisch, schob die Unterlagen zur Seite, ohne sie hinunterzuwerfen und steckte mir eine Hand zwischen die Beine und zog mit der anderen meinen Rock hoch. Ich hatte Strumpfhosen an, weil es sich in der Arbeitswelt so gehört, und es bereitete ihm etwas Mühe, sie mir auszuziehen, während ich auf der Schreibtischkante balancierte, also legte ich meinen Oberkörper auf seinem Schreibtisch ab. Mindestens drei Kugelschreiber, ein Tacker und ein Radiergummi bohrten sich in meinen Rücken, aber das störte mich nicht, es erschien mir alles sehr passend. Clemens legte meine Beine auf seine Schultern, öffnete seine Hose und rieb sich eine Weile an mir, bevor er sich ein Kondom überstreifte, das er anscheinend in seiner Schreibtischschublade aufbewahrt hatte. Er drang schnell in mich ein und kam genauso schnell und leise – was mir sehr recht war, denn schließlich wurden wir für die Zeit im Büro bezahlt. Außerdem wusste ich nicht, ob sich nicht trotz der späten Stunde irgendwo in dem Gebäude noch andere Mitarbeiter aufhielten, wenn auch keine auf unserem Stockwerk.

Für mich war es selbstverständlich, dass wir im Büro blieben und nicht zu ihm oder zu mir nach Hause fuhren, um miteinander zu schlafen.

Für mich war es selbstverständlich, dass wir im Büro blieben und nicht zu ihm oder zu mir nach Hause fuhren, um miteinander zu schlafen. Meine kleine, eher schäbige Studentenwohnung war mir damals sowieso peinlich. Auch nach dem Sex fuhren wir nicht nach Hause, stattdessen bastelten wir noch mindestens eine Stunde an dem Text für die Pressemitteilung herum.

Ich gebe zu, es war das erste Mal, dass ich überhaupt Sex hatte. Nicht aus Mangel an Gelegenheiten, aber ich hatte die Annäherungsversuche meiner Mitstudenten stets abgewehrt. Sie erschienen mir im Vergleich zu meinem Chef und meinen Kollegen in der Agentur unreif. Sie gaben vor, Geld zu verachten, während sie das ihrer Eltern ausgaben. Clemens gab wenigstens sein eigenes aus. Außerdem wusste er, was er wollte: Karriere machen, ein Haus, eine Frau und zwei Kinder. Ich bin blond, ich passte perfekt zu seinem Plan. Und ein paar Jahre lang wollte ich dasselbe wie er.

Doch als mein Abschluss und die Aussicht auf eine Festanstellung näher rückten, wurde ich unzufrieden.

Ich weiß nicht genau warum. Der Sex mit Clemens war okay, aber irgendwann fiel mir auf, dass ich dabei mit den Gedanken meist ganz woanders war. Die ersten paar Male im Büro waren noch aufregend, die ersten paar Male bei ihm zu Hause auch. Doch dann wurde ihm die Arbeit wichtiger, und mir etwas anderes. Clemens gab sich kaum noch Mühe, dass auch ich im Bett auf meine Kosten kam, aber das war gar nicht der Grund, warum ich unruhig wurde. Ich wurde unruhig, weil er immer öfter über unsere Zukunft redete: wie wir wohnen würden, wohin wir in den Urlaub fahren würden, welches Auto wir kaufen würden. Mich überkam Beklemmung bei dem Gedanken, dass die restlichen fünfzig oder sechzig Jahre unseres Lebens genauso verlaufen würden wie die drei, die ich bereits mit ihm zusammen war. Das alles war zu wenig für ein Leben. Zu Clemens sagte ich nichts davon, und es schien ihm nicht aufzufallen, dass ich schwieg, wenn er über seine Pläne für unsere Zukunft sprach.

Während der Arbeit war es immer so, dass er bestimmte, was wir machten, weil er mehr Erfahrung und mehr Erfolge vorzuweisen hatte. Ich sagte stets nur dann etwas, wenn ich anderer Meinung war. Und inzwischen war ich anderer Meinung, was unsere Zukunft betraf. Ich wusste damals nicht, was meine Meinung war. Ich wusste nur, dass ich nicht Ja sagen konnte, als er mir einen Heiratsantrag machte. Ich konnte ihm nicht erklären warum, ich schüttelte nur den Kopf und verließ das Restaurant. Zuerst dachte er, ich hätte etwas mit jemand anderem. Ein paar Wochen später machten wir Schluss, effizient und ohne viel Gefühlsaufwand, denn keiner von uns wollte unser Arbeitsverhältnis gefährden.

Erst jetzt, als ich auf der Terrasse meiner Eltern sitze und der Party nebenan zuhöre, kann ich Clemens sagen, was mit mir nicht stimmte: Vor lauter Vorbereitung auf die Arbeitswelt habe ich meine Jugend verpasst. Es kann nicht sein, dass man seinen ersten Freund heiratet und sein ganzes Leben nur mit einem Mann Sex hat, oder? Dass man nie eine Nacht durchgemacht hat und noch nie betrunken war? Nie Fan einer Rockband, nie auf einem Konzert?

Als mir klar wird, was mir fehlt, was ich verpasst habe, könnte ich gleichzeitig weinen und lachen. Doch ich tue keines von beidem. Stattdessen stehe ich auf und trinke mit einem Zug meine Cola aus. Ich sehe an mir herunter. Für eine Party unter Jugendlichen bin ich leider nicht gekleidet: Mein Rock ist braun kariert, die Bluse hellblau. Als Erstes ziehe ich meine Strumpfhose aus. Dann gehe ich an den Kleiderschrank meiner Mutter. Sie wirft nie etwas weg und nach einigem Wühlen finde ich einen Jeansrock, der mir nicht bis zu den Knien reicht, dazu ein rotes T-Shirt mit tiefem Ausschnitt. Meine Unterwäsche ist okay. Eine Jacke brauche ich bei diesen Temperaturen nicht.

Der Junge, der mir die Tür öffnet, ist derjenige, der für den Grill zuständig ist, ich erkenne es an seiner Stimme. Er ist also tatsächlich der Sprössling des Hauses. Schlagartig wird mir bewusst, dass ich mir noch gar keine Begründung für meinen Besuch ausgedacht habe.

»Hi. Ich suche die Katze von meinen Eltern«, ist das Erste, das mir einfällt. »Sie wohnen nebenan und ich passe auf das Haus und die Katze auf. Sie sind im Urlaub. Ist sie vielleicht bei euch im Garten?«

»Keine Ahnung.«

»Kann ich mal nachsehen?«

»Ja, natürlich. Bitte kommen Sie rein.«

»Du kannst ›Du‹ zu mir sagen.« Ich strecke ihm meine Hand entgegen und er schüttelt sie mit einem leicht irritierten Gesichtsausdruck. »Melanie.«

»Björn.«

Björn führt mich durch das Haus auf die Terrasse und in den Garten, wo die anderen beiden warten. Mir wird sofort klar, dass nur einer von ihnen infrage kommt: Stefan. Er steht zwar auch auf, um mich zu begrüßen (er ist der Größte von den dreien), aber im Gegensatz zu den beiden anderen beteiligt er sich nicht an der vermeintlichen Suche nach Sissi. Ich spüre, dass er mir meine Geschichte nicht abnimmt. Er wiederum scheint zu spüren, dass ich wegen etwas anderem hier bin. Nach der erfolglosen Suche – zum Glück ist Sissi schlecht genug erzogen, um nicht auf meine Rufe zu reagieren – ist er derjenige, der mich fragt, ob ich etwas trinken will.

»Gerne. Am liebsten ein Bier.« Bier trinken ist auch eines der vielen Dinge, die sich in der Geschäftswelt für Frauen nicht gehören. Stefan öffnet eine Flasche für mich und sieht mir etwas länger in die Augen als nötig, als er sie mir gibt.

»Oder willst du ein Glas?«

»Nein, ist in Ordnung so.«

Björn und Michael begeben sich zum Grill. Ich sehe mich im Garten um.

Ich schließe die Augen und denke an Stefan, stelle ihn mir nackt vor.

»Erwartet ihr noch mehr Gäste? Was feiert ihr eigentlich?«

»Nur den Ferienanfang.« Inzwischen bin ich mir ziemlich sicher, dass Michael zu der Stimme mit der festen Freundin gehört. Stefan fragt mich, wo ich wohne.

»Nicht weit von hier.« Ich gebe ihm die Straße und die Hausnummer. Als ich mein Bier ausgetrunken habe, ist die Sonne schon fast untergegangen. Ich weiß nicht, ob das der Grund ist, aus dem ich eine Gänsehaut bekomme, als ich mich von Stefan verabschiede. Jedenfalls bietet er mir seine Lederjacke an.

»Ich kann sie morgen bei dir abholen«, sagt er und sieht mir dabei wieder mit diesem unheimlich direkten Blick in die Augen. Sollte es tatsächlich so einfach sein? Es heißt ja, dass Jungs in dem Alter so viel Sex wie möglich haben wollen, egal wie, egal wo, egal mit wem, solange sie einigermaßen gut aussieht. Oder funktioniert Gedankenübertragung doch?

Ich nehme die Jacke dankend an, sage ihm noch einmal die Straße und die Hausnummer und dass ich morgen den ganzen Tag daheim sein werde. Dann gehe ich.

Zu Hause dusche ich, öffne alle Fenster, schalte das Licht aus und lege mich nackt in mein Bett. Ich habe noch nichts zu Abend gegessen, habe aber trotzdem keinen Hunger. Bin ich verliebt? Ich habe auch keine Lust fernzusehen. Ich schließe die Augen und denke an Stefan, stelle ihn mir nackt vor. Keine fünf Minuten später, so kommt es mir vor, klingelt es an meiner Wohnungstür. Ich sehe auf die Uhr. In Wirklichkeit sind drei Stunden vergangen. Es kann nur er sein. Ich stehe auf, schlüpfe in seine Jacke und öffne ihm die Tür.

Er sagt: »Hi«. Ich sage gar nichts. Ich schließe die Tür hinter ihm und knöpfe sein Hemd auf. »Hast du die Katze gefunden?«, fragt er. Ich küsse ihn, ziehe ihm das Hemd aus und schiebe meine Hand in seine Jeans. Seine Haare riechen ein bisschen nach dem Rauch des Grillfeuers, aber noch mehr nach ihm. Ich schiebe ihn rückwärts zu meinem Bett, sodass er fast stolpert, und drücke ihn in die Kissen. Er versucht nicht, sich wieder aufzurichten, also ziehe ich ihm die Jeans und seine Unterhose aus. Clemens musste sich manchmal sehr konzentrieren, bis er einen Ständer bekam, aber bei Stefan ist es anders. Ich übernehme es, ihm das Kondom überzuziehen, denn ich bin sicher, dass ich darin mehr Übung habe als er. Erst als ich auf ihm sitze, ziehe ich seine Lederjacke aus.

Ich glaube nicht, dass ich bei Clemens einmal annähernd so feucht war. Stefan hat den makellosen Körper eines Achtzehnjährigen, schlank und mit Muskeln, die einfach von Natur aus da zu sein scheinen und nicht mühsam in einem Fitnessstudio antrainiert wurden. Hätte ich in seinem Alter einen ähnlichen Eindruck auf einen Mann gemacht? Wieder bedaure ich, dass ich meine Jugend an die Arbeit und an Clemens verschwendet habe, doch Stefan scheint das nicht zu stören. Er streichelt meine Brüste mit beiden Händen, erst vorsichtig, dann fester.

Er kommt lange vor mir, aber das macht nichts, weil er sofort wieder will. Beim dritten Mal schaffen wir es kurz hintereinander. Das Schöne ist, dass Stefan so wissbegierig ist. Clemens und das, was mich an ihm faszinierte, kann man in einem Satz zusammen-

> *Er sagt: »Hi«. Ich sage gar nichts. Ich schließe die Tür hinter ihm und knöpfe sein Hemd auf.*

fassen: Er kannte sich aus. Stefan ist das Gegenteil. Er will lernen. Er lässt sich genau zeigen, wie er seine Finger in mir bewegen muss. Er gibt sich die größte Mühe, es richtig zu machen, und das gelingt ihm. Es ist schon hell, als wir erschöpft und schweißgebadet voneinander ablassen.

»Darf ich hier bleiben?«, fragt Stefan. Ich nicke. Er schließt die Augen, legt einen Arm um mich und schläft wenig später ein. Es wundert mich, dass er nicht nach Hause gehen will, aber er bleibt am nächsten Morgen sogar zum Frühstück. Ich setze Kaffee auf und holte Croissants vom Bäcker, bevor er überhaupt aufwacht. Auch nach dem Frühstück geht er nicht.

»Hast du nichts zu tun?«, frage ich ihn.

»Nein. Es sind Sommerferien.« Ich muss auch einmal Sommerferien gehabt haben, in denen ich kein Praktikum machte und keinem Nebenjob nachging, aber ich kann mich nicht daran erinnern, wie sich das anfühlte: einfach nichts tun müssen, und das wochenlang. Unvorstellbar.

»Ich habe noch fünf Wochen Zeit, dich jeden Tag glücklich zu machen«, sagt Stefan. »Darf ich?«

Ich beschließe, dieses Wochenende ausnahmsweise einmal nichts für die Arbeit zu tun. Es ist höchste Zeit, andere Prioritäten zu setzen.

Heimaturlaub

Roxy, 28, Fichtenwalde und London,
über
Rocky, 31, Fichtenwalde

»Er war groß, hatte sehnige Schultern und schmale
Powerlenden. Wie er so dastand, breitbeinig,
gewillt zu überzeugen, bemerkte ich, dass ich
nicht anders konnte, als unanständige
Fantasien zu haben.«

Mitte August kam ich zurück nach Fichtenwalde. Natürlich freuten sich alle, dass ich wieder mal da war. Seit ich nach London gezogen war, hatte ich mich nicht mehr oft blicken lassen. Doch irgendwie wollte ich jetzt alles noch einmal so haben wie früher: Mit den »alten« Leuten im Holländischen Viertel in Potsdam abhängen, nach Golm fahren, Frau Prof. Senfig und ihrem 14-jährigen asthmatischen, aber rüstigen Mops Bischof Hallo sagen.

Natürlich klappte nicht alles so, wie ich es mir vorgestellt hatte. Der Bischof war auf der Jagd nach einem Vogel in einer Wurzelschlinge hängen geblieben und schwer gestürzt, was die Konzentration von Frau Prof. Senfig stark einschränkte. Und die meisten meiner Freunde lagen lieber an den Stränden dieser Welt, als ihren Sommer in der Pampa vor den Toren Berlins zu verbringen. Also hing ich mit meinen Eltern und Oma rum. Sie bemühten sich nach Kräften, mich bei Laune zu halten, und nahmen mich mit auf ihre Ausflüge in verschiedene Baumärkte. Meine Eltern wollten ihr Badezimmer, den Vorgarten, den Dachboden, den Heizungskeller und wahrscheinlich auch die Besenkammer renovieren. Meine Tante war Feng-Shui-Beraterin und hatte meine Eltern überzeugt, dass an ihrem Gerümpel entwicklungshemmende Energie klebte. Fakt war, dass auf dem alten Teppichboden vor allem Rotweinreste von Mamas Fünfzigstem klebten, über die Onkel Herbert geistesgegenwärtig Weißwein gekippt hatte. Der Teppichboden war also ein Erinnerungsstück. Und inzwischen hatten sich auch weitere Festivitäten auf ihm verewigt. Diverse Läufer wurden deshalb immer von einer Ecke zur anderen des Teppichs gezogen, damit man die vielen Flecken nicht sah.

»Das muss ein Ende haben«, sagte meine Mutter jedes Frühjahr zur Zeit der Kirschblüte. Dann hängte sie wahlweise an: »Wir brauchen Parkett«, »Marmor wäre erfrischend« oder: »Ach, Papa, sag doch auch mal was.« Meistens nickte mein Vater hinter der Zeitung, dann klingelte das Telefon und es passierte wieder nichts.

Diesmal war es jedoch anders. Die Zwillinge von Matthias, dem Nachbarn aus der Birkenstraße, hatten den Teppichboden im blauen Salon angekokelt. Die Zwillinge hatte man retten können, den Boden nicht. Den »Salon« hatte ich ohnehin nie blau kennengelernt, denn meine Oma hatte in grauer Vorzeit tatsächlich mal renoviert. Der Name des Zimmers war aber erhalten geblieben.

Nun war also Dienstagnachmittag und man hatte mir – ich fiel in Anwesenheit meiner Eltern immer in infantile Verhaltensweisen zurück – ein Eis versprochen. Vorher wollten wir aber noch bei einem besonderen Baumarkt vorbeifahren, in dem es »neuartigen Bodenbelag« gab. Ich saß, ganz die verwöhnte Göre, natürlich vorn und ließ die Füße aus dem Beifahrerfenster baumeln. Oma reichte mir von hinten einen Schokoriegel zur Besänftigung, während wir durch die strohfarbenen Stoppelfelder fuhren. Ich war, da mich ja ohnehin niemand sehen würde, ungeschminkt, unfrisiert und trug ein sackförmiges, quietschgrünes, eigentlich ausrangiertes Sommerkleid und Mamas klobige Crocs. Kurzum, ich sah einfach scheiße aus.

Wir parkten auf einem Gelände mit einem großen grauen Lagergebäude, an dem »Rockies« stand. Ich dachte dabei an die Rocky Mountains, in Wirklichkeit waren Rockies aber der »neuartige Boden- oder Wandbelag«, von dem meine Eltern gesprochen hatten. Um ihn herzustellen, werden Marmorkiesel verquirlt und zu einem Steinchenteppich verlegt. Eine sehr innovative Technik, fanden Mama, Papa und Oma.

Wir stiegen also aus und betraten die Halle. Am Eingang saß eine junge Frau, ein Baby rannte im Laufstall daneben herum. Wir gingen weiter in eine zweite größere, mit Rockies ausgewalzte Halle. Am Anfang wieder ein Schreibtisch. Ein junger Mann, altersmäßig passend zur Frau mit Baby, erhob sich und begrüßte uns. Er begann, die Rockies vorzustellen und zu bewerben. Dabei lächelte er mich die ganze Zeit an. Dieses Lächeln kannte ich eigentlich nur von der Saturday Night im »Fabric« in London. Aber hier nahe Fichtenwalde, am Nachmittag und in einer Halle, die wirklich nach Fabrik aussah und auch so roch, war es irgendwie deplatziert. Gutaussehender Typ, dachte ich trotzdem und beneidete die Frau mit Baby im Vorzimmer. Er war groß, gut gebaut, passte mit seiner Cargohose und den derben Schuhen perfekt in die Rocky Mountains. Ich versuchte dennoch, mir keine weiteren Gedanken über ihn zu machen, und konzentrierte mich auf die Auslage: »Siena« sei beliebt in Badezimmern, weil pflegeleicht mit toskanischem Charme. Mama mochte »Carrara«, wahrscheinlich weil ihr der Begriff mal im Zusammenhang mit Albert von Monaco zu Ohren gekommen war und sich das alles sehr fürstlich anhörte. Papa waren die »Carrara«-Kiesel fürs Wohnzimmer zu hell. Er plädierte für den sandfarbenen »Botticino«.

Sommer, Hitze, eine abgelegene Lagerhalle und ein sexy Cowboy. Rocky bewegte sich tatsächlich ein bisschen wie ein Westernheld.

Als Oma die Platten befühlte und als fußmassierend und gesundheitsfördernd einstufte, gab sie dem Verkäufer damit ein Stichwort: Gesundheit, Medizin, Tiermedizin, Studium, Tierarztpraxis in Lappland, drei Jahre Jugendhilfswerk in Kanada, BWL-Studium, trocken, nicht das Richtige gewesen, unlinearer Lebenslauf, schäm. Als ich fallen ließ, dass ich in London lebte, meinte er, er sei regelmäßig in Croydon. Man könne sich ja mal treffen. Ich reagierte nicht, schaute auf die Platten. Natürlich hatte sein Angebot nichts zu sagen. Er wollte sicher nur seine Kiesel verkaufen und da musste er freundlich sein. Mein Vater fragte nach Rabatten.

»Naja, also wissen Sie. Eigentlich … na, sagen wir, wenn Ihre Tochter mich zum Essen einlädt, dann können wir darüber reden.« Er grinste mich an. Ich hob eine Augenbraue. Erstaunlich war, dass er das Anheben der Augenbraue gleich verstand und weitersprach: »Wir sind ja hier ein Familienunternehmen. Meine Schwester, die haben Sie ja eben schon am Empfang kennengelernt, ist für den Vertrieb zuständig. Ich mache das Marketing und …«

Aha, die Schwester also. Dann konnte ich doch mal einen näheren Blick riskieren. Ich hockte auf dem Boden, auf dem die verschiedenen Kieselplatten ausgebreitet waren, und schaute zu ihm hoch. Er war ja außer mit mir noch mit drei weiteren Personen im Gespräch und so konnte ich ihn mir in Ruhe anschauen. Sein Körper war, soweit ich das unter den derben Klamotten beurteilen konnte, knackig. Er war groß, hatte sehnige Schultern und schmale Powerlenden. Wie er so dastand, breitbeinig, gewillt zu überzeugen (von seinen Kieseln natürlich), bemerkte ich, dass ich nicht anders konnte, als unanständige Fantasien zu haben. Wie ich schon sagte, er passte perfekt in die Rocky Mountains. Ein Naturbursche, so einer, den man in den Bars in London nicht zu sehen bekommt. Im Geiste gab ich ihm schon einen Namen: Rocky. Das passte auch gut: Roxy und Rocky.

Er selbst schien seine Argumente nicht für überzeugend genug zu halten. Ständig redete er davon, wie viele Akademiker es in seinem Betrieb gäbe. Papa war hartnäckig und blieb an dem Rabattangebot hängen. Rocky holte den Taschenrechner und tippte, während Oma mir zuzwinkerte. Sie dachte natürlich an das Eis, das ich gleich bekommen würde. Ich lächelte zufrieden. Der Tag war gelungen. Ich hing zwar im deutschen Outback rum, aber das machte nichts. Denn ich hatte eine appetitliche Begegnung gehabt, von der ich im Geiste noch den ganzen Abend zehren könnte.

»Natürlich bekommen Sie Rabatt, ich will schließlich mit Ihrer Tochter essen gehen … da hab ich ja wohl keine Wahl, oder?!«, sagte Rocky zu meinem Vater. Mein Vater antwortete gar nichts und meinte später im Auto: »Wie die rangehen heute, das hätte ich mich damals nicht getraut.«

Zu mir meinte Rocky: »Oder spricht etwas dagegen?«

Ich schüttelte etwas verwirrt meinen Kopf und knurrte eine undeutliche Antwort. Die klang wohl abwehrend, weshalb Rocky den Blick wie eine 17-jährige Südstaatenschönheit niederschlug. Das gab ihm etwas Verletzliches, trotz seiner Bauarbeiterstatur. Wie sollte ich denn da reagieren?! So was war mir noch nicht passiert, eine Anmache im Beisein des Familienclans. Ich war ziemlich gehemmt. Anscheinend merkte Rocky das und bekam Panik. Er schien trotz meines struppigen Ronja-Räubertochter-Looks wirklich auf mich abzufahren und wenn er uns ohne Kontaktdaten vom

Platz rollen gelassen hätte, hätten wir uns wohl nie wiedergesehen. Das war ihm klar. Also bot er an, uns ein paar Probeplatten mit nach Hause zu geben. Im Gegenzug mussten wir unsere Telefonnummer dalassen. Weil man sich trotz des halbstündigen fachfremden Geplänkels nicht einig geworden war, ob nun »Carrara« oder »Botticino« besser fürs Wohnzimmer sei, sagte mein Vater zu, beide mitzunehmen. Dann gingen wir erst mal Eis essen.

Zu Hause fand Papa die Rockies dann doch nicht mehr so toll. Man denke, man sei im Büro oder im Krankenhaus, sagte er. Also wurde ich auserkoren, am nächsten Tag die Kieselfliesen wieder zurückzubringen. Papa meinte noch: »Das tut mir jetzt aber leid für den Verkäufer, dass aus eurem Essen nichts wird.«

»Ach, der wollte doch nur freundlich sein wegen des Geschäfts.«

»Denkste, der kann von unseren paar Quadratmetern leben? Die arbeiten für Firmen und Großunternehmen, die riesige Flächen zu belegen haben …«

Da mochte was dran sein. Mit einem etwas flauen Gefühl im Bauch fuhr ich also wieder zum Baumarkt. Einen klaren Plan hatte ich nicht, aber diesmal war ich gestylt und vorbereitet, was da auch immer kommen mochte. Es war Sommer und es wäre ziemlich blöd gewesen, diese Chance ungenutzt zu lassen. An der Tanke packte ich eine Schachtel Kippen zur Beruhigung und eine Packung Kondome – äh, ebenfalls zur Beruhigung, man weiß ja nie – auf den Tresen. Die rundliche welterfahrene Kassiererin wünschte mir viel Spaß.

Ich parkte also wieder vor der großen Halle. Die Sonne stand senkrecht am Himmel. Drinnen war es angenehm kühl. Ich sah niemanden. Die Schwester schien nicht da zu sein, also ging ich in die große Lagerhalle. »Hallo?«, rief ich ins Halbdunkel. Es dauerte etwas, bis sich meine Augen an den Lichtmangel gewöhnt hatten. Dann hörte ich Schritte am Ende der Halle, männliche Schritte. Sie klangen ein bisschen wie in einem Western, bei einem Duell kurz vor 12 Uhr mittags, bevor es zur Entscheidung kommt. »Hallo«, antwortete die Gestalt, die ich langsam im staubigen Licht aus den verrußten Oberlichtern erkennen konnte. Es war Rocky. Mein Unterleib reagierte sofort. Sommer, Hitze, eine abgelegene Lagerhalle und ein sexy Cowboy. Rocky bewegte sich tatsächlich ein bisschen wie ein Westernheld. Er ging etwas breitbeinig. So einen Gang sah man in Kensington nun wirklich nicht. Er kam näher. Vielleicht hatte ich einen Sonnenstich, aber alles kam mir plötzlich vor wie in Zeitlupe. Er bewegte sich, leckte sich über die Lippen, ich spürte, wie mein Höschen feucht wurde. Mann, geht das schnell, dachte ich und sah uns schon an die Lagerwand gelehnt vögeln. Mein Gehirn bescherte mir manchmal solche Visionen. Meine Tante würde das sicher wieder mit Feng Shui, morphogenetischen Feldern oder so was erklären.

Jedenfalls stand ich da. Im Miniröckchen und Slingpumps. Natürlich mit frisch geföhnter Jessica-Rabbit-Welle und den Probefliesen an mich gepresst. Rocky blieb vor mir stehen und sah mich an.

»Schade, dass sie nicht gepasst haben.«

»Ja, schade.«

Wir starrten uns an. Er sah auf meine Lippen, ich auf seine. Eine Platte rutschte aus meinen verschwitzten Händen und fiel scheppernd zu Boden. Ich wollte etwas sagen, aber irgendwie kam nichts heraus. Wir guckten der Platte nur hinterher. Keiner von uns machte Anstalten, sich nach ihr zu bücken. Denn wir mussten uns weiter ansehen. Sein Brustkorb hob und senkte sich. Dann kam er ganz nah und schlang einen Arm um meine Taille. Ich ließ die übrigen Platten fallen. Er legte seinen anderen Arm auch noch um meine Taille. Wir schauten uns immer noch an. Langsam taumelten wir rückwärts. Und irgendwann hatte ich eine Wand im Rücken, eine Wand aus Rockies. Rocky presste sich gegen mich. Rocky, dachte ich wieder, was für ein passender Name für ihn, denn sein felsharter Schwanz drückte jetzt gegen meinen Bauch. Ich hatte meine Hände auf seine Oberarme gelegt und spreizte die Schenkel.

Rocky küsste mich. Der Kuss war rau und zart zugleich. Er hielt inne und sah mich aus seinen eisblauen Huskyaugen zärtlich an.

Das war seltsam, fand ich. Er hatte mich angebaggert, als meine Eltern dabei waren; ginge es ihm nur um ein kurzes Abenteuer, hätte er das wohl kaum gemacht ... Und der Blick jetzt bedeutete auch mehr. Doch es war noch zu früh. So ganz, ganz am Anfang einer Begegnung sollte man einfach noch nicht darüber nachdenken, ob mehr daraus werden könnte. Und eigentlich wollte ich ja gar nichts von ihm, nur das Jetzt. Der zärtliche Blick irritierte mich trotzdem. Er schien mir zu sagen, dass ich das jetzt nur machen dürfte, wenn ich ihn auch richtig wollte. Ich wich dem Blick und den anstrengenden Gedanken aus und schloss die Augen.

Ich saugte an seinem Hals, der sehr salzig und irgendwie nach Lagerhalle schmeckte, stieß meinen beschleunigten Atem hörbar aus und stellte mich ein bisschen auf die Zehenspitzen, damit sein noch immer gegen meinen Bauch pressender Schwanz in die Nähe meiner erogenen Zone kam.

In so einer Situation konnte Rocky nicht abbrechen und mit Beziehungsdiskussionen beginnen. Als richtiger Mann geht das nicht. Mädchen können das machen. Verschwitzte Lagerarbeiter mit akademischer Laufbahn nicht. Er strich über meine Hinterbacken. Ein bisschen verhalten. Er war unsicher. Auch solche Männer wissen nicht immer genau, was sie tun sollen, ob sie nun dürfen, müssen oder nicht und was überhaupt. Um es ihm einfacher zu machen, keuchte ich: »Nimm mich. Mmmmh.«

Rocky und ich küssten uns gleich darauf wieder heiß. Ich biss ihm dabei etwas zu fest auf die Unterlippe. Gleichzeitig öffnete ich seine Hose, da er es nicht selbst tat. Ich nahm ein Gummi aus dem kleinen Brusttäschchen meines Blüschens, riss die Verpackung mit den Zähnen auf, während Rocky immer noch meine Arschbacken knetete.

Als er endlich in mich eindrang, war es genau so, wie ich es mir kurz vorher ausgemalt hatte. Die Rockies-Wand rieb an meinem Rücken, während ich mich mit den Beinen um seine Hüften geschlungen der Erfüllung entgegenbewegte. Ich kam ziemlich schnell. Rocky brauchte länger, wahrscheinlich weil er zwischendurch über das nachfolgende Gespräch sinnierte. So sah er jedenfalls aus.

Danach setzte er mich behutsam ab und lächelte mich wieder zärtlich an. Er küsste mich wieder. Und wieder. Und lächelte wieder. Und küsste wieder. Dann räusperte er sich und fragte: »Sind wir jetzt zusammen?« Das war so süß, so unschuldig, so übertrieben und so durchgeknallt, dass ich Ja sagte. Ich hab einfach Ja gesagt. Und das war gar nicht so schwer.

Er hat mich inzwischen in London besucht, aber da gefällt es ihm nicht. Ich ziehe deshalb bald zu ihm in die Nähe von Fichtenwalde. Unglaublich, aber für Sex mit Rocky mache ich fast alles.

ANNA BUNT

Bettys Dachboden

**Anna (30), Autorin,
über Betty (32), Sonderpädagogin,
und Marc (38), Lehrer, alle Stuttgart**

- - - - - - - - - - - -

*»Wie verabredet, steht Marc im hinteren Raum am
Fenster und hat sich brav das schwarze Tuch um
den Kopf gebunden. Ansonsten ist er völlig nackt.«*

- - - - - - - - - - - -

Mindestens zwei Mal pro Woche sitze ich auf Bettys Balkon im Stuttgarter Osten. So auch heute. Es ist ein kleiner Balkon ohne Pflanzen oder sonstige Schnörkel. Einzig und allein zwei rote Windlichter schaffen Atmosphäre. Ich liebe diesen Balkon. Er ist so schmal, dass gerade mal zwei Menschen darauf passen. Mehr Platz brauchen wir ja auch nicht. Der Blick geht in einen Hinterhof. Betty kommt mit zwei großen bauchigen Gläsern aus der Küche. Wir stoßen an. Der trockene Rotwein hinterlässt ein leicht pelziges Gefühl auf meiner Zunge. Ich sehe in Bettys stark geschminkte braune Augen. »Erzähl«, sage ich. Schließlich will ich endlich wissen, warum sie mich heute hierher bestellt hat. Sie grinst und spannt mich noch ein wenig auf die Folter.

»Ich bin da in Kontakt mit so einem«, antwortet sie schließlich. Ich ziehe die Augenbrauen hoch. Sie sieht erwartungsvoll in ihr Glas, als würde es sich dabei um ein Orakel handeln. »Schon seit ein paar Wochen eigentlich«, fährt sie fort. Welch Verheißung!

»Aha. Geheim?«

Sie schüttelt den Kopf. »Eigentlich nicht. Aber ein wenig peinlich vielleicht.«

»Peinlich? Was ist uns denn schon peinlich? Schieß endlich los!«, fordere ich sie auf.

Sie schluckt. »Im Internet habe ich ihn kennengelernt.« Das ist nichts Neues. Als Singles bedienen wir uns beide gern mal des Internets, wenn wir Lust auf ein wenig Vergnügen mit einem Mann haben.

»Er wollte sich aber nicht treffen. Zumindest nicht so, wie man sich das normalerweise vorstellt. Zuerst hat er so herumgedruckst, dann habe ich mit Kontaktabbruch gedroht, wenn er nicht endlich herausgerückt mit der Sprache. Na ja ...« Sie nimmt erneut einen Schluck Rotwein.

»Musst du dir neuerdings Mut ansaufen, um mich in deine Intimitäten einzuweihen?«, frage ich.

Sie schüttelt wieder den Kopf, schluckt, fährt fort und sieht mich jetzt an. »Er sagte, er wolle sich im Park treffen. Ich habe ein wenig

Angst bekommen. Logisch. ›Wie im Park?‹, hab ich ihn gefragt. Dann wollte er mich anrufen, um mir alles zu erklären, weil es harmloser sei, als es klingen würde, meinte er. Ich dachte, meine Handynummer kann ich ihm ja geben, man muss ja immer einkalkulieren, dass das ein Verrückter ist. Hab ja nur eine Prepaid-Karte, wie du weißt. Und ich war natürlich schon neugierig ohne Ende, klar. Er rief dann auf jeden Fall an und ich fragte, was er denn im Park so machen wolle. Er sagte, ich solle mich nur auf eine Parkbank setzen und ihm dabei zusehen, wie er sich einen runterholt.«

»Mehr nicht?«

»Mehr nicht.«

»Und was hast du bitte davon?«

»Bisher rund sechshundert Euro.« Sie grinst übers ganze Gesicht. Ich sehe sie mit großen Augen an.

> »Er sagte, ich solle mich nur auf eine Parkbank setzen und ihm dabei zusehen, wie er sich einen runterholt.«

»Wie viel zahlt er dir pro Treffen?«

»Hundert, findest du das moralisch verwerflich, oder so?«

»Na ja«, setze ich an. »Geht so. Keine Ahnung.« Ich habe wirklich keine Meinung dazu, sonst würde ich sie äußern. Wir schweigen. Die Sonne versinkt langsam hinter den Dächern und taucht die Stadt in rotes Licht. »Du hast ihm bisher also sechs Mal beim Wichsen zugesehen«, fasse ich zusammen.

Sie nickt. »Jeden Mittwoch.« Kurzzeitig komme ich ins Grübeln. Ich habe die Wochentage nicht immer so genau auf dem Schirm. Schließlich wird mir klar, dass heute Mittwoch ist, da bin ich mir ganz sicher.

»Und hast du ihn heute schon gesehen?«, frage ich.

»Nein, natürlich nicht.« Sie grinst. Das war kein Nein mit Ausrufezeichen, sondern eher eines mit drei Pünktchen dahinter.

»Was soll das heißen?« So langsam werde ich neugierig.

»Heute will er mal was anderes machen, hat er gesagt.«

»Aha. Und was soll das bitte sein?«

»Den Arsch voll kriegen, will er.«

»Schön, soll er den Arsch voll kriegen, aber warum bitte sitze ich heute hier?«

»Och, ich dachte, du wärest dankbar für ein wenig Spaß und ich könnte mit deiner Hilfe einen kleinen Kick für ihn einbauen.« Die Sache beginnt mir zu gefallen.

»Warum hast du mir das nicht früher gesagt? Ich hätte mir etwas anderes angezogen.«

»Brauchst du nicht. Er wird dich nicht sehen.« Ich gucke sie fragend an und sie erklärt mir alles ganz von vorn: Als sie sich zum ersten Mal mit Marc – so heißt der junge Mann – getroffen hat, war sie positiv überrascht, als ihr ein durchaus attraktiver Mann gegenüberstand. Man stellt sich diese Perversen ja immer in so einer gewissen Art und Weise vor: unscheinbar, unauffällig und irgendwie ein bisschen schmierig. Seine diesbezüglichen Vorurteile kann man auch dann nicht richtig abbauen, wenn man sich jahrelang in der SM-Szene bewegt hat. Sie haben also das Spielchen über sechs Wochen so laufen lassen. Jeden Mittwoch zu immer exakt der gleichen Uhrzeit hat Betty sich auf der Parkbank eingefunden, um Marc beim Wichsen zuzusehen. Und jedes Mal einhundert Euro kassiert. Bis Marc sie vor wenigen Tagen anrief – ein bisschen betrunken war er dabei – und fragte, ob er seine geheimsten Wünsche in eine Mail an sie packen dürfe. Natürlich hat sie versucht, sofort und auf der Stelle etwas über besagten brisanten Stoff zu erfahren – wir Frauen sind ja neugierig –, doch es war ihr nicht gelungen und so hatte sie sich wohl oder übel gedulden müssen, bis sie seine Zeilen endlich in ihrem Posteingang hatte. Im Grunde stand nicht sehr viel Spektakuläres in seiner Mail. Er erzählte ein bisschen über seine Person, wer er wirklich war, wie er so lebte, beruflich und privat, dass er verheiratet sei vor allem, sich sexuell in seiner Beziehung langweile und so weiter. Diese ganzen Informationen standen eigentlich im Widerspruch zu den Treffen im Park, die bisher stattgefunden hatten. Betty wunderte sich ein bisschen darüber. Zumindest so lange, bis sie endlich zu seinen geheimen Wünschen vorstieß. Sie schockierten sie nicht besonders. Sklave wollte er sein. Dienen, ihr nackt den Kaffee kochen, ihre Füße massieren, ihr sexuell zur Verfügung stehen, ohne dabei irgendwelche Forderungen zu stellen, selbstverständlich nur in dem Maße, in dem sie es wünschte. Außerdem träumte er schon sein ganzes Leben lang vom Schmerz, dem er sich aber noch nie hingegeben hatte. In welcher Art und Weise er den Schmerz gern hatte, das wusste er bisher natürlich noch nicht, das bliebe auszutesten.

»Und was hast du jetzt vor?«, frage ich gespannt nach.

»Ich habe ihn für 20 Uhr auf meinen Dachboden bestellt.« Sie grinst und ich kann förmlich an ihrem Gesichtsausdruck ablesen, wie viel Spaß ihr der Gedanke bereitet. Bisher habe ich noch nicht einmal gewusst, dass sie einen Dachboden hat.

»Und was soll der dann da oben machen auf deinem Dachboden?«, frage ich nach und ärgere mich insgeheim darüber, dass sie so geheimnisvoll tut und ich ihr jedes einzelne Wort aus der Nase ziehen muss.

»Es sind zwei Räume da oben. Einer ist ziemlich leer und eignet sich gut zum Fesseln. Freie Dachbalken und so. Im anderen stehen ein paar Möbel. Unter anderem ein Bett. Manchmal gehe ich bewusst da hoch, wenn ich Sex haben will, weil es sich so anfühlt, als würde man sich in einer anderen Welt befinden, so quasi als wäre man ein anderer Mensch. Es hat was von einem Dienstmädchenzimmer.« Sie gießt mir Rotwein nach, bevor sie mit ihren Erklärungen fortfährt. »Ich habe ihm befohlen, direkt nach dort oben zu gehen, nachdem er geklingelt hat und sobald ich ihm die Haustüre im Erdgeschoss geöffnet habe. Dann muss er in den hinteren Raum gehen, dorthin wo das Bett steht, sich ans Fenster stellen und sich mit einem Tuch, das ich dort bereits deponiert habe, die Augen verbinden und auf mich warten.« Sie macht eine kleine Pause. »Und natürlich wird er nicht damit rechnen, dass du dabei bist. Auch wenn er dich bereits aus dem Netz kennt.« Ein mulmiges Gefühl breitet sich in mir aus. Manchmal bin ich ein wenig unflexibel, was meine Abenteuer mit dem männlichen

Geschlecht angeht. Das ist mir gerade alles ein wenig zu kurzfristig, aber entgehen lassen will ich mir diesen Spaß auf der anderen Seite auch nicht. Und so lasse ich mich näher auf Bettys Planungen ein.

Als es tatsächlich um 19:55 Uhr klingelt, öffnet Betty die Haustür. Ich höre Schritte auf der Treppe, sehe durch die halb offene Wohnungstür einen Schatten, der sich ein Stockwerk höher begibt. Sehr schön! Er hält sich an die Abmachungen. Mir würde es nämlich keinen besonderen Spaß machen, mich mit einem renitenten Sklaven herumzuärgern. Wenn hier jemand renitent ist, dann bin höchstens ich das. Und wenn sich jemand damit herumärgern darf, dann sind das die Männer.

Wir lassen den braven Marc in freudiger Erwartung noch ungefähr eine Viertelstunde auf dem Dachboden stehen, bevor wir die Wohnung verlassen, um uns ebenfalls nach oben zu begeben. Wie verabredet, steht er im hinteren Raum am Fenster und hat sich brav das schwarze Tuch um den Kopf gebunden. Ansonsten ist er völlig nackt. Links von ihm sehe ich ein altes Bett, rechts einen Schrank, über seinem Kopf hängt eine alte Lampe, die sicherlich noch aus den Sechzigern stammt. Gleiches gilt im Übrigen für die Tapete. Relikte aus vergangenen Zeiten. Dass es solche Dinge überhaupt noch gibt. Ich kann jetzt völlig nachvollziehen, warum Betty sich hier wie eine andere Person fühlt.

Sie tritt von hinten an ihn heran. »Hallo Marc«, flüstert sie ihm in sein linkes Ohr und ich sehe, wie er schon jetzt vor Aufregung zittert. Zu meiner Überraschung lässt er sich sofort auf die Knie fallen. »Guten Abend, Herrin«, antwortet er. Betty und ich haben beide nicht mit dieser Reaktion gerechnet, auch wenn ich sie verständlich und absolut nachvollziehbar finde. Vor uns kniet schließlich ein Mensch, der es nach vielen Jahren geschafft hat, endlich in seine lang gehegten, nie ausgelebten Fantasien abzutauchen. Ich bekomme eine Gänsehaut, als ich mir vorstelle, wie sich das für ihn anfühlen muss.

»Ich habe dir jemanden mitgebracht«, fährt Betty fort und streichelt ganz leicht über seine Schultern und seinen oberen Rücken.

Kurz zuckt er zusammen, als würde er sich erschrecken. Eigentlich müsste er bereits an den Schritten auf dem knarrenden Holzboden gehört haben, dass sie nicht allein gekommen ist.

»Wer ist es, Herrin?«, erhebt er sein zaghaftes Stimmchen. Ich finde ihn richtig süß, wie er sich gerade benimmt.

»Sagt dir der Name Anna was?« Er nickt schnell und die Information scheint seine Nervosität noch zu steigern. »Ich würde vorschlagen, du solltest sie auch gebührend begrüßen«, rügt Betty.

Er denkt kurz nach, räuspert sich dann. »Hallo Anna, ich freue mich, dass ich heute Abend auch deine Anwesenheit genießen darf.«

»Hallo Marc«, flüstert sie ihm in sein linkes Ohr und ich sehe, wie er schon jetzt vor Aufregung zittert.

Kurzzeitig weiß ich nicht, was ich sagen soll. Sammle mich, hoffe, dass er meine Unsicherheit nicht bemerkt. »Die Betonung liegt auf ›genießen‹«, sage ich dann und Betty grinst mich verschwörerisch an.

Sie öffnet den Schrank zu seiner Rechten und ich sehe eine ganze Sammlung von Gerten, Peitschen, Rohrstöcken und anderen Gegenständen wie hölzernen Kochlöffeln, Teppichklopfern und Fliegenklatschen. Ob die eigentlich wehtun, frage ich mich. Betty wählt eine Gerte, einen Flogger und ein Bambusstöckchen. Alle drei Gegenstände hält sie nacheinander mit fragender Miene in die Luft und wartet ab, ob ich zustimmend nicke oder nicht. Ich bestätige, als sie die Gerte hochhält. Man muss ja einem Anfänger nicht gleich mit den schlimmsten Dingen kommen.

»Steh jetzt auf«, wendet Betty sich an Marc. Sie nimmt ihn an der Hand und führt ihn vorsichtig an mir vorbei in den zweiten Raum des Dachbodens. Alles ist kahl hier. Offenes Gebälk, abgeblätterter Gips und jede Menge Staub. Sie bindet ihm die Arme mit Seilen an einen der alten Dachbalken, drückt mir eine dicke Stumpenkerze und ein Feuerzeug in die Hand und greift nach der Gerte. Ich zünde die Kerze an und stelle sie in Bettys Reichweite auf den Boden. Sie beginnt nun erst mal sehr vorsichtig, Marc mit der Gerte zu streicheln. Über Po und Rücken fährt sie ihm, durchs Gesicht. Dann tritt sie ganz nah an ihn heran. »Bist du bereit, es zu spüren?«, fragt sie.

»Ja, Herrin«, bestätigt er. Zuerst schlägt sie ihn nicht sehr fest. Ich kann es spüren, wie er es genießt. Ich habe keine Ahnung, wie die Schwingungen der Gerte bei mir ankommen, ich fühle einfach mit ihm, ohne zu wissen wie. »Herrin«, stammelt er bereits nach wenigen Schlägen und sie hält inne. »Ich möchte mehr, viel mehr. Bitte!«

Langsam bilden sich kleine rote Striemen auf seinem runden Männer-hintern. Wie er die wohl später seiner Frau erklären wird, frage ich mich.

Anerkennend zieht sie die linke Augenbraue hoch und schaut dabei in meine Richtung. Den Flogger lässt sie aus, greift direkt zum Rohrstock. Die ersten Schläge kommen noch etwas zaghaft, doch ich kann an Marcs Gänsehaut und an seiner Körperhaltung sehen, dass er sie genießt. Und wieder weiß ich ganz genau, wie er sich gerade fühlt. Betty schlägt jetzt immer fester zu. Langsam bilden sich kleine rote Striemen auf seinem runden Männerhintern. Wie er die wohl später seiner Frau erklären wird, frage ich mich. Die Abstände ihrer Schläge werden kürzer, sie legt jetzt ihre volle Kraft hinein. Ich zucke bei jedem Treffer ein klein wenig zusammen, sehe, wie Marc in Schweiß ausbricht, wie sein ganzer Körper zu glänzen beginnt.

Zum wiederholten Male frage ich mich, warum ich noch keinen einzigen Mann gesehen habe, der eine Erektion bekommt, wenn man ihn schlägt. Geschieht das tatsächlich nie oder ist es reiner Zufall, dass ich es bisher nie gesehen habe? Ich denke nicht, dass Marc die ganze Sache sexuell kaltlässt. Würde ich mich in einer solchen Situation befinden, mir würde es längst warm und nass die Oberschenkel hinunterlaufen. Während ich meinen Gedanken nachhänge, macht Betty eine kleine Pause. Ich sehe, wie Marc ausatmet. Sie nimmt die Kerze vom Boden, hält sie über ihn und das flüssige Wachs fließt in einem dünnen Strahl auf seinen unteren

Rücken und hinunter bis zu seinen Pobacken. Er zuckt leicht zusammen, hat wohl nicht mit dieser Behandlung gerechnet, zieht zischend die Luft zwischen den Zähnen ein. Hübsch sieht es aus, als das Wachs auf seiner Haut getrocknet ist.

»Bereit für noch ein bisschen mehr?«, fragt Betty und Marc nickt. Sie dreht sich auf dem Absatz um und fördert eine kleine Peitsche aus ihrem Utensilienschrank zutage. Auch die erträgt Marc, genießt es sogar und bedankt sich zitternd, als Betty die Peitsche nach nicht allzu vielen Schlägen mit den Worten »Wir wollen uns ja auch noch was für einen späteren Zeitpunkt aufheben« sinken lässt.

Nachdem sie seine Fesseln gelöst hat, sinkt er sofort wieder auf die Knie. Ich weiß nicht so recht, warum er das tut, denn es hat ihm ja niemand befohlen. Vielleicht ist ihm einfach danach, denke ich. Betty bläst die Kerze aus, räumt ihre Instrumente wieder in den Wandschrank und wendet sich dann mir zu. Fragend zieht sie die Augenbrauen nach oben. Der Zeitpunkt ist jetzt gekommen. Er darf ja nicht wissen, dass wir hinter seinem Rücken nonverbal kommunizieren. Ich gebe ihr durch ein kurzes Nicken zu verstehen, dass ich einverstanden bin.

Sie tritt daraufhin wieder von hinten an Marc heran. Gänsehaut überzieht seinen Körper, als sie wie schon zu Beginn über seine Schultern streichelt. »Ich lasse euch nun alleine. Du wirst heute Abend meiner Freundin Anna zur Verfügung stehen. In jeder Form, die sie wünscht, klar?«

Marc nickt ein wenig aufgeregt. Betty blinzelt mir zu, dreht sich dann um und geht die knarrenden alten Holzstufen hinunter. Ich höre noch, wie sich der Schlüssel im Schloss der alten Tür am Fuße der Treppe umdreht – sie will uns die nötige Privatsphäre verschaffen –, danach ist alles still.

Für einen kurzen Moment kommt meine Aufregung zurück. Ich betrachte Marc, wie er da kniet, zuerst von hinten, dann gehe ich um ihn herum, sehe ihn mir von vorn an. Im Grunde tue ich das nur, um Zeit zu schinden, bis ich mir überlegt habe, was ich von ihm möchte. Mein Blick fällt auf einen alten Holzstuhl in der Ecke des Raumes. Ich ziehe ihn heran, stelle ihn ganz dicht vor Marc und setze mich darauf. Marcs Schwanz ist mittlerweile bis zur Hälfte angeschwollen. Ich schiebe meinen Rock nach oben, spreize mein linkes Bein ein wenig zur Seite ab und stelle das rechte auf die Sitzfläche des Stuhles unter mir. Wie ich da mit gespreizten Beinen vor ihm sitze, macht mich auf eine Art und Weise an, die ich niemals erwartet hätte. Er müsste mich fast riechen können, so nah bin ich ihm, doch ich lese in seinem Verhalten keine Veränderung ab. Meine linke Hand greift unter sein Kinn und ich ziehe ihn etwas zu mir heran, drücke seinen Kopf dann zwischen meine Beine. Ich höre, wie er tief einatmet, spüre seine tastende Zunge und lehne mich zurück, als er ganz automatisch beginnt, meinen Kitzler zu umkreisen.

Diese ganze Situation, diese Macht, die ich über ihn habe, macht mich derart an, dass ich mich bereits nach wenigen Minuten beherrschen muss. Als ich dann auch noch den Fehler begehe, zu ihm hinunterzusehen, muss ich ihn ganz schnell an den Haaren packen und ihn von mir wegschieben. Schnell atmend, mit leicht geöffneten Lippen, mit meinem Saft bis zu seinem Kinn und mittlerweile aufrecht stehendem Schwanz kniet er vor mir und wartet ab. Ich lasse ihn erst mal aufstehen und die Hände auf den Rücken nehmen. Dann greife ich nach seinem Schwanz und spiele ein wenig damit. Ich berühre ihn sogar kurz mit der Zunge, gleite nur ein Mal über die Eichel, so dass er sich nicht ganz sicher sein kann, ob es tatsächlich geschehen ist oder ob er es sich nur eingebildet hat. Er beginnt leise zu stöhnen, als ich seinen Schwanz massiere, und deshalb höre ich schnell wieder damit auf.

Nun führe ich ihn hinüber ins andere Zimmer. Ich weiß, dass ich bereits heiß genug bin, um zu kommen, wenn ich seinen Schwanz in mir fühlen würde. In Bettys Wandschrank finde ich eines ihrer geliebten Schleifchen. Das kommt mir genau richtig. Ich binde es ziemlich straff um seinen Schwanz und seine Hoden, wie ich das bereits bei anderen Männern gesehen habe. Er muss jetzt ein kleines Weilchen durchhalten. Langsam beginne ich mich zu entkleiden. Er steht immer noch regungslos, nackt, mit verbundenen Augen und steifem Schwanz mitten im Raum und harrt der Dinge, die da kommen mögen. Als ich ganz nackt bin, trete ich an ihn heran und küsse ihn. Gleichzeitig lege ich seine linke Hand zwischen meine Schenkel, wo er meine Nässe spüren kann, und gehe dann ganz langsam rückwärts in Richtung des Fensters. Ich stecke ihm die Zunge in den Mund. Tief und fordernd und greife ihm ins Haar, ziehe seinen Kopf nach hinten und hoffe, dass das Tuch fest genug sitzt, damit er nicht darunter hervorschielen kann.

»Ich möchte, dass du mich jetzt fickst. Und zwar so lange, bis ich komme, lass dir nicht einfallen, die Beherrschung zu verlieren. Wenn du nicht mehr kannst, darfst du jederzeit eine Pause einlegen, verstanden?« Er nickt. Ich lasse ihn los, drehe mich um, stütze mich mit den Ellenbogen aufs Fensterbrett und schiebe meinen Arsch in Richtung seines Schoßes. Er tastet mich zunächst kurz ab, nimmt dann seinen Schwanz in die Hand, um ihn kontrolliert in mich zu stecken. Dann fickt er mich von hinten. Erst noch ein wenig zaghaft, nach meiner Beschwerde härter.

Ich weiß, dass es dauern wird, und hoffe, dass er sich an meinen Befehl hält. Und er ist eisern. Nur zwei kleine Pausen muss ich ihm genehmigen, bis ich an den Punkt komme, an dem ich eindeutig spüre, dass ich mit jedem Stoß dem Orgasmus näher komme. Obwohl es nicht sehr warm hier oben ist, sind unsere Körper nass vom Schweiß. Schließlich spüre ich, dass es sich nur noch um wenige Stöße handeln kann. Ich beginne zu stöhnen. Einerseits weil mir danach ist, andererseits weil ich ihm sagen will, dass die Zeit für Pausen nun vorbei ist. Zum Glück macht er immer weiter und ich spüre, wie es sich ganz tief in mir drinnen zusammenbraut, zunächst noch dumpf an die Oberfläche drängt, dann immer näher kommt, immer intensiver wird und schließlich nicht mehr abzuwenden ist. Ich kann meine Schreie nur mühsam und nur mäßig unter Kontrolle halten, als mich das schönste Gefühl endlich erfasst. Ich kann nicht sagen, wie lange es anhält. Wahrscheinlich viel kürzer, als es mir vorkommt.

»Gut gemacht«, lobe ich ihn. »Kommen wir nun zu dir.« Immer noch blind lasse ich ihn vor mir auf dem Bett Platz nehmen und verlange von ihm, es sich selbst zu besorgen und am Ende sein Sperma mit der Hand aufzufangen. Ich rechne damit, dass es länger dauern könnte, nach der Höchstleistung an Beherrschung, die ich ihm soeben abverlangt habe. Ich spiele sogar mit dem Gedanken, ein wenig mit dem Mund nachzuhelfen, doch offen gestanden bin ich im Moment viel zu faul und auch viel zu entspannt dafür.

Entgegen meinen Befürchtungen ist er überraschend schnell so weit. Wie ich es von ihm verlangt habe, kündigt er seinen Orgasmus an und ich gebe ihm großmütig die Erlaubnis zu kommen. Seine Hand schließt sich um die Spitze seines Schwanzes, als er immer schneller zu wichsen beginnt. Ich sehe noch, wie der weiße Saft zwischen seinen Fingern hindurchdrängt und teilweise auf den Boden tropft, bevor ich mich erhebe, schnell meine Kleidung einsammle und die knarrende alte Holztreppe hinuntergehe. Betty hat den Schlüssel wie verabredet unter der Türe hindurchgeschoben. Nackt wie ich bin, setze ich mich wieder zu ihr auf den Balkon, wo es nun bereits dunkel ist und wo sie mich mit einem weiteren Glas Rotwein und einer Zigarette erwartet. Sie sieht mich an und grinst. »Sag nichts, das Wichtigste habe ich gehört«, begrüßt sie mich.

ALEXANDRA NEWSKI

Lass uns reden!

Tina (25), Studentin der Kommunikationstechnologie, Wiesbaden,
über
Miguel (27), Wirtschaftsstudent, Wiesbaden

- - - - - - - - - - - -

»Ich saß auf dem Bett, schaute ihn an und
wollte ihm mit aller Kraft widerstehen.
Noch immer fand ich ihn anziehend,
genauso wie bei unserem ersten Treffen.«

- - - - - - - - - - - -

Ich lernte Miguel auf einer Uniparty kennen. Dass er ein Macho war, wurde mir sofort klar. Er flirtete ziemlich aggressiv mit mir und wollte mich um jeden Preis ins Bett kriegen. Das sollte kein schweres Unterfangen werden. Ich wollte nämlich genau dort landen. Ich hatte es satt, ständig Waschlappen oder bequeme Stubenhocker an meiner Seite zu haben, die mir nicht klipp und klar sagen konnten, wo es langging oder was sie vom Leben wollten. Männliche Dominanz und ein wenig Draufgängertum waren das, was ich suchte. Und bei Miguel fand. Aus unserer ersten gemeinsamen Nacht wurden schnell viele weitere, in denen wir übereinander herfielen und versuchten, das dringende, immer wiederkehrende Verlangen nacheinander zu stillen.

Wäre Miguel nicht so ein verdammt guter Liebhaber gewesen, hätte ich ihn vermutlich schnell wieder verlassen. Denn immer, wenn wir Zeit miteinander verbrachten, endete es im Streit. Miguel war genauso hitzköpfig wie ich und konnte keine Kompromisse eingehen. Er war es gewohnt, seinen Willen durchzusetzen. Toleranz und Selbstbeherrschung – diese Worte gab es in seinem Vokabular nicht.

Und selbst wenn ich ihn bei einer seiner fantasievollen Lügen ertappte, zeigte er keine Reue. Wir stritten uns mit Inbrunst und Ausdauer wegen jeder Kleinigkeit und fanden keinen gemeinsamen Nenner, was unserer aufkeimenden Liebe nicht unbedingt guttat. Ebenso wenig half, dass er bei jeder Gelegenheit mit anderen Frauen flirtete. Er zog sie mit seinem attraktiven Äußeren und seiner charmanten Art an wie das Licht die Motten. Das machte mich wahnsinnig eifersüchtig und wütend. Nur wie er mich küsste und liebte, konnte mich besänftigen. Er raubte mir mit seinen Zärtlichkeiten den Verstand und band mich an sich. Beim Sex waren wir eine perfekte Einheit, ohne Widersprüche oder Unstimmigkeiten.

Nach zwei Monaten, in denen wir alle verfügbaren Räumlichkeiten in meiner und seiner WG genutzt und viele muskelzerrende akrobatische Liebesspiele ausprobiert hatten, wollte ich den Status unserer Beziehung definieren. Was war das, was wir gemeinsam erlebten? War es Liebe? War es nur Sex? So etwas wie eine zwei-monatige Fortbildung in Sachen Erotik? Ich konnte es nicht sagen. Darüber hatten wir bisher einfach nicht geredet.

Als ich Miguel schließlich nach seinen Gefühlen fragte, wich er mir aus. »Ach komm, zwischen uns läuft es super. Ich hatte bisher mit niemandem so viel Spaß im Bett wie mit dir. Das ist doch der beste Beweis, dass wir fantastisch zueinander passen.«

Ich kommentierte diese Aussage nicht, sondern machte stattdessen einen Vorschlag: »Lass uns am Freitag was zusammen unternehmen, Katja schmeißt eine Party und ...«

Er ließ mich nicht ausreden. »Am Freitag bin ich mit meinen Freunden unterwegs und ich glaube, am Wochenende habe ich gar keine Zeit.«

> *War es Liebe? War es nur Sex? So etwas wie eine zweimonatige Fortbildung in Sachen Erotik?*

So war es zwischen uns. Er bestimmte, wann wir uns trafen, und mir blieb nur, zuzustimmen oder ihn nicht zu sehen. Und das verletzte mich. Ich verlor mit diesem hirnverbrannten Typen nur meine Zeit. In meinem erhitzten Kopf hämmerte es: Der kann sich zum Teufel scheren, dieser arrogante Kolumbianer! Die Tränen standen mir in den Augen. Als ich davonlief, hörte ich noch seine Stimme. »Tina, Schatz, bleib doch stehen!«

»Verschwinde aus meinem Leben und lass dich nie wieder blicken!«, schrie ich.

»Du übertreibst maßlos, wie immer!«, antwortete er gelassen und das brachte mich noch mehr auf. Ich fühlte, dass noch eine Bemerkung von Miguel genügen würde, um all meine Sicherungen durchbrennen zu lassen.

Auf dem Weg nach Hause kullerten leise Tränen über mein Gesicht und tropften mir auf das T-Shirt. Du bist so blöd, sagte ich mir, du glaubst immer noch, Männer ticken genauso wie du. Für mich war Liebe nichts anderes als Freundschaft mit einem guten Schuss Sex – nicht mehr, nicht weniger. Und da im Fall von mir und Miguel alles mit unverschämt gutem Sex angefangen hatte, hatte ich gedacht, wir würden einander irgendwann in tiefer Freundschaft verbunden sein. Aber anscheinend hatte ich mich da mächtig getäuscht. Das musste ich nun lernen.

Wehe, du rufst ihn wieder an, verbot ich mir selbst, als mein Herz aufhörte, wie wild zu rasen. Werde endlich erwachsen, Tina! Er weiß gar nicht, was du von ihm willst. Er hat eine eigene Vorstellung, wie es zwischen Mann und Frau laufen sollte. Ich löschte seine Telefonnummer und die Telefonnummern seiner Kumpels von meinem Handy und seine E-Mail-Adresse aus meinem elektronischen Adressbuch. Ich wollte gar nicht erst in Versuchung geraten, mich wieder bei ihm zu melden. Ich hatte diese Methode gegen Liebeskummer bereits einige Male erfolgreich erprobt.

Das ganze Wochenende versuchte ich, mich abzulenken. Ich unternahm viel mit meinen Freundinnen, die alle der Meinung waren, Miguel sei nichts für mich – schon, weil er vom Patriarchat in seinem Heimatland geprägt sei und sich deswegen niemals mit den Beziehungsvorstellungen einer europäischen Frau arrangieren könne. Meine zwei WG-Mitbewohnerinnen hielten es außerdem für nötig, ihre gesamten Erfahrungen in Liebesdingen mit mir zu teilen, und ich ließ mich von ihren fragwürdigen Ratschlägen berieseln.

»Deine Situation erinnert mich an eine Geschichte«, erzählte Sabine, um mich aufzumuntern. »Ein Mann liegt mit einer Frau nach dem Sex im Bett. Sie an seiner Schulter, glücklich und entspannt. Plötzlich sagt er: ›Liebling, das zwischen uns ist keine Liebe. Es ist nur ein Flirt.‹ Die Frau springt auf das Bett und tobt: ›Zwei Monate Arschficken ist für dich nur ein Flirt?‹« Wir lachten laut los.

> Er war der Erste, der mir gezeigt hatte, dass Analverkehr etwas Schönes und sehr Inniges sein konnte.

Als wir uns beruhigt hatten, suchte jede nach ihrer absurdesten Sexstory. Wir sprachen darüber, was wir im Laufe der Zeit so erlebt oder gehört hatten. Selbst unsere Wünsche ließen wir in unseren Erzählungen nicht aus. In vielen der Geschichten fand ich mich wieder. Ich war froh, dass meine Mädels bei mir waren und versuchten, mich aufzuheitern. Dennoch vermisste ich Miguel, es war die Hölle. Er war der Erste, der mir gezeigt hatte, dass Analverkehr etwas Schönes und sehr Inniges sein konnte. Vielleicht überschätze ich die ganze Situation aber auch? Immerhin war er erst der vierte Mann, mit dem ich Sex hatte.

Nach mehreren Wochen Funkstille zwischen uns fing ich an, Miguel zu vergessen. Ich begann wieder, andere Männer wahrzunehmen. Bis er sich erneut blicken ließ: Ich saß in meinem Zimmer und las, als es an der Tür klingelte. Ich hielt den Atem an, als ich Sabine laut entschlossen sagen hörte: »Sie ist nicht da.« Es folgte eine minutenlange Debatte in unserem WG-Flur, dann hörte ich Schritte. Ich schaute kurz in den Spiegel und wusste, dass Sabine ihn nicht hatte abwimmeln können. Schnell löste ich das Haargummi von meinem Zopf und kämmte mir die Zotteln mit den bloßen Fingern durch. Dann klopfte es auch schon an meiner Tür. »Lass uns reden«, sagte Miguel entschlossen. »Tina, bitte!«

Ich saß auf dem Bett, schaute ihn an und wollte ihm mit aller Kraft widerstehen. Noch immer fand ich ihn anziehend, genauso wie bei unserem ersten Treffen.

»Was willst du mir sagen?«, fragte ich unfreundlich. Ich mache keine Fehler mehr, dachte ich mir.

Er näherte sich mir, kniete sich neben das Bett, legte seine Arme um mich und küsste mich sanft auf die Lippen. Ich versuchte, ihn wegzustoßen, und schlug ein paar Mal nach ihm.

»Ich will nichts mehr von dir«, rief ich und trommelte mit meinen Fäusten gegen seine Brust.

Das war eine Lüge und er ertappte mich sofort. Mit schnellen Bewegungen fuhren seine Hände unter mein Top und liebkosten mich. Meine Güte, er fehlte mir so sehr! Er vergrub seine Nase in meinen Haaren, streichelte mein Gesicht und meinen Hals mit den Fingerspitzen und sagte leise: »Ich hab dich so vermisst. Dein Geruch und wie du dich anfühlst – das ist so einmalig.«

Er streifte mir mein Top über den Kopf und zerrte an meinem Rock. Ich schaute ihm zu, während er sich bis auf die Shorts auszog und seine Klamotten einfach auf den Boden warf. Ich fühlte, wie mein Atem immer schwerer und hastiger wurde. Meine Kehle schnürte sich zu, ich fühlte mich willenlos und erlaubte ihm, alles mit mir zu machen, was er wollte.

Seine Hände griffen nach meinem Kopf und führten mich langsam zu seinem steifen Glied. Ich zog den bekannten, angenehmen Duft seines Körpers ein, umklammerte mit den Händen seine Hüfte, küsste sanft seine Eichel und nahm seinen Schwanz in meinen Mund. Ich saugte langsam, befühlte mit den Fingerspitzen seine prallen Hoden, berührte ganz zart mit den Fingernägeln seinen Po und massierte seine Schenkel. Als er mich dann packte und auf dem Bett liebte, konnte ich nichts als die Leidenschaft, die ihn erfasst hatten, in seinen dunklenbraunen Augen lesen. Ich vergaß alles um mich herum und konzentrierte mich einzig und allein auf meine Lust. Ich spürte, dass mein Höhepunkt nahte. Seine impulsiven Stöße brachten mich schließlich zum Orgasmus.

Meine Sehnsucht nach seinem vertrauten und so schönen, muskulösen Körper war aber noch lange nicht gestillt. Ich kroch ein wenig entkräftet aus dem Bett und legte mich auf den Fußboden. Miguel gesellte sich zu mir. Ich streichelte sein immer noch steifes Glied. Dann wendete ich mich, legte mich mit meinem Kopf zu seinen Füßen, brachte mich in meine Lieblingsstellung 69. Auch Miguel mochte diese Position, bei der man einander so nah sein konnte wie sonst nie. Ich fühlte, wie er mich mit seiner Zunge überall berührte und sein Kopf zwischen meinen Beinen verschwand. Mein Mund glitt sanft über seinen Schwanz und ich leckte genüsslich an ihm, vermengte meinen Speichel mit seinen ersten Spermatropfen. Miguels Hände kneteten aufgeregt meinen Po, er liebkoste mit seinen weichen Lippen meine Klitoris und stöhnte leicht auf, wenn ich seinen Schwanz ganz tief in den Mund nahm.

Ich striff über die grobe Haut seiner festen Hoden und fuhr mit den Fingerspitzen ganz zart über seinen Po. Dann benetzte ich meine Finger mit Speichel und bewegte sie Stück für Stück näher an seine Spalte. Er war sichtlich angespannt, doch ich setzte meine Bewegungen fort, umkreiste mit den Fingern die kleine Öffnung und steckte vorsichtig einen Finger hinein. Wenn ich so einen großen Gefallen daran fand, dann musste er es doch auch genießen. Doch ich irrte. Miguel erschauderte, befreite sich augenblicklich von mir und setzte sich aufrecht hin.

»Was?«, fragte ich. »Hab ich dir wehgetan?«

»Nein! Aber wieso machst du das?«

»Ich dachte, es macht dir Spaß! Mir gefällt es, wenn du meinen Po verwöhnst.«

»Ja, aber das kannst du doch nicht machen! Ich will doch nicht schwul werden!«

Erst saß ich verblüfft da, dann brach ich in Gelächter aus. »Du spinnst!« Ich konnte mit dem Lachen nicht aufhören und rollte mich auf dem Fußboden hin und her. »Davon kannst du doch nicht schwul werden!« Ich lachte, während Miguel weiterhin verdutzt aussah. Er überlegte noch ein Weilchen und meinte schließlich zu mir: »Du hast wahrscheinlich recht!« Dann suchte er nach meinem Mund und küsste mich, um meinen Lachanfall zu stoppen. Erneut spreizte er meine Beine und leckte meine rosarote, von seinen Küssen leicht geschwollene Muschi.

Nach meinem zweiten Orgasmus brauchte mein Herz eine Weile, ehe es sich wieder beruhigt hatte. Miguel fiel es offensichtlich nicht so schwer, sich nach dem Sex völlig zu entspannen. Er war schon beinahe eingeschlafen, als ich mich auf die Bettkante setzte und ihn fragte: »Ist das eigentlich alles, was wir zusammen machen können? Ficken und bisschen reden?« Miguel kniff die Augen zusammen und verdeckte sein Gesicht mit dem Arm.

»Was willst du von mir?«, sagte er müde.

»Ich will wissen, ob wir zusammen sind oder nur eine Affäre haben.«

Das war zu viel für Miguel. Er runzelte die Stirn und verzerrte das Gesicht, als hätte er plötzlich Migräne. »Ich weiß es nicht«, anwortete er schließlich. »Gib uns doch Zeit und dräng mich nicht so. Was spielt es für eine Rolle, ob wir ein Paar sind oder nicht?«

Ich ärgerte mich, dass ich gefragt hatte, und fühlte mich plötzlich sehr einsam. »Tina«, er näherte sich mir, küsste meine Schulter und streichelte meinen Rücken. »Ich finde dich wunderschön und sexy.« Ich stand demonstrativ auf. Doch er folgte mir. »Gib mir noch ein bisschen Zeit. Bitte.«

Einige geflüsterte Versprechen später lag ich wieder in seinen Armen. Wir verschmolzen in einem Kuss und ich verlor mich in seinen tiefbraunen Augen. Ich liebte seine Zärtlichkeit, wie er mich am Ohr streichelte und mir durch die Haare fuhr. Außerdem liebte ich es, dass ich ihn erregte.

Wir erlebten nach dieser noch ein paar weitere aufregende und unvergessliche Nächte, in denen wir eigentlich nur miteinander hatten reden wollen. Wir dachten eine Weile lang wirklich, dass wir mit Diskutieren unsere Probleme in Griff kriegen könnten. Doch dann wurde uns klar, dass uns nur der Sex aneinander fesselte und wir einander nichts zu sagen hatten. Zu unterschiedlich waren unsere Erwartungen an das Leben und an Beziehungen. Wir lernten viel voneinander, entdeckten, was guten Sex ausmachte, und trennten uns nach knappen drei Monaten endgültig. Die besondere Anziehungskraft zwischen uns bestand zwar weiterhin, ich hatte aber dennoch einfach genug von ihm.

JULIA STRASSBURG

Bis zum Finale

Hellen (32), Webdesignerin, Berlin,
über
Kjell (34), Marketingmanager, Berlin

- - - - - - - - - - - -

»Irgendwo zwischen dem Bedürfnis nach Nähe
und der Befürchtung, wir könnten gesehen werden,
lasse ich es geschehen. Sex vor Publikum –
das haben wir uns nie getraut.«

- - - - - - - - - - - -

Sonntag, 13.06.2010 | 21 Uhr. Peng! Krach! Wumm! Ich hätte es wissen müssen. Aber Kjell wollte diese Wohnung ja unbedingt. Mitten auf der Oderberger Straße. Zwischen Touristen, neureichen Jungberlinern und denen, die es werden wollen. Drei Monate wohnen wir jetzt schon hier. Spätestens jetzt weiß ich, dass dies eine Fehlentscheidung war.

Peng! Krach! Wumm! Geschrei. Nein, ich schaue keine Episode von *Batman*. Schön wär's. Ich schaue heute überhaupt kein Fernsehen. Aus gutem Grund. Auch wenn es der Rest der Welt tut. Auf den Straßen ist die Hölle los. Rausgehen werde ich sicher auch nicht. Trotz der hohen Temperaturen verschanze ich mich in meiner Wohnung. Peng! Krach! Wumm! Wieder Geschrei. WM 2010. Auftakt gegen Australien. Berlin im Fieber. Und ich? Scheinbar der einzige Mensch, der noch klar denken kann. Ein schwarz-rot-goldener Virus hat das Land befallen. Der neue Patriotismus, ja. Jetzt hat er sich endgültig etabliert. Der Deutsche darf wieder stolz auf sein Land sein. Auf Poldi und Schweini und die anderen Kerle mit dem Herzen in der Hand und der Leidenschaft im Bein. Das kommt zwar nicht völlig überraschend, aber seit der letzten WM hatte ich diese Entwicklung erfolgreich verdrängt. Peng! Krach! Wumm! Trööööt! Trööööt! Tooor! Ja, das war bereits das zweite Tor heute.

Ich wage einen missmutigen Blick auf die Straße, schiele durch die Lamellen der Jalousie. Trotz geschlossener Fenster höre ich sie grölen, die Infizierten, die Fans. Nach einigen Minuten grenzdebiler Freude kehren die Public Viewer zurück an die Leinwand ihrer Wahl. Public Viewing, schon wieder ein Anglizismus, und das für eine solche Ausgeburt unserer neuen Vaterlandsliebe. Wo soll das noch enden?

Am schlimmsten hat es meinen Kjell erwischt. Heute Morgen habe ich ihn beim Plündern meiner Schminktasche ertappt. Ob ich goldenen Lidschatten hätte, hat er gefragt – meinen roten Lipliner und den schwarzen Kajal bereits in der Hand. Während des Frühstücks klingelte das Telefon. Nachdem ich dem Anrufer zu verstehen gegeben hatte, dass Schland nicht zu sprechen sei, riss Kjell mir den Hörer aus der Hand. »Schlaaaaand!«, schrie er zurück und köpfte sein erstes Bier. Es war 10 Uhr morgens.

Ein wenig besorgt, setzte ich einen eindeutigen Blick auf: Verzweiflung zeigte er. Ein Klaps auf den Hintern und der Hinweis, dass er mich einige Male vor diesen Tagen gewarnt habe, gab er als seine Antwort. Gegen 14 Uhr verließ er mit freiem Oberkörper und einem Rucksack voller Dosenbier das Haus. Dosenbier!

Diese Wohnung tut uns nicht gut. So nah am Geschehen, immer die Versuchung vor der Nase. Die Gegend bietet ein Übermaß an Möglichkeiten und Kjell nutzt so viele er kann. Selbstverständlich gönne ich ihm seinen Spaß. Doch seit wir hier wohnen, haben wir kaum Zeit füreinander.

> *Als wir endlich liegen, redet Kjell über Sex. Und dass wir schon lange keinen mehr hatten. Ob das ein Vorwurf ist?*

Nach über einer Stunde hat sich das Getöse der Straßen in ein Saufgelage verwandelt. Es scheint, als sei das Spiel vorbei. Deutschland hat gewonnen, 4:0. Der Wahnsinn setzt sich fort. Bis in die Abendstunden hört man es in der Ferne krachen. Hauswände, die das Echo des Bombardements in den Straßen zurückwerfen. Hupende Autos. Proletarische Gesänge.

Gegen 23 Uhr ruft Kjell an, lallend, bittet um Hilfe: Er käme die Treppen allein nicht mehr hoch. Im zweiten Stock finde ich ihn. Zusammengekauert hockt er auf den Stufen. Zur Begrüßung röchelt mir ein klägliches »Isch bin Deutschland« entgegen. Ich wische die Kotze vom Boden, helfe ihm in unser Dachgeschoss und weiche seinen Küssen aus. Als wir endlich liegen, redet Kjell über Sex. Und dass wir schon lange keinen mehr hatten. Ob das ein Vorwurf ist? Die Luft unseres Schlafzimmers gleicht der in einer Kneipe. Peng! Krach! Wumm! Kurz darauf beginnt Kjell zu schnarchen. Trotz der Hitze ziehe ich die Bettdecke über meinen Kopf. Noch 29 Tage bis zum Finale.

Freitag, 18.06.2010 | 8 Uhr. Ein schwarzer Tag für Kjell. Ohne Rot, ohne Gold. Deutschland spielt gegen Serbien und er kann nicht teilhaben. Grund dafür: die Uhrzeit. Kaum jemand wird das Spiel sehen können. 13:30 Uhr ist eine Zeit, in der man üblicherweise arbeitet. Auch Kjell muss sich heute wie ein normaler Mensch benehmen. Morgenmufflig sitzt er beim Kaffee, liest abwesend die Zeitung. Ein leises Lächeln und ein zarter Kuss – dann ist er auf dem Weg zur Arbeit. Meinen heimlichen Triumph hat er mir nicht angemerkt.

Gegen 12 Uhr verfluche ich den Umstand, von zu Hause aus zu arbeiten. Die Straße füllt sich erneut und die Geräuschkulisse verändert sich. Gegen 13 Uhr laufe ich zu Pizza Loona, um mir schnell noch einen Salat zu holen. Und plötzlich befinde ich mich mittendrin. Schwarz-Rot-Gold, Schwarz-Rot-Gold. Auf T-Shirts, Flaggen, auf dicken Bäuchen, Brüsten, auf Spangen, Schuhen, Taschen, Hundemäntelchen. Ja, selbst auf Lidl-Tüten. Überall tauchen Fans aus dem Nichts auf. Parolen werden durch die Straßen gerufen. Ich drängle mich vorbei, eile so schnell ich kann zurück in meine sichere Festung. Im Treppenhaus atme ich auf. Es ist Krieg da draußen. Ich bin nicht sicher, ob man von Glück reden kann, aber es scheint zumindest etwas ruhiger herzugehen als am Sonntag.

Später erfahre ich den wahren Grund für die Zurückhaltung der Public Viewer. »Wir haben verloren«, begrüßt mich Kjell. Ich versuche, seine Niedergeschlagenheit ernst zu nehmen, drücke ihn an mich. Seine Bierfahne lässt mich zurücktaumeln.

»Trinkst du jetzt schon während der Arbeit?«, empöre ich mich etwas vorschnell.

»Das Bier gab's vom Chef. Wir haben gemeinsam das Spiel gesehen.«

Schlechte Ausrede. Aber hey: Die Frau mit dem Nudelholz möchte ich nicht sein. Frauen von heute zeigen Verständnis für die Angelegenheiten der Männer, ohne sie wirklich verstehen zu müssen, oder? WM-Toleranz – eine Hürde, die es zu meistern gilt. Während er unter der Dusche ist, beschließe ich, ihn etwas aufzuheitern. Kurzerhand schlüpfe ich in mein kleines Schwarzes, schminke mir die Lippen rot und steige in die High Heels mit der goldenen Schnalle. Ja, schau her: Deine Frau zeigt Flagge. Nett drapiert warte ich auf unserem Bett. Wir hätten lüften sollen, bemerke ich nebenbei. Doch Kjell erkennt meinen solidarischen Beitrag ohnehin nicht an. Er will »einfach nur schlafen«, so seine Worte. Also kein Ficken fürs Vaterland. Ein Handtuch um die Hüften gewickelt, fällt er aufs Bett und schläft innerhalb weniger Sekunden. Während die Sonne untergeht, wandelt sich sein Röcheln in rhythmisches Grunzen, später dann in konsequentes Schnarchen. Kjell hat recht: Wir hatten wirklich lange keinen Sex mehr. Eine feine Bierfahne weht mir ins Gesicht und begleitet mich schließlich in den Schlaf. Noch 23 Tage bis zum Finale.

> Er will »einfach nur schlafen«, so seine Worte. Also kein Ficken fürs Vaterland.

Mittwoch, 23.06.2010 | 18 Uhr. In weniger als einer Stunde hat sich die gesamte Wohnung in eine kitschige Accessoire-Hölle verwandelt. Angefangen bei der überdimensionalen Flagge überm Sofa, über Girlanden, Konfetti, Pappteller, Strohhalme und Becher. Alles WM-konform. Kjell lädt ein zum Private Viewing (wieder so ein Wort), mit Blick auf die feiernde Oderberger. »Ach, komm schon, Schatz. Unsere Wohnung ist doch wie gemacht dafür.« Eine rote Strähne seines dreifarbigen Haarteils fällt ihm ins Gesicht. Na klar. Schatz versteht das. Was bleibt Schatz auch übrig?

19 Uhr. Die ersten Wahnsinnigen trudeln ein.

19:30 Uhr. Der Strom reißt nicht ab. Permanent klingelt es an der Tür. Im Wohnzimmer werden bereits die ersten Bodenplätze belegt.

20:15 Uhr. Ich bin stinksauer. Der Grund: Kjells Beichte. Die Einladungen hat er einfach über seinen E-Mail-Verteiler verschickt. Er habe doch auch nicht damit gerechnet, dass so viele Leute kommen. Seine Unschuldsmiene steigert meine Wut.

20:25 Uhr. Unser Wohnzimmer platzt aus allen Nähten. Die letzten Gäste haben beim Anblick dieses Übels auf dem Absatz kehrtgemacht und sich für die Straße entschieden. Kein Wunder. Selbst mir erscheint die kleingeistige Hölle da draußen fast sympathisch im Vergleich zu unserem Wohnzimmer.

20:28 Uhr. Die Toilette ist verstopft. Alle schreien im Chor: »Jetzt geht's los!« Der Versuch, dagegen anzuschreien, scheitert. Kjell ignoriert meine Blicke. Ich trete gegen sein Schienbein.

20:30 Uhr. Spielbeginn. Wutschnaubend flüchte ich aus meiner eigenen Wohnung. Weg hier! Vorher habe ich noch meine Sportsachen eingepackt. Ich hasse Fußball.

21 Uhr. Im Fitnessstudio entspanne ich mich. Eine Vertretung meines Aerobic-Lehrers empfängt den Kurs mit grimmiger Miene. Die Teilnehmerzahl ist um achtzig Prozent gesunken. Sind denn alle zu Zombies mutiert? Mir soll es recht sein. Je weniger Leute im Weg, desto freier kann man sich bewegen. Freudig beginne ich mich zu dehnen. Sport ist genau das, was ich jetzt brauche.

21:15 Uhr. Der Kurs fällt aus. Grund dafür: Die Teilnehmerzahl. Zwei weitere Damen teilen meinen Frust. Gemeinsam beschließen wir, noch einen Drink zu nehmen. Es gibt Hoffnung. Ich bin nicht allein.

23 Uhr. Kastanienallee. Wir sitzen im Zaza, trinken Bier und persiflieren das deutsche Sommermärchen. Meine Verbündeten Gitte und Mel sind trinkfester als ich. Der Pegel steigt, ich hätte mehr essen sollen.

23:50 Uhr. Unbeholfen stolpere ich in die Überreste unserer Wohnung. Leider kann ich das Ausmaß der Verwüstung nur ahnen, ich bin viel zu betrunken. Alles verschwimmt. Kjell liegt im Bett. »Warssch schön jewesen unser Schuhause schu scherstörn?!« Mit letzter Kraft versuche ich, meiner Empörung Ausdruck zu verleihen, und schlafe sofort ein. Noch 18 Tage bis zum Finale.

Sonntag, 27.06.2010 | 11 Uhr. Der Virus macht selbst vor Autospiegeln nicht halt. Auch unser Smart musste dran glauben. Aufgebracht rupfe ich den Überzieher vom Spiegel, werfe ihn auf die Straße. Kjell beobachtet mich vom Balkon aus. Seit Donnerstag früh reden wir nicht mehr miteinander. Die letzten Nächte habe ich bei Sandra geschlafen, einer Freundin. In den vergangenen Tagen hatte er Zeit, die Spuren seiner Privatparty zu beseitigen und unser Klo wieder zum Funktionieren zu bringen. Natürlich hat er sich um nichts gekümmert. Deshalb werde ich während der gesamten WM bei Sandra wohnen. Vielleicht auch länger, wer weiß? Selbstverständlich sieht Kjell seinen Fehler nicht ein. Es sei ja nicht so, dass er mich nicht gewarnt hätte, sagt er. Klar. Hätte ich gewusst, dass Fußball ein Synonym für Ausnahmezustand bedeutet, wären unsere Möbel vielleicht zu retten gewesen. Nun finden sich Brandflecken auf der Couch, Kotze in der Wanne, Kippenstummel in den Pflanzen und leere Bierflaschen querbeet. Nur das Schlafzimmer ist heil davongekommen. Immerhin.

15:30 Uhr. Ich habe ein Recht darauf, wütend zu sein, sagt Sandra und stellt mir einen kühlen Weißwein vor die Nase. Sie sieht das Ganze dennoch locker. Fußball kann Spaß machen, sagt sie. Man muss sich dem Patriotismus weder anschließen, noch völlig dagegen sein. Vielleicht hat sie recht. Ein Glück, dass sie nicht mitten in der Stadt wohnt, wie wir. Ihre Wohnung befindet sich in einer ruhigen Pankower Seitenstraße. Auf ihrem Balkon, umgeben von viel Grün, fühlt man sich fast allein. Aber auch hier hallt ab und zu eine Fantröte durch die Nachbarschaft. Man kann dem Fußballvirus eben nicht gänzlich entkommen. In einer halben Stunde beginnt das Achtelfinale: Deutschland gegen England. »Und? Wollen wir uns das Spiel anschauen?«, fragt Sandra. Mein erster Impuls ist Abwehr. Wie kommt sie bloß auf solch eine Idee? Je länger ich jedoch darüber nachdenke, desto mehr Sinn macht ihr Vorschlag. Nicht schwarz, nicht weiß, sondern irgendwas dazwischen. Gemütlich auf dem Sofa sitzen, ein Wein, ein schönes Gespräch und nebenbei Fußball auf dem kleinen Röhrenfernseher. Das klingt gut. Gar nicht stressig.

17:10 Uhr. Ein spannendes Spiel, sagt Sandra. Ich glaube ihr. Mir fehlt es schließlich an Vergleichswerten. Deutschland gewinnt 4:1. Wir genießen den Salat, den wir zeitgleich geschnippelt haben, und lassen den Sonntag ausklingen. Was Kjell wohl gerade macht? Noch 14 Tage bis zum Finale.

Samstag, der 03.07.2010 | 15 Uhr. Mein Auto hat heute Pause. Es reicht, dass Sandra und ich uns den WM-Stress antun. Sie hat vorgeschlagen, spazieren zu gehen. Es sei ein Erlebnis, während des Spiels durch die menschenleeren Straßen zu schlendern, sagt sie. Nebenbei bekäme man das Spiel mit, im Vorbeigehen. Toller Vorschlag, finde ich. Meiner neuen WM-Toleranz sind Flügel gewachsen. Mit der Bahn fahren wir bis zur Schönhauser Allee. Weiter geht es nicht. Die Polizei hat ab der Eberswalder alles abgesperrt.

16:15 Uhr. Es hat begonnen. Viertelfinale: Deutschland gegen Argentinien. Von der Schönhauser Allee biegen wir auf die Danziger Straße ab. Sandra will bis zum Volkspark Friedrichshain laufen. Ein ganz schönes Stück bei der Hitze. Menschentrauben vor jedem Café, jeder Bar, jedem Imbiss. Wie mit einem Besen zur Seite gekehrt. Nur uns gehört die Straße. Das ist Public Viewing der besonderen Art. Wir haben nicht nur das Spiel im Auge, sondern ebenso die Massen; als stünden wir über ihnen, hielten die Fäden in der Hand. Bei 38 Grad im Schatten ist ein bisschen Größenwahn schon erlaubt, denke ich. Die Anspannung der Menschen geht auf uns über. Bei jedem Tor bleiben wir stehen, halten inne und genießen die Welle der Freude. Was für ein Tag.

Kjell grinst, kommt näher. Wir sagen nichts. Das ist nicht nötig. Ich falle ihm in die Arme.

Pünktlich zum letzten Tor erreichen wir den Park. Schatten, zwei Liter Wasser, viele glückliche Menschen. Das WM-Fieber hat mich. Es ist kein wirkliches Nationalgefühl, aber die Stimmung in der Stadt ist überwältigend. Und hey: 4:0! Unsere Jungs haben echt gut gespielt. Ich glaube, ich habe einen Sonnenbrand auf der Nase. Noch acht Tage bis zum Finale.

Mittwoch, 07.07.2010 | 20:10 Uhr. Schwitzend sitze ich im Auto auf der Kastanienallee. Meine Nase pellt. Heute Nachmittag ist mir aufgefallen, dass der Speicherplatz meines Laptops zur Neige geht. Es nützt nichts, ich muss wohl in unsere Wohnung. 20:30 Uhr beginnt das Halbfinale gegen Spanien. Bis dahin werde ich warten, damit ich Kjell nicht über den Weg laufe.

20:25 Uhr. Das reicht, ich bin triefnass geschwitzt. Sicher ist er längst unterwegs. Schnell zu unserem Haus geflitzt. Das Treppenhaus ist angenehm kühl. Oben angekommen, schlüpfe ich aus meiner Kleidung und springe unter die kalte Dusche. Gut, dass die WM bald vorbei ist. Nur die Sache mit Kjell ist noch immer nicht bereinigt. Nackt und nass trotte ich in den Flur. Von meinen Haarspitzen tropfen Wasserperlen auf meinen Rücken. Das Getöse der Straße stört mich gerade nicht. Ich werde mich auf unserem Balkon trocknen und von dort aus den Spielstand am Jubel der Menschen ablesen. Ich habe an WM-Festigkeit gewonnen.

Kjell hat vergessen, die Balkontür zu schließen, na super. Aber nein, auch das wirft mich gerade nicht aus der Bahn. Nicht schwarz, nicht weiß. Neutral ist mein neues Motto. Aus der Wohnzimmerecke nehme ich eine Bewegung wahr. Ruckartig drehe ich mich um und bin erleichtert: Es ist der Fernseher, ohne Ton. Vermutlich hat Kjell vergessen, ihn auszuschalten. Möglicherweise war er wieder betrunken. Gerade will ich mich aufregen, da sehe ich ihn. Er steht in der Balkontür, schaut mich an, den Kopf zur Seite gelegt. Wir sind schon eine Weile zusammen, er und ich. Doch ich kann mich nicht erinnern, je Scham aufgrund meiner Nacktheit empfunden zu haben. Nun aber schießt mir das Blut in die Wangen. Kjell grinst, kommt näher. Wir sagen nichts. Das ist nicht nötig. Ich falle ihm in die Arme.

Meine Befürchtung, eine Bierfahne würde meine Freude mildern, erfüllt sich nicht. Wir küssen uns, wie wir es lange nicht getan haben. Seine Zunge auf meinen Lippen weckt die Erinnerung an eine Zeit, als die WM unser Leben noch nicht durcheinanderbringen konnte. Das Zungenpiercing habe ich fast vergessen. Er hat gelernt, es zu verbergen, damit es auf der Arbeit niemandem auffällt. Jetzt ist es ganz präsent in meinem Mund, kitzelt meine

Zunge, macht Geräusche an meinen Zähnen. Bloß ein winziges Stück Chirurgenstahl, das einem den Verstand raubt. Man kann nicht von diesem kleinen Knopf lassen. Wohin man auch mit der Zunge fährt, er ist immer da. Das treibt einen in den Wahnsinn und man kann nicht aufhören zu küssen.

Im Hintergrund singt die Stadt ihre Parolen – wir sind resistent, filtern unsere eigene Melodie heraus. Meine Fingerspitzen tasten sich unter sein Shirt. Er drängt mich auf den Balkon. Rückwärts tapse ich ins Freie. Irgendwo zwischen dem Bedürfnis nach Nähe und der Befürchtung, wir könnten gesehen werden, lasse ich es geschehen. Sex vor Publikum – das haben wir uns nie getraut. Dort unten ist halb Deutschland unterwegs, so scheint es. Halb Deutschland sieht zu, wie Kjells Piercing meine Brüste erkundet, wie meine Nippel sich dem Himmel entgegenrecken, wie ich meinen Kopf in den Nacken lege, wie ich seine Hose öffne. Meine unterdrückte Restwut kommt plötzlich zum Vorschein. Unsanft ziehe ich ihn an mich, drücke ihn, bis sein Nacken knackt. Ich lasse ihm keine Zeit, »Au« zu schreien. Meine Zähne graben sich in seine Schulter. Als nagte ich an einem Maiskolben, knabbere ich seinen Arm hinab und wieder hinauf. Kjell beginnt zu jammern. Meine Zähne hinterlassen rote Furchen. Ich gehe in die Hocke. Mit faltiger Stirn reibt Kjell seinen Arm. Wie unglaubwürdig seine Empörung ist.

Vorwitzig ragt sein Schwanz aus der offenen Hose. Ein schneller Griff und ich habe ihn in der Hand, wichse ihn. Sofort entspannt sich Kjells Ausdruck wieder. Männer. Ich nehme seinen Schwanz in den Mund, verspreche ihm Sicherheit mit meiner Zunge. Ganz sanft. Zu früh gefreut, ich bin noch nicht fertig. Ruckartig reiße ich seine Hose in die Kniekehlen, entblöße seinen Ständer. Mein Gebiss macht Geräusche, als ich die Zähne in der Luft aufeinanderschlage. »Mach keinen Mist«, ordnet mein besorgtes Opfer an. Doch ich bin weit entfernt von Vernunft. Daumen und Mittelfinger meiner Rechten umschließen seine Hoden, sodass sich die Haut drumherum spannt. Trotz des Lärmpegels der Straße höre ich Kjells sorgenvolles Ächzen. Die Fingerspitzen der Linken zusammengeführt, setze ich alle fünf

Nägel gleichzeitig auf die gestraffte Haut. Synchron öffne ich die Finger, kratze langsam über die gesamte Fläche und wieder zurück. Auf und zu und auf und zu. Kjell schreit und jammert. Dennoch kein Anzeichen von Resignation. Es gefällt mir, meinem Unmut der letzten Tage auf dieser Ebene freien Lauf zu lassen. Gleichzeitig rührt es mich, dass Kjell seine Strafe erträgt, für mich. Abgesehen von der unausgesprochenen Botschaft scheint es, als fühlte sich mein Freund wohl in seiner Qual. Was meine Nägel begonnen haben, führen meine Zähne nun fort. Ein Glück, dass sich Kjells WM-Proletarier-Allüren nicht auf seine Körperhygiene ausgewirkt haben. Frisch rasiert – überall. Zusätzlich kralle ich mich an seinem Hintern fest. Ein zischender Schmerzenslaut aus seinem Mund treibt mich voran.

Gerade will ich mich hineinsteigern, will mich in diesem neuen Machtgefühl verlieren, gemeiner werden, an die Grenze gehen, da spüre ich seine Hand in meinen Haaren. »Jetzt reicht es aber.« Kjell zieht mich hoch. Als hätte er mich aus einem Vakuum geholt, aus einer kleinen Machtkapsel, abgeschirmt von allem, wird der Geräuschpegel der Straße lauter. Ach ja, stimmt. Wir sind auf unserem Balkon und da unten ist noch halb Deutschland unterwegs, um uns beim Vögeln zuzusehen. Uns, ja, uns beiden. Denn hier gibt es nichts anderes in diesem Moment.

Mit der Hand fahre ich in meine Spalte, benetze die Finger mit Feuchtigkeit, um sie Kjell ins Gesicht zu schmieren. Verdutzt schaut er mich an. Er ist verwundert über mein offensives Verhalten. Und auch über sein neues Verlangen. Dessen ungeachtet nimmt er den Kampf auf, dreht meinen Körper, drückt mich gegen die Balustrade. Meine Brüste sind nun allen Blicken ausgesetzt. Ich habe freie Sicht über die Straße. Hitze im Kopf, Butter in den Knien, Kribbeln im Bauch. Ich will mehr davon, bin nass. Zwischen meinen Beinen hat sich ein Ventil geöffnet. Rechts das Grün des Mauerparks, links Menschen, Menschen, Menschen. Seine Hand legt sich über meine Augen. So fällt es leichter loszulassen. Er kennt mich halt. Als ich seinen Schwanz in mir spüre, gibt er meine Augen frei. Sofort schließe ich sie wieder, bin nicht sicher, ob ich die Wahrheit verkrafte. Kjell fickt mich. Von hinten werde ich heftig gegen das Geländer gestoßen. Peng! Krach! Wumm! Vorsichtig riskiere ich einen Blick. Peng! Krach! Wumm! Meine Gedanken entgleiten. Peng! Den Menschen da unten sind wir egal. Krach! Umgekehrt gilt das Gleiche. Wumm! Spanien besiegt Deutschland in der 80. Minute. Kjell und ich ziehen ins Finale, mehrfach, die ganze Nacht lang.

Samstag, 10.07.2010 | 20:30 Uhr. Grillen auf Sandras Balkon. Kjell und ich schauen gemeinsam Fußball. Unsere zweite Premiere innerhalb weniger Tage. Ab und zu rutscht er auf seinem Stuhl hin und her, weil seine Eier noch ein bisschen wehtun. Das finde ich irgendwie romantisch. Morgen ist Finale, ohne Deutschland. Aber hey, wir haben uns wacker geschlagen.

Ein Mann mit Manieren

Marlene (27), Casting-Agentin, Berlin,
über
Martin (42), Fotograf, Berlin

- - - - - - - - - - - -

*»Ich schwimme zu Martin und fange an,
ihn vorsichtig am Bauch und an den Armen
zu streicheln. Mit einem kurzen Blick überprüft er,
ob ich es bin, die ihn berührt.«*

- - - - - - - - - - - -

Eigentlich lehne ich es ab, über das Wetter zu sprechen. Aber es ist bereits Ende Juni und seit Wochen gibt es nichts als Regen. Im Radio läuft *Wann wird's mal wieder richtig Sommer?* rauf und runter. Die Menschen sind genervt, ich bin genervt. Letztes Jahr um diese Zeit waren meine Winterklamotten längst im Keller und ich lag mit pink lackierten Fußnägeln am See. Heute trage ich meine Winterlederjacke und einen dicken Schal. Meine allen Widrigkeiten zum Trotz pink lackierten Fußnägel stecken in Wollsocken und Doc Martens. Es ist zum Heulen.

Ich warte vor der Tür meines Büros auf Martin, meinen Freund. Er holt mich ab, um mir eine weitere Radfahrt durch den Regen zu ersparen. Alleine dafür würde ich ihn glatt heiraten. Aber Martin ist geschieden und weit entfernt von dem Gedanken, sich erneut auf das »Hirngespinst Ehe« einzulassen. Die Trennung von seiner Frau war langwierig, nervenaufreibend und kostspielig. Meine romantische Vorstellung, sich für immer füreinander zu entscheiden und diese Entscheidung für jedermann durch ein Schmuckstück am Finger sichtbar zu machen, tat er kurzerhand mit »Ich kann dir auch so einen Ring schenken« ab.

Ansonsten ist mein Freund perfekt. Er trägt mich auf Händen, ist lustig, intelligent und sieht noch dazu verdammt gut aus. Und: Er ist ein vollendeter Gentleman. Anfangs habe ich gedacht, dass seine hervorragenden Manieren irgendwann nachlassen würden. Dass sie, nachdem sein Werben um mich erfolgreich verlaufen war, verschwinden würden, oder allerspätestens nach meinem »Ich liebe dich«. Aber nach über einem Jahr Beziehung, erschwert durch gemeinsames Wohnen auf engstem Raum (»Wenn du dein scheiß Foto-Equipment noch einmal vor mein Schuhregal stellst, zünde ich es an!«), springt er auch heute, trotz des strömenden Regens, aus dem Auto, eilt auf mich zu, küsst mich und geleitet mich unter einem Schirm zur Beifahrerseite.

Martin ist um einige Jahre älter als ich. Er ist Jahrgang '68, uns trennen 15 Jahre. Meine Freundinnen und ich sind während der Feldforschungen der letzten Jahre zum Schluss gelangt, dass der 68er der einzig brauchbare Jahrgang ist. Diese Männer sind noch Männer. Die wissen, wann Mann eine Tür aufzuhalten und ein Hemd anzuziehen hat. Männer, die keine Spielchen spielen, keine harten Drogen brauchen, um gut drauf zu sein, und nicht nervös werden, wenn man sie dem Vater vorstellt. Männer, die noch weinen können, ohne Heulsusen zu sein. 68er-Männer sind Einzelgänger. Harte Schale, weicher Kern. Sie reden nur, wenn sie auch etwas zu sagen haben, aber was sie sagen, hat Hand und Fuß, hat Größe. Sie schwafeln nicht.

> 68er-Männer sind Einzelgänger. Harte Schale, weicher Kern. Sie reden nur, wenn sie auch etwas zu sagen haben, aber was sie sagen, hat Hand und Fuß, hat Größe. Sie schwafeln nicht.

Sie können zärtlich sein und auch mit bloßen Händen einen Autoreifen wechseln. Und das Beste daran ist: Sie wissen nicht, was daran so besonders sein soll.

»Hast du Lust, was Schönes zu unternehmen?«, versucht Martin mich aufzuheitern.

Ich nicke. »Ja. Gern. Open-Air-Kino, Grillen oder Biergarten wären schön … Scheiße. Ich glaub, ich hab 'ne Regendepression.«

Martin grinst. »Und genau deswegen gehen wir jetzt floaten.«

»Fluten?«, wiederhole ich. »Das passt.«

Martin lacht. »Nein, Marli, wir gehen floaten. Habe ich heute im Internet entdeckt. Da stand: Zum Wohlfühlen und Entspannen.« Ich bin nicht sonderlich überzeugt. »Heute ist Nacht der Lichter«, legt Martin nach. »Und es gibt für jeden ein Glas Sekt zur Begrüßung. Ich habe Handtücher, Bademäntel, Schwimmsachen und Massageöl schon eingepackt. Wir können direkt hinfahren.«

Ach, ich liebe diesen Mann.

Nach dem Umziehen in getrennten Kabinen betrete ich die Badelandschaft. Die Atmosphäre ist wirklich überwältigend schön: Die Räume sind in schummriges Licht getaucht und aus den Lautsprecherboxen erklingt Jazzmusik. Ich stehe etwas unschlüssig in der Gegend herum und warte auf Martin. An der Bar sitzen lauter junge schöne Menschen. In weiße Bademäntel gehüllt, nippen sie an ihren Sektgläsern und sehen einander tief in die Augen. So stelle ich mir einen Swingerclub mit Niveau vor. Ich frage mich, wie es diese Leute schaffen, sogar im Bademantel und ungeschminkt noch so gut auszusehen. Gemeinheit. Plötzlich fühle ich mich pummelig und unscheinbar.

Martin kommt freudestrahlend aus der Männerumkleide und nimmt mir meine Tasche ab. »Hallo Hübsche. Heißer Bikini. Ist der neu?« Ich sag es doch: Dieser Mann ist perfekt. Ich hatte noch nie einen Freund, dem ein neuer Bikini aufgefallen wäre, geschweige denn einen, der im richtigen Moment so ein Kompliment gemacht hätte. Bauch rein, Brust raus. Ich seh sogar *ohne* Bademantel gut aus.

Wir suchen uns zwei freie Liegen, die Martin ganz dicht aneinanderschiebt. »Sonst bist du zu weit weg«, antwortet er auf meinen fragenden Blick. »Willst du was trinken? Einen Sekt? Oder soll ich dich ein bisschen massieren?«

Ich schüttle den Kopf. »Lieber fluten. Was auch immer das ist.«

Martin nimmt mich an der Hand und führt mich zu einer schweren Tür, auf der »Bitte nicht sprechen!« steht. Ein weiteres Schild verweist darauf, dass man »Bitte duschen!« soll. Ich hasse Schilder mit Ausrufezeichen und vorher duschen auch. Aber Martin besteht darauf, dass wir die Vorschriften einhalten. Manchmal könnte ich seine guten Manieren echt verfluchen.

Frisch geduscht und frierend folge ich Martin durch die schwere Tür in einen dunklen Raum mit grauen Schieferfliesen am Boden und an den Wänden. In der Mitte befindet sich ein großes Becken, das aussieht, als wäre es direkt in den Stein geschlagen worden. Die einzige Lichtquelle sind hohe Bodenkerzen, die den Beckenrand säumen. Ich muss an *Eyes Wide Shut* denken und hoffe, dass kein Mensch geopfert wird. Wir lassen uns in das zu meiner Erleichterung sehr warme Wasser gleiten. Das Becken ist voll mit Menschen, die auf dem Rücken liegen und eine Gummirolle unter dem Nacken und eine zweite unter den Beinen haben. So liegen sie da und lassen sich im Wasser treiben.

Niemand spricht. Hier halten sich alle an die Regeln. Irgendwie ungewöhnlich für Berlin. Martin und ich machen es den anderen nach.

Die Gummirollen sind bequemer, als sie aussehen. Sie halten meinen Körper über Wasser und ich fühle mich federleicht. Nur meine Ohren sind unter der Oberfläche und lauschen dort klassischer Musik. Das ist faszinierend. Ich will Martin von meiner Unterwassermusik-Entdeckung erzählen und sehe mich im Halbdunkeln nach ihm um. Als er sichtlich entspannt mit geschlossenen Augen an mir vorbeifloatet, überkommt mich eine regelrechte Welle der Gefühle. Manchmal, wenn ich ihn ansehe, kann ich nicht glauben, wie sehr ich ihn liebe und fürchte, vor lauter Liebe gleich zu explodieren. Ich lege meine Gummirollen auf den Beckenrand, schwimme zu Martin und fange an, ihn vorsichtig am Bauch und an den Armen zu streicheln. Mit einem kurzen Blick überprüft er, ob ich es bin, die ihn so berührt. Zufrieden schließt er wieder seine Augen. Er lächelt.

So stehe ich eine Zeit lang neben ihm im Wasser, ziehe ihn sanft durch das Becken und streichle seinen Körper. Ich muss daran denken, wie meine Freundinnen und ich früher diese schmusenden Paare in Badelandschaften verflucht haben. Jetzt schaue ich auf Martins wunderschönen Körper, grinse ein bisschen und kann mein Glück mit diesem Mann kaum fassen. Meine Hand wandert ganz verliebt von seiner Brust über seinen Bauchnabel nach unten zu seiner Badehose. Ich fahre mit den Fingern über den nassen Badestoff, zeichne die Form seines Penis nach. Martin gibt einen zufriedenen Seufzer von sich. Ich sehe mich um: Nichts als floatende Menschen mit geschlossenen Augen, die Ohren unter Wasser. Also tauche ich meine Hand ins Wasser, schiebe sie von unten in Martins Shorts und massiere sanft seine Hoden. Martin greift nach ihr und führt sie von oben in seine Hose, zu seinem

> *Manchmal, wenn ich ihn ansehe, kann ich nicht glauben, wie sehr ich ihn liebe und fürchte, vor lauter Liebe gleich zu explodieren.*

harten Penis. Ich umschließe ihn, schiebe meine Hand von unten nach oben und wieder zurück. Er öffnet die Augen. Ich traue mich nicht weiterzumachen, nehme meine Hand wieder aus seiner Hose und küsse ihn auf den Mund. Martin küsst mich leidenschaftlich zurück und schlingt seine Arme um meine Hüften, wobei er von seiner Gummirolle rutscht. Er schiebt sie mir unter den Nacken und ehe ich mich's versehe, liege ich auf dem Rücken und Martin zieht mich durch das Becken, fängt an, mich zu streicheln. Zuerst am Bauch. Aber dort verweilt er nicht lange. Seine Hand sucht sich den kürzesten Weg zwischen meine Beine, als unter Wasser gerade der *Triumphmarsch* aus *Aida* erklingt. Ich liebe den *Triumphmarsch*, schließe die Augen und versuche zu verges-

> *Seine Hand sucht sich den kürzesten Weg zwischen meine Beine, als unter Wasser gerade der »Triumphmarsch« aus »Aida« erklingt.*

sen, dass außer uns bestimmt noch zwanzig andere Leute in diesem Becken schwimmen. Martin schiebt seine Hand in mein Höschen und legt seinen Zeigefinger ein Stückchen oberhalb meines Kitzlers ab. Dort massiert er mich mit kreisenden Bewegungen. Das mag ich. Und das weiß er.

Martin drückt etwas fester, wird schneller. Ich öffne die Augen, will ihm ein Zeichen geben, doch besser aufzuhören, aber ich kann nicht. Und warum sollte er auch aufhören? Es sieht immer noch danach aus, als würde uns hier niemand beachten. Zumindest kann ich nichts Derartiges aus meiner Floating-Position erkennen. Also mache ich die Augen wieder zu und lasse mich genüsslich von meinem Freund fingern. Dabei konzentriere ich mich darauf, auf keinen Fall zu stöhnen. Das ist gar nicht so einfach. Ich spüre, wie mein Kopf immer heißer und bestimmt knallrot wird. Als ich komme, erzittern meine Beine im Einklang mit dem *Triumphmarsch*. Ein ganz kleines Stöhnen kann ich dann doch nicht unterdrücken. Ich öffne erschrocken meine Augen. Martin grinst mich an: »Du bist so geil.« Ich kann mich über dieses Kompliment nicht so recht freuen. Denn ich schäme mich ein bisschen und habe das Gefühl, dass alle es mitbekommen haben. »Es hat niemand bemerkt«, antwortet Martin auf meinen verunsicherten Gesichtsausdruck und dirigiert mich zum Rand des Beckens. Er legt die Gummiteile beiseite und zieht mich auf seinen Schoß.

»Das war so unglaublich schön«, flüstere ich in sein Ohr.

»Du sahst auch so unglaublich schön dabei aus. Es macht mich so geil, wenn erst dein Mund ganz leicht zuckt und dann dein Gesicht anfängt zu zittern.« Ich sitze auf Martins Schoß. Als er seinen Penis fest zwischen meine Beine drückt, spüre ich, dass er noch immer eine Erektion hat. Ich küsse seinen Hals, seinen Mund.

»Darf ich ihn kurz reinstecken?«, flüstert er in mein Ohr. »Nur ganz kurz. Bitte!«

Ich schüttle den Kopf. »Geht nicht. Ich hab meine Tage.«

»Na, und?«, kontert Martin. »Gib ihn mir.«

»Was? Meinen Tampon?«, frage ich ungläubig.

Martin nickt. »Ja. Ich habe eine Hosentasche in meiner Badehose. Mit Reißverschluss!« Martin grinst und freut sich sichtlich, dass er klamottentechnisch so hervorragend ausgestattet ist. Ich hatte schon viele Freunde vor Martin. Manche waren verliebt in mich, andere sagten, sie liebten mich, wieder andere wollten einfach nur ein bisschen ficken, und ich wollte es auch. Doch eines hatten sie alle gemeinsam: Mit meinem benutzten Tampon wollte keiner von ihnen etwas zu tun haben.

»Marli, ist doch nur Blut. Nun mach schon!«, fordert mich Martin erneut auf. Ich blicke nach links und rechts und entdecke zwei Pärchen, die eindeutig und ausschließlich mit sich selbst beschäftigt sind. Ob sie es gerade machen? Ich fasse Mut, schiebe mit einem schnellen Griff meine Bikinihose zur Seite, ziehe an meinem Tamponfaden und drücke Martin das benutzte Stück unter Wasser in seine Hand. Er lässt es sofort in seiner Hosentasche verschwinden.

Ich wusste gar nicht, dass es auch Badehosen mit Eingriff gibt, und bin mehr als überrascht, als Martin ganz plötzlich seinen

Schwanz in mich reinsteckt. Bisher dachte ich immer, im Wasser Sex zu haben, bringe mir nichts. Ich habe es schon oft in der Badewanne, unter der Dusche und auch mal nachts im See versucht. Nichts, keine Reibung, kein Empfinden, kein Orgasmus. Hier und jetzt ist aber alles anders. Martin bewegt sich kaum. Ich sitze einfach nur auf seinem Schoß, seinen Schtwanz in mir drin. Um uns herum lassen sich Menschen im Wasser treiben oder flüstern miteinander am Beckenrand. Ich drücke mein Gesicht an Martins Hals, damit niemand meinen Gesichtsausdruck sehen kann, der mich umgehend verraten würde. Bis mir klar wird, dass diese Position viel auffälliger ist, als meinem Freund verliebt in die Augen zu sehen. Deswegen schaue ich Martin nun direkt ins Gesicht und merke, dass auch er große Mühe hat, sich seine Erregung nicht anmerken zu lassen. Er umfasst meine Hüfte und schiebt mich ganz langsam nach oben und wieder nach unten. Dabei sieht er wie ein völlig anderer Mensch aus. Seine Lust macht ihn todernst. Seine Geilheit überwältigt ihn. Und das zu sehen, überwältigt mich.

»Langsam«, sage ich ganz leise.

»Geht nicht«, antworten Martins Lippen ebenso tonlos.

Er schiebt mich auf und ab und spätestens jetzt können alle sehen, dass wir es miteinander treiben. Gleich wird es so weit sein, dass uns ein beflissener Bademeister diskret, aber vehement aus dem Becken bittet und uns bestenfalls lebenslängliches Hausverbot erteilt, oder schlimmstenfalls wegen Erregung öffentlichen Ärgernisses anzeigt. Mir ist das jetzt aber alles egal, und Martin auch. Ohne dass einer von uns beiden einen Ton von sich gibt, kommen wir zum Höhepunkt. Dabei sehen wir einander zu.

Ich sinke auf Martin zusammen. »Ich liebe dich«, flüstern wir einander in die Ohren. Er zieht seinen Schwanz aus mir raus und

Er umfasst meine Hüfte und schiebt mich ganz langsam nach oben und wieder nach unten. Dabei sieht er wie ein völlig anderer Mensch aus. Seine Lust macht ihn todernst.

rückt mein Höschen zurecht. Danach schwimmen wir, was das Zeug hält, auf die andere Seite, steigen aus dem Becken und verlassen den Bitte-nicht-sprechen-Raum. Ich gehe freiwillig duschen. Kalt.

Danach greift Martin in seine Hosentasche und streckt mir seine Faust entgegen. »Brauchst du den noch?«, fragt er. Ein Mann mit Manieren weiß eben, wann er diese auch mal zu vergessen hat.

MIA KOWALTZKI

Rohes Gemüse

Nadja (25), Praktikantin, Hamburg,
über
Hendrik (36), Chefredakteur, Hamburg

»Ich ließ meine Hände über seinen Bauch
wandern, bis zu seinem Schritt, wo ich eine
erhebliche Wölbung spürte. Ich packte zu
und er stöhnte leise auf. Ich bemerkte,
dass er langsamer die Tomaten schnitt.«

Die Türen der U-Bahn schlossen sich und ich stand auf dem Bahnsteig einer Haltestelle, an der ich noch nie zuvor ausgestiegen war.

»Du musst links die Treppe rauf, durch den Tunnel, dann die Straße am Park entlanggehen, bis links die Fliederbuschstraße kommt, Nummer 38!« Das hatte er mir vor ein paar Stunden am Telefon gesagt. Und ich hatte gehofft, ich würde mich nicht verlaufen. Es war schon dunkel und nur noch wenige Menschen waren unterwegs. Ich war sehr aufgeregt und kam mir vor, als wäre ich gerade in einer fremden Stadt. Außerdem hatte ich Angst, jemandem von der Arbeit zu begegnen. Seit ein paar Tagen hatte ich etwas mit meinem Chef.

Vor drei Wochen hatte ich als Praktikantin in der Redaktion einer kleinen Zeitschrift angefangen. Schon beim Bewerbungsgespräch hatte es heftig zwischen dem Chefredakteur und mir geknistert. Ich weiß noch, wie unangenehm mir das gewesen war, da noch eine andere Redakteurin mit im Gespräch gesessen hatte. Aber als ich dann genau von dieser Redakteurin einen Tag später den Anruf erhalten hatte, dass ich die Stelle hatte, dachte ich, dass ich mir seine Blicke vielleicht nur eingebildet hatte. Sie waren stechend, aber warm gewesen, wie bei einem Schäferhund.

Und nun sah er mich Tag für Tag auf diese Weise an. Da es eine kleine Redaktion war, arbeiteten alle eng zusammen. Obwohl ich die Praktikantin war, hatten mich alle von Anfang an ebenbürtig behandelt. Nur Hendrik, der Chefredakteur, war besonders aufmerksam und freundlich gewesen. Ich hatte ständig das Gefühl gehabt, dass er mich gern anfassen wollte. Und auch ich hatte ihn berühren und küssen wollen und nach zwei Wochen in der Redaktion hatte ich an nichts anderes mehr denken können.

Glücklicherweise war dann endlich die Gelegenheit gekommen, Zeit mit ihm allein zu verbringen. Am letzten Freitag hatte er mich mit auf einen Pressetermin nach Berlin genommen. Als wir zu zweit in seinem Auto gesessen hatten, war ich erst etwas angespannt gewesen, doch dann hatte sich die Stimmung allmählich gelockert.

Wir hatten den ganzen Tag sehr viel miteinander gelacht und auf der Rückfahrt hatte er mich plötzlich schmunzelnd angesehen und gefragt, ob wir nach der Arbeit etwas trinken gehen wollten.

»Heute!?«, hatte ich gefragt.

»Äh, ja, warum nicht gleich heut Abend?«, hatte er gesagt und gegrinst.

Als wir am späten Nachmittag wieder bei den anderen in der Redaktion gesessen hatten, war mir aufgefallen, dass wir gar keine Uhrzeit verabredet hatten. Ich war mir dann etwas bescheuert vorgekommen, als ich um sieben noch hinter meinem Rechner gesessen und darauf gewartet hatte, dass die anderen Kollegen Feierabend machten. Bereits mehrmals hatte ich versucht, Blickkontakt mit Hendrik aufzunehmen, aber er war immer beschäftigt gewesen. Ich hatte mich aber auch nicht getraut, zu ihm zu gehen und ihn vor allen anderen zu fragen, wann wir denn jetzt etwas trinken gehen würden. Als ich schon kurz davor gewesen war, nach Hause zu gehen, war eine neue Mail in meinem Posteingang aufgetaucht. Von Hendrik. Mir war ganz heiß geworden und ich hatte zu ihm rübergesehen, aber er hatte nur konzentriert auf seinen Bildschirm gestarrt. Dann hatte ich die Mail geöffnet: »Hey Nadja, können wir unser Date auf morgen Abend verschieben? Muss leider noch länger arbeiten. Ich ruf dich morgen Nachmittag an. Freu mich, bis dann. P.S.: Du siehst gut aus …« Mein Herz hatte wie wild zu klopfen begonnen und mein Kopf war bestimmt knallrot geworden.

Als ich vor ihm stand, nahm er mein Gesicht in beide Hände und küsste mich. Seine Hände waren leicht feucht, er war wohl noch beim Kochen.

»P.S.: Du siehst gut aus …« Jetzt hatte er es ausgesprochen. Er fand mich heiß und er wollte mich sogar am Wochenende treffen. Ich hatte dann noch eine Weile vor meinem Rechner rumgesessen, da ich nicht den Eindruck hatte erwecken wollen, dass ich nur noch in der Redaktion geblieben war, weil ich auf ein Zeichen von ihm gewartet hatte. Irgendwann, als auch die letzte Kollegin angefangen hatte, ihre Sachen zu packen, hatte auch ich schnell meine Tasche geschnappt und war gegangen. Ich hatte kurz zu seinem Platz rübergeschaut. Er hatte immer noch konzentriert auf seinen Bildschirm gestarrt.

Am folgenden Tag hatte er mich, wie angekündigt, nachmittags angerufen und wir hatten uns abends in einer Bar getroffen. Seit Freitagabend war ich in einem Zustand der Dauererregung gewesen, sodass ich nach nur einem Glas Wein ziemlich betrunken gewesen war. Ich hatte es einfach nicht glauben können, dass ich einen ganzen Abend lang seine Blicke ganz für mich allein hatte. Er zog mich auf unbeschreibliche Art und Weise an. Es hatte mich wahnsinnig gemacht, wenn sich unsere Hände zufällig berührten, und als er dann seinen Arm um mich gelegt hatte, als wir die Bar verlassen hatten, hatte ich mein Glück kaum fassen können.

Nun, eine Woche später, stand ich auf diesem Bahngleis und sollte zum ersten Mal zu ihm nach Hause gehen. Wie er wohl lebte? Er war immerhin schon 36 und als Chefredakteur verdiente er bestimmt nicht schlecht. Dagegen war ich die Praktikantin, die noch in einer WG wohnte. Ich lief los, dem Weg folgend, den er mir beschrieben hatte, und ließ die Ereignisse der letzten Woche Revue passieren: Nachdem wir am Samstag die Bar verlassen hatten, waren wir noch eine Weile Arm in Arm durch die Gegend gelaufen, bis er gemeint hatte, dass er mich nach Hause bringen würde. Als wir bei mir vor der Tür gestanden hatten, war ich mir wie ein Teenager vorgekommen, der auf den ersten Kuss wartet. Ich hatte ihn gerade fragen wollen, ob er noch mit raufkommen wollte, als er mich leicht an sich gezogen, mich erst auf die Stirn geküsst, mir dann tief in die Augen gesehen und mich schließlich sanft auf den Mund geküsst hatte. Ich hatte mich kaum zusammenreißen können. Dieser Moment, von dem ich drei Wochen lang geträumt hatte, war Realität geworden und ich hatte mit meiner Hand seinen Hals umfasst und ihn küssend näher an mich gezogen. Wir hatten bestimmt eine halbe Stunde küssend vor meiner Tür gestanden, bis er gesagt hatte, dass er nach Hause müsse, da er morgen früh auf die Hochzeit seines besten Freundes fahren müsse. Ich hatte ihn verträumt angesehen und gefragt, wann wir uns wiedersehen würden.

»Vielleicht komm ich morgen Abend nach der Feier bei dir vorbei!?«, hatte er gesagt und gegrinst. Er war dann nicht nur Sonntagabend bei mir gewesen, sondern auch fast an jedem anderen Tag der darauffolgenden Woche. Während der Arbeit hatten wir uns nichts anmerken lassen. Meistens hatte ich viel früher Feierabend gemacht als er, irgendwann später hatte er dann aber immer vor meiner Tür gestanden. Eigentlich hatten wir die ganze Zeit in meinem Bett gelegen und miteinander geschlafen, geschmust, geredet und gelacht. Morgens war er dann erst zu sich nach Hause gefahren, ich war gleich in die Redaktion gefahren. Da wir meistens die Nacht über nicht viel geschlafen hatten, waren wir beide etwas zerschlagen auf der Arbeit gewesen. Er hatte mir öfter mal zugelächelt und ich hatte den Anbruch des Abends kaum erwarten können.

»Samstagabend koche ich bei mir zu Hause für dich!«, hatte er mir dann während der Arbeit per Mail geschrieben und ich war erleichtert gewesen, dass wir auch mal an einem anderen Ort als in meinem Bett miteinander Zeit verbringen würden.

Nun stand ich vor einem senffarbenen Altbau in einer ruhigen Straße und drückte seine Klingel. Er öffnete die Tür, ich ging langsam rein und die Treppen hoch. Mein neuer Slip, den ich mir extra für den heutigen Abend gekauft hatte, zwickte etwas beim Treppensteigen, aber als ich Hendrik dann im zweiten Stock im Türrahmen stehen sah, war mir das egal. Er trug eine dunkelblaue Schürze und sah umwerfend aus. Als ich vor ihm stand, nahm er mein Gesicht in beide Hände und küsste mich. Seine Hände waren leicht feucht, er war wohl noch beim Kochen. Ich musste grinsen.

»Schön, dass du da bist«, sagte er und zog mich an der Hand in seine Wohnung rein. »Zieh dich aus, schau dich um, ich bin gleich wieder bei dir!«

Er küsste mich erneut auf den Mund, lächelte und verschwand in einem Raum, der wahrscheinlich die Küche war. Der Flur, in dem ich stand, war hell und geräumig, mit einigen wenigen gerahmten Bildern an den Wänden. Ich zog meine Jacke aus, hängte sie an der Garderobe auf und ging in das erste Zimmer. Es war das Wohnzimmer. Ein großes schwarzes Ledersofa und ein Fernseher standen darin, ein Kronleuchter hing von der Decke und an der einen Wand war ein Eisbärkopf befestigt, höchstwahrscheinlich unecht. Ich musste lachen. Vom Wohnzimmer aus konnte man durch eine geöffnete Schiebetür ins Esszimmer gehen, in dem sich neben einem großen Tisch auch eine Arbeitsecke mit Schreibtisch und Bücherregalen befand. Es war alles sehr schlicht, aber gemütlich eingerichtet. Ich ging zurück in den Flur und in die Richtung, in die Hendrik verschwunden war. Er stand in der Küche mit dem Rücken zu mir und schnitt gerade etwas auf einem Brett.

Ich presste mich von hinten an ihn. Meine Brüste drückten gegen seinen warmen Rücken, prompt bekam ich steife Brustwarzen.

»Wie gefällt dir meine Wohnung?«, fragte er mich, als er mich bemerkte.

»Ich fühl mich sehr wohl hier«, antwortete ich, ging auf ihn zu und umfasste seine Hüften von hinten. Er drehte lächelnd seinen Kopf zu mir und küsste mich auf die Nase. Dann drehte er sich wieder um und schnitt weiter die Tomaten. Ich presste mich von hinten an ihn. Meine Brüste drückten gegen seinen warmen Rücken, prompt bekam ich steife Brustwarzen. Ich ließ meine Hände über seinen Bauch wandern, bis zu seinem Schritt, wo ich eine erhebliche Wölbung spürte. Ich packte zu und er stöhnte leise auf. Ich bemerkte, dass er langsamer die Tomaten schnitt und fing an, die Knöpfe seiner Jeans zu öffnen. Nachdem sie alle offen waren, ließ ich meine Hände wieder über seinen Bauch nach oben gleiten, um sie beim nächsten Runterfahren in seine Unterhose zu schieben. Sein Glied war hart und warm. Seine Hände ruhten längst untätig auf dem Brett und er hatte genüsslich die Augen geschlossen. Mit einer schnellen Bewegung zog ich ihm die Jeans samt der Unterhose bis zu den Füßen herunter. Sein steifes Glied schnellte hervor. Da ich gerade auf der Höhe seiner Knie war, beschloss ich, dort zu bleiben. Ich schob mich mit dem Gesicht von unten an seine Hoden und fing an, sie zu lecken. Er stöhnte leise auf und krallte sich an der Küchenzeile fest. Ich leckte seinen Damm und knabberte leicht an seinen Eiern. Bis er leise sagte: »Ich halt das nicht mehr aus.«

Ich spürte seine Hand, er drehte sich um, bückte sich leicht zu mir runter, zog mich an meinen Schultern nach oben, packte mich an der Taille und hob mich hoch. Ich musste kurz quieken, da ich sehr kitzelig bin. Ehe ich mich versah, hatte Hendrik mich mit dem Rücken auf den Küchentisch gelegt. Er sah mich erregt an und fing an, meine Brüste mit beiden Händen zu kneten. Ich hatte ein schwarzes, knielanges Kleid mit Ausschnitt an, über welches er jetzt schnell und fest strich. Seine Hände wanderten in Richtung meiner Beine und er fing an, durch das Kleid und den Slip hindurch meinen Kitzler zu massieren. Ich wurde sofort feucht und begann, schwer zu atmen. Er sah mich immer noch an, schob die untere Hälfte des Kleides bis zu meinem Bauchnabel hoch und zog mir den Slip aus. Ich schloss die Augen und erschrak kurz, als Hendrik meine Hüften packte und meinen Po mit einem Ruck bis an den Rand des Küchentisches zog. Er drückte sanft gegen meine Oberschenkel und ich winkelte meine Knie etwas an.

Schließlich spürte ich etwas Nasses, Weiches an meiner Möse. Er fing an, mich wie wild zu lecken. Mit so einer Intensität hatte er es noch nie getan. Zwischendurch biss er sogar leicht zu oder saugte sich mit seinen Lippen an meinen Schamlippen fest. Ich hatte das Gefühl auszulaufen, so gut machte er das. Er bekam mit, dass ich unglaublich nass wurde, und hörte plötzlich auf. Er hob seinen Kopf und sah mich durch meine Beine an. Er grinste und fragte: »Hast du Lust auf Gemüse?«

Ich war irritiert. Wollte er jetzt mittendrin aufhören und essen? Ich antwortete nicht und sah ihn fragend an. Er richtete sich ruckartig auf und ging hastig rüber zur Spüle. Ich konnte hören, wie er den Wasserhahn betätigte, aber bevor ich meinen Kopf heben und drehen konnte, kehrte er auch schon wieder zurück und stellte sich zwischen meine Beine. Mit seiner einen Hand versteckte er irgendetwas hinter seinem Rücken. Mit der anderen Hand fing er an, meinen Kitzler zu streicheln. Ich war erst mal wieder beruhigt. Er wollte also nicht essen.

»Mmh!«, stöhnte ich auf, als er einen Finger in meine Möse steckte und ihn gleich darauf wieder aus mir herauszog. Dann holte er seine andere Hand hinter seinem Rücken hervor und hielt eine Gurke hoch. Er sah mich verschmitzt an und fragte: »Darf ich sie reinstecken?«

> Mit seiner einen Hand versteckte er irgendetwas hinter seinem Rücken. Mit der anderen Hand fing er an, meinen Kitzler zu streicheln.

Ich nickte etwas perplex und sah zu, wie er deutlich erregt zwischen meine Beine starrte. Mit seiner freien Hand schob er jetzt meine angewinkelten Beine zusammen und hielt sie fest. Ich sah jetzt nur noch meine zusammengepressten Oberschenkel und schloss die Augen. Etwas Kaltes berührte meine feuchte Möse und ich spürte, wie Hendrik die Gurkenspitze zwischen meinem Kitzler und der Scheidenöffnung auf und ab wandern ließ. Das fühlte sich gut an.

Schließlich machte die Gurkenspitze an meiner Scheidenöffnung halt und ich merkte, wie er das Teil langsam in mich reindrückte. Hendrik fing an, schwer zu atmen, der Anblick schien ihn extrem zu erregen. Gerade als ich mir anfing vorzustellen, wie die Gurke in meiner Möse wohl aussah, drückte Hendrik sie noch tiefer in mich rein und ich musste laut aufstöhnen. Sie war kalt, fühlt sich aber geil an. Mit immer schnelleren Bewegungen drückte Hendrik die Gurke in mich rein und zog sie wieder heraus. Mittlerweile atmeten wir beide schwer. Beim letzten Stoß hatte ich das Gefühl, dass fast die ganze Gurke in mir war. Hendrik hielt kurz inne und zog sie dann extrem langsam aus mir heraus.

»Warte kurz«, sagte er und ging mit der Gurke erneut zur Spüle. Ich hörte wieder das Wasser laufen und fragte mich, ob er sie jetzt erneut abwusch. Doch als er zurückkam, hatte er nicht mehr die

Gurke in der Hand, sondern eine recht große Karotte. Ich musste grinsen. Diesmal ließ ich meine Beine ausgestreckt und stützte mich auf meine Ellenbogen auf. Jetzt wollte auch ich was sehen. Hendrik fing wieder langsam an, meinen Kitzler und meine Schamlippen mit der Karottenspitze zu massieren. Abwechselnd sahen wir uns in die Augen und auf meine Möse. Ich sah, wie die Karotte nun langsam Richtung Scheidenöffnung wanderte, und schloss die Augen. Als sie in mich eindrang, spürte ich, dass sie viel härter und geriffelter war als die Gurke, und sie war dünner und nicht so kalt. Ich öffnete die Augen und Hendrik sah mich an. Ihm schien zu gefallen, dass ich jetzt auch zusah, wie er die Karotte in mich reinsteckte. Ich blickte an mir runter und sah, wie er mit immer schnelleren Stößen die Karotte in mich reinschob. Mir gefiel es, dass er verfolgte, wie die Karotte in meiner Öffnung verschwand. Ich fing an, lauter zu atmen, schloss meine Augen und ließ meinen Kopf in den Nacken fallen.

Doch auf einmal war die Karotte nicht mehr in mir drin und ich hörte, wie Hendrik eine Schublade aufmachte. Ich öffnete die Augen und sah, wie er hastig ein Kondom aus einer Packung befreite. Mein Blick glitt runter zu seinem Schritt. Sein Schwanz stand lang und steif von seinem Körper ab. Er zog sich das Gummi über und kam zurück zu mir. Er stand da mit seinem steifen Schwanz in der Hand und wir blickten einander tief in die Augen. Ich wollte ihn in mir spüren. Ich spreizte meine Beine noch etwas weiter und glitt mit meinen Händen über meine Brüste bis zu meiner Möse. Mit meinen Fingern zog ich meine Schamlippen auseinander und sagte, meinen Blick fest auf ihn gerichtet: »Fick mich!«

Seine Augen blitzten kurz auf und sogleich führte er seinen Schwanz in mich ein. Ich stöhnte erleichtert auf und schloss die Augen. Er hielt sich nun mit beiden Händen an meinen Oberschenkeln fest und fing an, mich mit kurzen Stößen zu ficken.

Mein Stöhnen wurde immer lauter und er fickte mich immer härter, sodass ich mich mit beiden Händen am Küchentisch festhalten musste. Als er das sah, beugte er sich nach vorn, legte meine

Hände über meinem Kopf zusammen und hielt sie dort mit einer Hand fest. Seinen anderen Arm hakte er unter mein angewinkeltes Bein. Sein Gesicht war jetzt ganz nah an meinem, wir atmeten beide schwer und fingen an, wild zu züngeln. Ich stöhnte in seinen Mund und er wurde immer schneller.

Sein Oberkörper entfernte sich wieder und er drückte noch etwas stärker auf meine Arme. Von seinen heftigen Stößen wackelten meine Brüste und ich fühlte mich ausgeliefert, was mich sehr erregte. Sein Kopf wurde immer röter und er ließ meine Arme los, zog seinen Schwanz aus mir raus, richtete sich auf und zog mit einem Ruck mein Gesäß bis leicht über die Tischkante. Ich schwebte jetzt halb in der Luft und seine Hände umfassten meine Pobacken jetzt von unten. Ich schloss meine Beine und winkelte sie stark an, sodass es leichter für Hendrik war, mich zu halten. Langsam drückte er seinen Schwanz wieder in meine Möse und diesmal stöhnte er laut auf. Er ging sofort in schnelle, harte Stöße über und ich wollte immer mehr.

Angenehme Wellen der Erleichterung schwappten durch meinen Körper. Ich ließ meinen Kopf zur Seite fallen und hörte mein Herz klopfen.

»Ja, mach weiter so …«, hechelte ich und spürte, wie er dadurch noch ein wenig wilder wurde. Dann hörte ich auf zu stöhnen, denn ich merkte, dass ich gleich kommen würde. Noch ein oder zwei Stöße in dieser Intensität, dachte ich. Hendrik nahm mein kurzes Schweigen zum Anlass, mich mit langen, noch stärkeren Stößen zu penetrieren. Ich musste vor Lust so laut aufschreien wie noch nie und als er dann wieder zu schnellen, kurzen Bewegungen überging, fing meine Möse an, wie wild zu zucken. Angenehme Wellen der Erleichterung schwappten durch meinen Körper. Ich ließ meinen Kopf zur Seite fallen und hörte mein Herz klopfen. Kurz darauf stieß Hendrik ein letztes Mal tief in meine triefende und noch immer zitternde Möse, ließ seinen Oberkörper auf mich herunter sinken und legte seinen Kopf auf meiner Brust ab. Sein Körper war nass und heiß.

Wir lagen noch ziemlich lange so auf dem Küchentisch. Bis mein Bauch auf einmal ein lautes Knurren von sich gab. Er hob seinen Kopf, sah mich grinsend an und fragte: »Lust auf Gemüse?« Wir mussten beide lachen.

Anton, der Vampir

Judith (30), Archäologie-Doktorandin, Bochum,
über
Anton (28), Diplom-Ökonom, Bochum

- - - - - - - - - - - -

»Er hob meine Finger hoch und führte sie an
seine Lippen. Ich hielt die Luft an. Etwas in mir
hatte erwartet, dass er sie zärtlich küssen würde,
doch stattdessen leckte er den Honig ab.«

- - - - - - - - - - - -

Er ist ein französischer Arsch«, sagte Bea und umfasste beschwörend den Kristall mit der ganzen Hand, der an einem Lederbändchen um ihren Hals baumelte. »Immer wenn ich mich mit ihm verabreden will, wechselt er geschickt das Thema. Dabei ist er so süß! Und er ist ein Vampir!« Bea liebte Esoterik. Ihre Vampirleidenschaft war mir allerdings neu.

»Hast du Beweise?«

»Nein? Die brauche ich auch gar nicht.«

»Hm, na dann wohl in dubio pro reo«, antwortete ich lässig. An dieser Stelle sei zu erwähnen, dass ich nicht Juristin bin, sondern Archäologin. Und Archäologen lieben alles, was tot ist, also auch tote Sprachen.

»Dein Latein-Gequatsche beeindruckt höchstens die Leute aus deinem Einführungs-Seminar«, konterte Bea. »Er ist ein Vampir! Ich weiß es!«, beharrte sie. »Er ist ganz blass und er heißt Anton!«

»Er kann kein Vampir sein, er ist doch schon Franzose«, kicherte ich. Bea strafte mich mit einem ungnädigen Blick. Ich fuhr fort: »Aber wenn er Anton heißt, wie kann er dann eigentlich aus Frankreich kommen? Hieße er dann nicht Antoine oder so ähnlich?«

»Das ist es ja!« Beas Stimme verebbte zu einem Flüstern. »Seine Eltern kommen aus Russland!«

»Na, den Typen solltest du mir unbedingt mal zeigen.«

»Klar doch«, erwiderte Bea. »Du wirst schon sehen.«

Die Gelegenheit kam zwei Tage später, als Bea und ich uns zum Mittag in der Cafeteria trafen.

»Da ist Anton«, flüsterte sie. »Komm, wir gehen mal hin.«

»Wo?«

»Na, da!« Sie zeigte auf einen dunkelhaarigen Typen, der an einem Tisch über einem Stapel Blätter saß und gleichzeitig in einem Kaffeebecher herumrührte.

»Er kann kein Vampir sein«, sagte ich altklug. »Er trinkt normale Sachen.«

»Judith!«

»Stimmt doch!«

»Komm einfach hinter mir her und benimm dich unauffällig!«, sagte Bea und marschierte direkt auf ihn zu.

»Hi, Anton!«, hauchte sie.

»Hi!«, hörte ich eine männliche Stimme antworten.

»Meine beste Freundin Judith«, stellte Bea mich vor.

»Hallo, Freundin von Bea«, sagte er ohne erkennbaren Akzent.

»Hi«, sagte ich, erst dann sah ich ihn direkt an und guckte sogleich wieder weg. Oh nein, oh nein, oh nein, protestierte mein Kopf und mein Herz raste. Er war sexy, verdammt! Ich hörte Bea irgendetwas erzählen und kichern und seine ruhige, dunkle Stimme, die antwortete. Unauffällig drehte ich den Kopf wieder in seine Richtung. Ich hatte mich vertan, sein Haar war nicht dunkel, es war schwarz. So schwarz, wie ich es noch nie gesehen hatte. Es gibt ja diese Tönungen, Schwarz mit Blau oder Blau mit Schwarz, was auch immer, aber die Farbe hier, die war echt! Und sein Haar war nicht stumpf, es glänzte wie ein Spiegel, nicht fettig, sondern eher wie poliert. Seine Haut war hell und fürchterlich makellos. Er hätte ein Verwandter der Schneekönigin sein können. Die Augen waren dunkelblau, groß und aufmerksam und er sah weder wie ein Franzose noch wie ein Russe aus. Und plötzlich verstand ich Bea, wie sie sich mit ihrer überbordenden Fantasie alles Mögliche für ihn ausgedacht hatte. Womit wir wieder beim Thema waren: Er gehörte ihr, denn sie hatte ihn zuerst gesehen. Ich schaute demonstrativ auf meine Uhr, um meinen Abgang vorzubereiten.

»Tut mir leid, ich muss los … noch etwas vorbereiten!« Entschlossen verpasste ich Bea ein kurzes Abschiedsküsschen und nickte ihm kurz zu. »Man sieht sich!« Bloß weg von hier, er sah einfach viel zu gut aus.

Am nächsten Abend regnete es in Strömen. Zum Glück hatte ich am Morgen einen Parkplatz direkt an der Straße bekommen. Als ich nach Feierabend wieder in meinem Uralt-Pkw saß, wollte der partout nicht anspringen. Genervt sprang ich aus dem Auto, nur um Sekunden später total nass zu sein und nicht mal die Motorhaube aufbekommen zu haben. Plötzlich hielt etwa auf meiner Höhe ein schwarzer Wagen. Ich drehte mich unwillig herum und rechnete schon mit einem dummen Spruch, als das Fenster geöffnet wurde. Ich hatte mit vielem gerechnet, aber ganz bestimmt nicht mit Anton.

»Brauchst du Hilfe?«, fragte er und seine schwarzen Haare hingen in feuchten Strähnen in sein Gesicht. Offensichtlich war ich nicht als Einzige vom Regen geküsst worden. Er sah ein wenig nass aus, aber es stand ihm.

»Das Auto will nicht ...«, sagte ich matt und tropfend.

»Aha.« Anton öffnete die Tür und stieg unbekümmert aus. Eine Windböe ergriff sein T-Shirt und drückte es fest an seinen Oberkörper. Die schwarzen Haare fielen ihm erneut ins Gesicht und er musste beide Hände benutzen, um sie zu bändigen. Ich vergaß mein Auto und guckte ihm angetan zu.

Irgendwie fühlte ich mich, als hätte der Teufel persönlich mir gerade einen Deal angeboten und meine Hormone hätten unterschrieben.

»Kennst du dich denn mit Autos aus?«, fragte ich hoffnungsvoll.

»Nein, eher nicht.«

»Aber warum ...«, begann ich.

»Soll ich dich nach Hause fahren und du kümmerst dich morgen im Hellen darum?«, unterbrach er mich.

»Also ich ...«, murmelte ich ausweichend, weil ich überfordert war.

»Nicht?«

Was sollte ich denn Bea erzählen? Würde sie mir glauben, dass er einfach so aus dem Nichts aufgetaucht war?

Ich erschrak mich selbst, als ich mich plötzlich »Doch gern« sagen hörte. Irgendwie fühlte ich mich, als hätte der Teufel persönlich mir gerade einen Deal angeboten und meine Hormone hätten unterschrieben. Vor meiner Haustür bot ich ihm an, sich ein bisschen bei mir abzutrocknen und noch einen Tee mit mir zu trinken. Er war sofort einverstanden. In meiner Wohnung besorgte ich ihm ein Handtuch. Ich selbst zog mir schnell ein trockenes Shirt an, rubbelte kurz meine Haare trocken und begab mich dann in meine klitzekleine Küche. Anton folgte mir, nachdem er sein Handtuch im Bad abgelegt hatte.

»Ein heißer Tee ist doch etwas Herrliches«, sagte ich und kam mir im gleichen Moment vor wie meine Oma. »Also, ich meine, wenn man so nass geworden ist. Da braucht man etwas, das von innen wärmt!« Mist, das war immer noch nicht besser.

»Ich trinke viel Tee«, sagte Anton, während ich das kochende Wasser auf zwei Becher verteilte.

»Magst du so eine Fruchtmischung da?«

»Gern!« Er griff wie selbstverständlich nach der bunten Packung vor ihm im Regal und verteilte die Teebeutel.

»Und wie wäre es mit Honig? Honig im Tee! Ich liebe Honig!«, plapperte ich und zog wie zum Beweis die klebrige Masse an einem kleinen Löffel in die Luft. Was redete ich denn da für einen Unsinn? Anton lächelte nur entspannt.

»Super Idee«, pflichtete er mir bei. Wir strahlten einander an und das nicht nur wegen meiner verwegenen Idee mit dem Honig.

Dann spürte ich, wie etwas auf meine Hand tropfte. Ich hatte den Löffel geistesabwesend nach links geschwenkt und nun hatten wir die Bescherung.

»Oh«, sagte ich. »Wie ungeschickt«, und wollte schon achtlos nach der Küchenrolle greifen, als ich seine Hand an meiner fühlte. Er hob meine Finger hoch und führte sie an seine Lippen. Ich hielt die Luft an. Etwas in mir hatte erwartet, dass er sie zärtlich küssen würde, doch stattdessen leckte er den Honig ab.

»Lecker«, sagte er und ließ meine Hand nicht los.

»Ach, wirklich«, pflaumte ich, unromantisch wie immer.

Fast als wollte er mich dafür bestrafen, leckte er erneut über meinen immer noch klebrigen Handrücken. Ich sah ihm dabei zu und fühlte ein Prickeln am ganzen Körper. Ein Königreich für eine gute Idee! Was sollte ich nur machen? Er würde meine Hand wieder loslassen und wir würden zum Tee übergehen. Es sei denn, ich hielt die Spannung. Also führte ich den Löffel zu meinem Arm und ließ ein paar Tropfen darauf fallen.

»Ups«, flüsterte ich und klimperte mit den Wimpern. Er lächelte nur, zog mich näher an sich heran und leckte auch diese Tropfen ab. Irgendwie schaffte ich es, den Löffel erneut in den Honig zu tunken und tropfte munter weiter: meinen Arm hoch, dann einen Klacks an meinen Hals. Weiter traute ich mich nicht. Bis hierher war es vielleicht noch ein Flirt. Der nächste logische Schritt waren meine Lippen, doch ich zögerte.

Anton tauchte seinen Zeigefinger deshalb nun selbst in das Honigglas, verstrich die süße Masse auf meinem Mund und küsste mich dann. Mir blieb nicht anderes übrig, als ihn zurückzuküssen. Er schmeckte wie erwartet nach Honig. Unsere Lippen klebten und schmatzende Geräusche erklangen, während unsere Zungen sich umeinanderwanden. Ich fand es fabelhaft. Als wir uns voneinander lösten, sah Anton mich fragend an.

> *Anton tauchte seinen Zeigefinger nun in das Honigglas, verstrich die süße Masse auf meinem Mund und küsste mich dann.*

»Mehr«, flüsterte ich, dann griff ich nach dem Honigglas. »Komm mit.« Er folgte mir in mein Schlafzimmer, wo ich, kaum dass ich das Glas abgestellt hatte, begann, ihn auszuziehen.

»Warte, bitte …«, sagte er und griff nach meiner Hand. Ich hielt überrascht inne. »Ich gehe bald weg«, sagte er. »In zwei Monaten schon bin ich in Russland. Wollen wir wirklich … ich meine, ist das okay für dich? Ich finde dich sehr anziehend, aber du sollst nicht traurig sein. Ich will, dass du es weißt. Wir müssen nicht …«, stammelte er.

»Doch, müssen wir«, sagte ich. »Und außerdem bin ich sowieso nicht der anhängliche Typ.«

»Als wir uns in der Cafeteria das erste Mal gesehen haben, warst so abweisend, das hat mir gefallen«, flüsterte Anton. »Ich habe mir vorgestellt, wie du vor mir nackt auf diesem Tisch liegst und ich dich lecke, bis du ganz laut stöhnst.« Diesen unglaublichen Satz garnierte er mit einem unschuldigen Blick aus seinen großen blauen Augen.

»Lass es uns endlich tun«, murmelte ich, als ich wieder sprechen konnte, und dann beendete ich, was ich begonnen hatte. Komplett nackt ließ sich Anton kurz darauf auf mein Bett fallen und ich übersäte ihn mit Honigtropfen an den verschiedensten Stellen. Dann leckte ich sie ausgiebig ab. Anton hatte die Augen geschlossen und gab hin und wieder kleine Geräusche der Verzückung von sich. Ich hatte auch meinen Spaß, denn erstens roch er sehr gut, zweitens hatte er eine schlanke und doch sportliche Figur und drittens mochte ich Honig. Als er sich zur Seite drehte, klebte er an meiner Bettwäsche fest. Wir lachten.

»Das ist unfair«, flüsterte er.

»Was ist unfair?«

»Du hast immer noch so viel an.«

»Oh … stimmt.« Ich hatte mich selbst in meiner Begeisterung für Anton komplett vergessen.

»Ich übernehme das«, sagte er und richtete sich auf. Im Gegensatz zu mir ließ Anton sich Zeit. Jede Stelle Haut, die er entblößte, bedachte er mit Küssen. Ich genoss es, während ich durch seine seidigen Haare strich. Eigentlich war ich eher der direkte, leidenschaftliche Typ, doch Anton schaffte es, mich mit seiner zärtlichen Art komplett einzunehmen, sodass ich ihn weitermachen ließ, ohne mich selbst aktiv zu beteiligen. Dann griff er nach dem Honigglas. Er tauchte wieder den Finger hinein und tippte meine Brustwarzen damit an. Der Honig lief an meiner Haut herunter und hinterließ eine goldglänzende Linie, die Anton dann hingebungsvoll ableckte.

Ich hätte nie gedacht, dass mich jemand körperlich so anziehen könnte. Und jetzt wollte ich auch nicht mehr warten. Ich schaffte es, mich kurz von ihm zu lösen, um ein Kondom aus dem Nachttisch zu holen. Als ich mich wieder zu ihm umdrehte, küsste Anton mich leidenschaftlich und nahm mir dabei das Kondom aus der Hand. Ich wartete ungeduldig und setzte mich dann langsam auf ihn. Das Gefühl, ihn so tief in mir drin zu spüren, war herrlich. Ich wollte mehr, ich wollte nicht mehr aufhören, obwohl wir noch nicht mal richtig angefangen hatten. Wieder tauchte ich einen Finger in den Honig und küsste ihn. Wir klebten beide schon ziemlich, doch in diesem Moment war es uns egal.

Anton und ich taten es über eine Stunde. Wie die Verhungerten rieben wir unsere Körper aneinander, küssten uns und leckten Honig von der Haut des anderen. Wir hatten mittlerweile ein paar Mal die Stellung gewechselt, nun lag ich auf dem Bauch und er auf mir drauf. Ich zeigte ihm, wo er die Hand hinlegen musste, damit ich auch kommen konnte, was dazu führte, dass ich sogar noch vor ihm kam. Ich hörte ihn an meinem Ohr atmen, wie sein rasendes Herz an meinen Rücken hämmerte, und ich genoss es, zu spüren, wie auch er zum Höhepunkt kam. Völlig erschöpft blieb er auf mir liegen, während er mit seiner rechten Hand durch meine Haare fuhr. Dann küsste er mich aufs Ohr und rollte sich von mir herunter. Ich drehte mich zu ihm um.

»Duschen?«, fragte ich und zog mir meine verklebten Haare aus dem Gesicht.

»Duschen!«, antwortete er und dann lachten wir beide.

Nachdem wir wieder einigermaßen sauber waren, verkrochen wir uns wieder im Bett und schliefen irgendwann Arm in Arm ein. Am nächsten Morgen nahm Anton mich mit zur Uni, während ich mir von meinem Vater Kfz-technische Ratschläge übers Handy geben ließ.

> Ich hörte ihn an meinem Ohr atmen, wie sein rasendes Herz an meinen Rücken hämmerte, und ich genoss es, zu spüren, wie auch er zum Höhepunkt kam.

Nachmittags in der Cafeteria rannten Bea und ich ausgerechnet in Anton rein, beziehungsweise er rannte in uns rein. Es war unendlich peinlich. Anton war zu Bea übertrieben höflich, ich fühlte mich wie eine stumme Beobachterin eines heraufziehenden Gewitters. Zuerst schnallte meine beste Freundin gar nichts. Dann sah sie kurz zu mir. Bevor ich meine Mimik in den Griff bekommen konnte, hatte sie den Blick, mit dem ich Anton bedacht hatte, eingefangen. Ihr Kopf schnellte zu ihm herum und sie sah sein Unbehagen und die aufgesetzte Höflichkeit. Und dass er ebenfalls ziemlich strahlte ... und zwar in meine Richtung.

»Ihr beide?«, flüsterte sie und ihre Stimme zerbrach in ein Schluchzen.

»Bea ...«, begann ich.

»Lass mich!«, schluchzte sie. »Ihr seid beide Arschgeigen!« Mit diesen Worten rannte sie heulend aus der Cafeteria. Anton und ich blieben zurück und sahen einander betroffen an.

Die Geschichte ist jetzt fast drei Jahre her. Bea hat mir zum Glück verziehen, nachdem sie sich eingestehen musste, dass Anton von Anfang an nichts von ihr gewollt hatte und deshalb auch immer ihre Date-Vorschläge abgelehnt hatte. Sie ist seit zwei Jahren glücklich mit einem Religionswissenschaftler liiert, der so wie sie gern Schwarz trägt und hüftlange Haare hat. Ich arbeite immer noch am archäologischen Institut und meine Doktorarbeit ist auch immer noch nicht fertig. Anton und ich hatten eine prickelnde Mischung aus Affäre und Beziehung, bis er zwei Monate später mit seinem Abschluss in der Tasche Deutschland den Rücken kehrte und nach Russland zog.

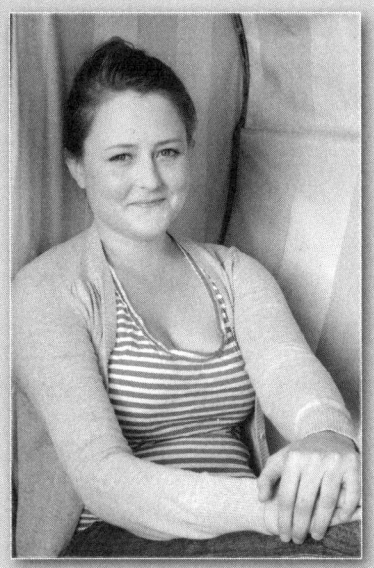

Schmerz

Sophie (21), Germanistikstudentin, Heidelberg,
über
Sven (23), Medizinstudent, Heidelberg

- - - - - - - - - - - -

»Unsere Zungen spielten miteinander,
umkreisten einander, leckten einander ab.
Die Unterseite seiner Zunge war viel weicher
und glatter, die Oberseite schmeckte besser.
Nach Anis irgendwie.«

- - - - - - - - - - - -

Die Stille zwischen uns zieht sich hin. Eine unangenehme Stille, schneidend, kalt, verwirrend. Alles kommt mir plötzlich so falsch vor. Stille. Kein Wort. Kein Geräusch. Nicht mal der Kühlschrank brummt. Ich sitze am Küchentisch, zupfe an meiner Nagelhaut und betrachte meine Fingernägel, nur um ihn nicht anzusehen. Ich sollte mich mal wieder einer Maniküre unterziehen.

Stille, keine Ruhe. Nur Stille. Es wurde ohnehin schon zu viel gesagt. Dinge, die man nicht zurücknehmen kann. Dinge, die verletzen. Knarrend schiebt er den Stuhl zurück. Der reibt über den Holzfußboden. Die Dielen in meiner Wohnung kosten mich monatlich vierzig Euro mehr. Sie sind es wert.

Kalte Stille. Er steht auf, zieht seinen Pullover am Saum zurecht. Greift sich dahin, wo normalerweise sein Schlips hängt, greift in die Luft, zieht seinen Kragen an die richtige Stelle.

Mir ist so kalt. Ich sehe seine Bewegungen aus den Augenwinkeln, schaue nicht auf. Fingernägel. Nagelhaut. Perverse hat er mich genannt. Kranke.

»Ich muss hier raus«, zerreißt er die Stille. »Du widerst mich an.« Dann nimmt er seine Jacke vom Stuhl und legt sie sich über den Arm. Er bleibt noch einen Augenblick stehen, sieht mich an.

Ich sehe nicht auf, genieße die zurückgekehrte Stille, betrachte meine Hände. Dann dreht er sich um, geht zur Tür, geht aus meinem Leben. Ich weiß nicht, was ich fühlen soll. Irgendwas, nur nicht diese Kälte.

Ich hab ihn auf einer Feier kennengelernt. Er hat mir gesagt, dass ich hübsch aussehe, ich hätte so tolle grüne Augen. Später hat er mir weisgemacht, dass andere Männer für den Anblick meiner Brüste morden würden.

Perverse. Still. So kalt.

Ich ziehe den Saum meiner Ärmel über meine Hände und puste heißen Atem in meine gewölbten Handflächen. Meine Hände sind warm, sie schwitzen. Das Gefühl kommt von innen. Ich ziehe die Schultern hoch, um mich vor der Kälte zu schützen, die von innen meine Zellen vereist. Es beginnt in meinem Bauch, in meinem Magen.

Perverse.

Gestern haben wir noch zusammen gekocht. Ich habe gekocht. Er hat mir fachmännisch über die Schulter gesehen, wie er es nennt. Als er eine Flasche Prosecco aus meinem Kühlschrank holen wollte, hat er meine Gefrierfachtür abgebrochen. Ich weiß nicht wie. Die Flasche hat in der Tür gestanden. Er sagte: »Ich und Technik« und zwinkerte mir zu.

Als wir mit essen fertig waren, sah ich die Bescherung. Die Kühlung hatte die Tür vereist, meine Butter eingefroren. Ich musste den Kühlschrank abschalten. Er behauptete, das sei schon immer so gewesen. Er mag es nicht, wenn ich ihn necke oder mich über ihn lustig mache. Meistens kann er aber über sich selbst lachen. »Ich kenne keinen Menschen, der sich weniger ernst nimmt als du …«, sagt er mir immer, wenn er mich wegen irgendwas aufzieht und ich mitlache. Am liebsten, wenn ich als Einzige mal wieder einen Witz nicht verstehe. Er selbst reagiert manchmal beleidigt, macht mich verantwortlich, wenn er mal langsamer als ich ist. Am nächsten Tag macht er dafür dann aber immer den Abwasch und kauft mir Blumen. Versteckte Entschuldigungen. Ich verstehe das.

Die Stille fängt an, laut zu werden. Sie kreischt mich an. Ich zwinge mich aufzustehen, um mich in mein Bett zu legen, wo ich schlafen kann. Ich bin plötzlich so unsäglich erschöpft. Auch innerlich.

Mit meiner Jeans und meinem Pullover gleite ich zwischen die sommerlich kühlen Laken und frösteie bis in meine Seele hinein.Ich habe ihn so geliebt. Liebe ihn. Mein letzter Blick fällt auf meinen Wecker. Halb elf vormittags. Ich schlafe ein.

Als ich erwache, fühle ich mich verkatert. Und alles prasselt auf mich ein, seine Worte, seine Gesten, seine Mimik. Alles auf einmal. Ich bin nicht in der Lage, das alles zu verstehen. Wortfetzen. Gemeinheiten. Schmerzen. Überall und nirgends.

Er hatte sich in meine Wohnung geschlichen, als ich in der Uni war, um bei mir im Internet nach einer neuen Kühlschranktür zu suchen. Auf meinem Rechner fand er einige meiner Geschichten.

Kurzgeschichten, die ich im Internet, mal erfolgreich, mal nicht erfolgreich, veröffentlicht habe. Einige sind gefühlvoller, andere eher erotisch, manche verdorben. Danach ist er im Internet auf die Suche gegangen und ist in einem Forum fündig geworden. Mein Passwort war gespeichert. Er las meine Geschichten, las die Kommentare, die Bewertungen. Danach setzte er sich in die Küche, um dort auf mich zu warten.

So fand ich ihn. Er sah mich an, als widere ihn schon meine bloße Anwesenheit an. Dann sagte er: »Du schreibst also für einen Haufen Perverser, wenn du mal ekelhaft sein willst?«

Ich starrte ihn an, während er erklärte, wie er meine geschmacklosen Geschichten gefunden hatte, was er dabei empfunden hatte, als er gelesen hatte, dass ich auf Vergewaltigungen, BDSM und Gruppensex stehe.

Auf der Feier, als er den wohl dämlichsten Anmachspruch der Welt gerissen hat, hab ich mich in ihn verliebt.

Realität und Fiktion. Er begreift den Unterschied nicht. Er versteht nicht, dass ich manchmal einfach Dinge schreibe, die nichts mit meinem Leben zu tun haben. Nur mit meiner Fantasie, nur mit meinem Kopf, mit meinen Empfindungen.

Er nannte mich Perverse. Ekelerregende, geschmacklose, widerliche, ekelhafte, kranke Perverse. Vielleicht bin ich das, denke ich und ziehe meine Decke fester um mich. Sonnenschein fällt in mein Zimmer. Mir ist so kalt.

Eine Frau sollte nicht öfter Sex wollen als ein Mann. Das ist unnatürlich. Jeder kennt den Migränewitz. Warum ist das nur bei mir nicht so? Ich brauche Sex.

Es geht nicht darum, dass ich jedes Mal einen Orgasmus bekomme, es geht eher um das Gefühl, wenn er tief in mir ist. Es ist ein gutes Gefühl, so ausgefüllt zu sein, so nah an meinem Partner, um meinen Partner, meine Liebe. Ich fühle mich dann geborgen. Geborgener als bei jeder Umarmung, denn die kann einem ja auch ein Freund schenken. Vielleicht hatte ich deshalb bisher nur einen

One-Night-Stand. Es hat mir kein gutes Gefühl gegeben, obwohl ich einen Orgasmus hatte.

Ich sehe die Strahlen der Sonne, die sich auf mein Laken ergießen, und finde das grotesk. Die Sonne sollte nicht scheinen, wenn ich solche Schmerzen habe. Körperliche Qualen, seelische. Ich kann nicht weinen, obwohl der Schmerz meine Brust, meine Lunge, meine Speiseröhre, meinen Magen, meine Glieder, meine Haarwurzeln, meinen Kopf, meine Haut, alles an mir, in mir, um mich wie eine schneidende Klinge auftrennt.

Ich liebe ihn so. So sehr. Seine ganzen Ticks, dass er den Halter an jedem Kugelscheiber abbricht, seine Macken, dass er das Licht anmacht, wenn er auf seine beleuchtete Digitaluhr auf dem Nachtschrank sehen will, seine Spießeranzüge mit den Schlipsen, die er immer trägt, wenn er zur Uni geht, seinen Sarkasmus, sein Lächeln, das immer zuerst in seinen Augen aufblitzt, seine Angeberei über seinen anspruchsvollen Studiengang, sein Gehabe vor seinen Freunden, seinen stockenden Atem, wenn er einen »dämlichen Liebesfilm« sieht. Ich liebe es, wenn er mir morgens im Bad, während er sich rasiert, unter schweren Augenlidern einen glühenden Blick zuwirft und danach auf meinen Arsch haut, nur um zu wissen, dass dieses Klatschen ihm gehört. Ich liebe es, dass er darauf besteht, dass meine Oberteile meinen Bauch bedecken und er mich nicht aus dem Haus lässt, wenn sie es nicht tun. Ich liebe es, wenn er mit mir *Scrubs* im Fernsehen sieht und dabei ständig »Die Krankheit gibt's gar nicht« in mein Ohr flüstert, nur um zu beweisen, dass er in seinem dritten Semester schon ein echt genialer Arzt ist. Ich liebe es, dass er im Schlaf meine Brüste sucht und in tiefen Schlummer fällt, wenn er sie gefunden hat. Ja, ich liebe ihn. Er ist mein Mr Right. Ich wusste es schon bei unserer ersten Begegnung. Auf der Feier, als er den wohl dämlichsten Anmachspruch der Welt gerissen hat, hab ich mich in ihn verliebt.

»Ich will wieder gehen«, quengelte ich damals und zupfte an der Hose meiner Freundin.

Sie ging einen Schritt zur Seite und rückte ihre Jeans wieder zurecht. »Nur noch kurz, bitte. Mein Gott, das sind alles angehende Ärzte. Einer davon ist vielleicht der Vater meiner ungeborenen Kinder. Die haben später massenhaft Geld, um mich arbeitslose Sau zu versorgen.«

Ich lachte herzlich. Egal, wie sehr Isabel es versuchte, sie war einfach nicht berechnend. Sie glaubte noch mehr an die große Liebe als ich. Dennoch spielte sie gern die kalte, gemeine, männermordende Schlampe. In Wahrheit war sie ein Engel. Und ein intelligenter noch dazu. Sie war um einiges jünger als ich, hatte das Abitur schon mit sechzehn bestanden und war wie ich im ersten Semester. Germanistik. Eine brotlose Kunst.

Ich schob meinen Pulloverärmel an meinem Handgelenk hinauf, um auf meine Armbanduhr zu sehen. Ich hatte sie vor drei Jahren bei einem Familienurlaub in der Türkei gekauft. Man kann vieles sagen, aber diese Uhr war die beste, die ich jemals hatte. »Wie lange denn noch?«

Sie zog eine Schnute und sah mich bittend an. »Ein Stündchen?«

»Ein halbes«, sagte ich gnädig und zog meinen Pullover wieder zurecht. Ich hatte mich nicht aufgebrezelt wie sie, trug einfach meine Unisachen, denn eigentlich hatte ich zu Hause bleiben wollen, bis Isabel in meine Wohnung gestürmt war und »Party!« gekreischt hatte, in der Hand eine Flasche Prosecco.

Und nun war ich hier, auf einer Medizinerparty. Ich, als Ahnungslose zwischen Intelligenzbestien und Verrückten.

Ein Zahnmedizinstudent hatte mich bis zu diesem Zeitpunkt des Abends am meisten verwirrt. Er hatte die ganze Zeit mit meinem Mund geredet. Mit meinem Mund. Hatte ihn angestarrt, als könnten meine Zähne ihm sagen, ob ich noch vorhätte, mit ihm ins Bett zu gehen. Ob ich die Richtige für ihn wäre. Ich finde Männer komisch, die nicht mit meinen Brüsten reden. Ich habe ein ziemlich großes C-, fast D-Körbchen, mein einziges herausstechendes Merkmal. Und ich trage diese Riesenbrüste bestimmt nicht mit mir herum, damit Männer mit meinem Mund reden.

Irgendwie sollen sich die Probleme beim Shoppen und mit meinem Rücken doch lohnen.

Ein Typ kam auf uns zu, in der Hand eine Flasche Bier, ein selig betrunkenes Lächeln auf dem Gesicht. »Hi hi hi! Wen haben wir denn da?«

»Zwei angewiderte Frauen?«, wollte ich gerade antworten, als Isabel mir in die Seite stieß und ihr Haar zurückwarf. Aha, der Typ gefiel ihr also.

»Hi, ich bin Isabel«, trällerte sie auch schon und lächelte ihr Tausend-Watt-Lächeln.

Ich ging einen winzig kleinen Schritt zurück, um mich aus der Blendrichtung zu schieben, als auch schon ein zweiter Typ seine Hand in den Nacken von Typ 1 legte und ihn leicht schüttelte.

»Na, wen hast du jetzt schon wieder aufgerissen, Bruno?«, fragte Typ 2 Typ 1. Ich versuchte mich unsichtbar zu machen und wich langsam zurück. Bevor Typ 1 – Bruno – antworten konnte, fuhr Typ 2 auch schon fort: »Wer von euch beiden Hübschen will denn heute Nacht noch von mir gevögelt werden? Ein einmaliges Angebot!«, setzte er zwinkernd hinzu.

»Ich«, murmelte ich mit einem Augenrollen.

Er sah mich einen Moment völlig verdattert an, senkte den Blick, starrte auf meine Brüste. Er zögerte noch einen Augenblick, dann hob er vollkommen überrascht den Kopf. »Echt jetzt?«

Ich sah in seine strahlend blauen, vom Alkohol leicht glasigen Augen und verliebte mich augenblicklich in diesen süßen Trottel.

> »Wer von euch beiden Hübschen will denn heute Nacht noch von mir gevögelt werden? Ein einmaliges Angebot!«, setzte er zwinkernd hinzu.

Es wird dunkel und das erste Mal, seit ich von zu Hause weg bin, fühle ich mich einsam. Einsam, verlassen, allein. Stille in der Wohnung. Sie füllt jeden Winkel. Nicht mal die Klospülung tropft. Nicht mal der Kühlschrank brummt.

In den ersten Wochen nach meinem Umzug war noch alles so aufregend und neu, sodass ich die Einsamkeit in meiner Wohnung nicht wahrnehmen konnte. Das Bett roch besser als bei meinen Eltern, die Küche nach meinem ersten Essen, mein erster eigener Einkauf füllte Schränke und den Kühlschrank, das Fernsehprogramm war interessanter, die Leute an der Uni waren alle so nett und zuvorkommend, die Stadt war so rauschend und voll.

Und dann trat er auch schon in mein Leben. Der Sex mit ihm war eine Offenbarung. Sehr fantasiereich, abwechslungsreich, ehrlich und meistens ein bisschen dreckig. Ziemlich dreckig sogar. Ich hatte mit ihm zum ersten Mal Oralsex und Analsex. Beides in einer Nacht.

> Der Sex mit ihm war eine Offenbarung. Sehr fantasiereich, abwechslungsreich, ehrlich und meistens ein bisschen dreckig.

Am nächsten Morgen hatten wir in einem Café gefrühstückt, weil wir mal wieder vergessen hatten, dass Menschen auch essen müssen. Mitten im Brötchenkauen hatte er angefangen, lächerlich blasiert zu grinsen.

»Was ist?«, hatte ich ihn übernächtigt gefragt und Marmelade auf mein Croissant geschmiert.

»Du wirst ständig rot, als würdest du an die letzte Nacht denken. Und das ziemlich häufig.«

»Gar nicht wahr!«, hatte ich protestiert und war bis in die Haarwurzeln rot geworden.

Er hatte nur gelacht und sich weit über den Tisch gebeugt, damit nur ich ihn verstehen konnte: »Denkst du dabei eher an die Geräusche, die es machte, als mein Schwanz in deinen Knackarsch eingedrungen ist, oder eher an den Geschmack meines Schwanzes in deinem Mund?«

Er hatte noch mal gelacht, als ich mit dem leeren Metallpöttchen, in dem meine Marmelade gewesen war, nach ihm geworfen hatte. Doch dann hatte ich zum verbalen Gegenschlag ausgeholt und ihm zugeflüstert: »Eigentlich denke ich eher an das Gefühl deines

Schwanzes in meinem Arsch.« Zufrieden hatte ich bemerkt, dass er sich verschluckte.

Ich schrecke aus meinen Erinnerungen hoch. Liege im Bett. Draußen ist es nun ganz dunkel. Der Tag überstanden. Die Nacht noch nicht. Ich liege einsam da und wieder umspült mich diese unsägliche Stille. Ich richte mich auf, suche erfolgreich meine Fernbedienung und mache den Fernseher an. Eine Anrufshow. Ich drehe mich zur Seite und versuche zu weinen. Es geht nicht. Es geht einfach nicht. Wahrscheinlich ist mein Körper einfach nicht in der Lage, nach so einer langen, glücklichen Zeit auf den Schmerz angemessen zu reagieren. Sich durch die Tränen Erleichterung zu verschaffen. Perverse nannte er mich.

»Rufen Sie jetzt an! 500 Euro warten auf Sie …« Der Klang von Jürgens Stimme macht mich noch wahnsinniger als die Stille. Ich schalte den Fernseher wieder aus. Dann setze ich mich mit schmerzenden Gliedern auf. Ich fühle mich, als hätte ich die Grippe. Am Fuß meines Bettes liegt mein Laptop. Er hat ihn wahrscheinlich angewidert dorthin geworfen. Ich ziehe den PC zu mir, lese meine Geschichten und versuche zu begreifen, warum er so ablehnend reagiert hat. Sie sind gut geschrieben, viel Gefühl, viel Erregung, viel Vorgeschichte, viel Handlung und nicht perverser als die Dinge, die er mit mir gemacht hat, wie ich finde. Gut, einige Protagonisten nennen sich »Fickstück« und »perverses Schwein«, andere schlagen die Frauen, andere haben Dreier. Aber es ist Fiktion, Fantasie, nicht mehr. Nein, nicht mehr.

Bevor ich aus dem Internet gehe, sehe ich automatisch in meinem Postfach nach. Er hat mir eine Mail geschrieben. Kein Betreff. Nur drei Punkte füllen das Feld. Wahrscheinlich neue Beleidigungen. Ich stelle seine E-Mail-Adresse unter »Spamverdacht« ein, verschiebe seine Mail ungelesen in diesen Ordner. Logge mich dann aus und lege den Laptop beiseite.

Am nächsten Morgen sehe ich zu, wie die Sonne die Dächer vor meinem Fenster rötlich färbt. Irgendwann stehe ich auf, dusche mich mechanisch, aber gründlich, mache mir Frühstück. Schließlich sitze ich da und starre in meine Müslischüssel. Ich kann nicht essen. Steine füllen meinen Magen bis zu meiner Kehle. Schwere, spitze, kantige Steine. Das Müsli kippe ich in die Toilette. Wir knutschten auf seinem Sofa herum. Unsere Zungen spielten miteinander, umkreisten einander, leckten einander ab. Die Unterseite seiner Zunge war viel weicher und glatter, die Oberseite schmeckte besser. Nach Anis irgendwie.

Seine Hände lagen auf meinem Rücken und er dachte wohl, ich bekam nicht mit, dass er meinen BH-Verschluss suchte. Doch ich bekam das mit und lächelte. Der Verschluss saß zwischen meinen Brüsten. Er nahm seine Zunge aus meinem Mund und gab mir einige hastige Küsse auf die Lippen, bevor er mich wieder mit seiner Zunge verwöhnte. Eindeutig Anis.

Seine Finger tasteten meinen Rücken ab, auf der Suche nach dem Verschluss, landeten irgendwann an meinem Hintern. Vielleicht suchte er auch gar nicht mehr, sondern fühlte nur. So wie ich die Haut auf seinem Bauch fühlte, die feinen, weichen, etwas krausen Härchen auf seiner Brust, um seine Brustwarzen. Ich folgte der Linie, die von seinem Bauchnabel nach unten wanderte. Er schnappte nach Luft. Ich löste mich leicht von ihm und zog mein Oberteil über den Kopf. Sein Blick war wie immer glasig, als er meine Oberweite sah. Seine Finger glitten über die Spitze am oberen Rand der Schalen, bevor er den Verschluss fand.

In seinen Augen leuchtete ein Aha. Er schloss sie kurz, atmete tief durch. »Wir wollten doch eigentlich … lernen?«

Ich machte meinen besten Schmollmund, schob meine Brust raus. »Och, bitte nicht«, bettelte ich und ließ dann meine beste rauchige, verführerische Stimme erklingen: »Du darfst dir auch was wünschen.«

Er lächelte, geil, den Blick auf meinen Brüsten. »Drei Wünsche, kleine Dschinni?«

»Zwei«, pokerte ich.

Sein Blick hob sich zu meinem Gesicht, sein Lächeln wurde noch lüsterner. »Egal was?«

Oh, ich merkte schon, das wurde dreckig. Und wenn's dreckig wurde, wurde es immer richtig gut. »Egal was.«

»Oralsex und Analsex!«, entschlüpfte es auch schon seinem Mund. Seine Ohren wurden leicht rot.

Ich atmete tief durch und sah ihn verunsichert an. »Aber Oralsex zuerst ...«

Im selben Moment war er nackt. Ich musste lachen, als er mich mit seinem wippenden Steifen in sein Schlafzimmer führte, um mich dort in rasender Geschwindigkeit zu entkleiden. Dann setzte er sich aufs Bett, winkte mich zu sich. Ich legte mich zu ihm und wir knutschten wieder. Er wollte mir die Nervosität nehmen und ich liebte ihn dafür noch ein kleines bisschen mehr. Er massierte meine Brüste, meine Brustwarzen, spielte mit ihnen, drückte sie, zog leicht an ihnen. Legte seine Hände an meine Brust und hob sie an seinen Mund, um sie zu küssen. Endlich sein heißer Mund auf meinen festen Brustwarzen. Er saugte, knabberte, biss, leckte.

Ich stöhnte und wand mich unter ihm, versuchte so viele Stellen wie möglich von ihm mit meinen Lippen, meiner Zunge zu erreichen. Meine Hände huschten über seine Haut, sein Fleisch. Meine Fingernägel gruben sich leicht in seine Schultern.

Er stöhnte erregt und gepeinigt, drückte mit dem Knie meine Schenkel auseinander, um sich Platz für seine Hand zu verschaffen. Seine Finger glitten über meinen Bauch, tauchten kurz in meinen Bauchnabel ein, zogen Kreise auf meinem Unterbauch, auf meiner haarlosen Scham, verschwanden zwischen meinen Schamlippen.

Sein Finger huschte an meiner Klitoris vorbei und tauchte in meine feuchte Öffnung. Er rutschte an meinem Körper nach unten, spreizte meine Beine weiter und legte sie sich auf seine Schultern.

Ich sah an mir herunter, versuchte mir vorzustellen, was er sah. Meine nackten, schimmernden Schamlippen, meine glitzernde Öffnung, meine glänzende Klitoris. Alles für ihn sichtbar. Keine Geheimnisse, keine Verstecke. Nur seine Augen und meine Vulva, feucht und bereit für ihn.

»So schön …«, hauchte er und senkte seinen Kopf. Seine Lippen küssten zuerst meine Schamlippen, dann wühlte er sich tiefer, bis seine Zunge leicht in mich eindringen konnte. Ich erschauderte bei der direkten Berührung, zuckte regelrecht zusammen, als er tiefer eindrang.

»Mhm…«, kam von ihm und ich verlor meine Scham.

Meine Finger gruben sich in sein Haar, meine Fingernägel kratzten über seine Kopfhaut, als seine Zungenspitze über meinen Kitzler glitt. Ich stöhnte auf, hob mein Becken, um seinen Berührungen entgegenzukommen.

Ich konnte seinen Kopf zwischen meinen Beinen sehen, ab und zu blitzte seine Zunge auf. Mein Herz pochte bei jeder Berührung, bei jedem Drücken, schneller, lauter, heftiger. Ich hörte sein zärtliches Murmeln, fühlte seinen Atem an meinen intimsten Stellen. Ich keuchte erregt, heiß, konnte das Schaukeln meiner Hüfte nicht verhindern.

Er presste mich zurück in die Laken, leckte weiter, tauchte ein, nahm meinen Saft und verteilte ihn überall, schmeckte mich, genoss mich. Meine Vagina zog sich zusammen. Ich biss die Zähne zusammen, meine Zehen verkrampften, meine Oberschenkel flatterten und dann … kam ich.

Ich hörte mein Schreien, es hallte in meinem Kopf nach, während sich mein ganzer Körper, mein Innerstes verkrampfte, zuckte, sich wand, pulsierte. Ich hörte sein plötzliches Stöhnen, sein Keuchen, das ich von den Momenten kannte, in denen er sich in mir ergoss. Er stöhnte immer sehr laut, als wollte er allen zeigen, was er getan hatte. Dass er seinen Samen verspritzte. Ich liebte es.

Ich kam langsam wieder zu Atem, streckte mich träge und sah vor mir sein rotes Gesicht. Er küsste mich, schob seine Zunge in meinen Mund. Ich schmeckte mich selbst. Es war komisch. Anders. Nicht wie Lakritz. Ganz und gar nicht wie Lakritz, obwohl er es immer behauptete. Aber nicht ekelhaft.

Ich schlang die Arme um ihn. Er lächelte ein bisschen gequält.

»Was ist?«, murmelte ich und küsste ihn noch einmal.

Er küsste meine Stirn. »Ich hab ins Laken gespritzt. Es war einfach zu geil.«

Ich kicherte ein wenig hirnlos. »Ja, das war es.« Ich richtete mich auf, schubste ihn auf den Rücken. »Mal sehen, ob mir das auch passiert.«

Er lachte ein wenig atemlos und sah mir mit leuchtenden Augen zu, wie ich mich zwischen seine Beine kniete und

> Ich hörte mein Schreien, es hallte in meinem Kopf nach, während sich mein ganzer Körper, mein Innerstes verkrampfte, zuckte, sich wand, pulsierte.

seinen nun relativ schlaffen Schwanz in die Hand nahm. »Bereit?«, fragte ich und küsste auch schon die Spitze. Ich umkreiste mit der Zunge seine Eichel und schmeckte sein Ejakulat. Es war herb, salzig und etwas streng, aber in Ordnung. Hinten in meinem Mund schmeckte ich sogar eine seltsam fruchtige Note.

Ich zog seine Vorhaut zurück, um den Geschmack darunter zu entdecken. Das kleine Bändchen, das Vorhaut und Eichel verbindet, fühlte sich seltsam auf meiner Zunge an. Ich knabberte ein bisschen daran herum.

Dann leckte ich in großen Kreisen an seiner Penisspitze, schließlich in kleineren, bis meine Zunge um die kleine Vertiefung seiner Eichel flatterte. Ich presste meine Zunge hinein. Er stöhnte tief. Ich drückte ein wenig fester, bis er zusammenzuckte, und nahm dann die Spitze in den Mund. Ich saugte vorsichtig, dann etwas fester. Saugte seinen Schwanz ein Stück in mich hinein, noch ein Stückchen. Noch ein bisschen.

Er griff in mein Haar, massierte meine Kopfhaut, zog gedankenverloren einige Haarsträhnen heraus und legte sie sich auf seinen Unterbauch. Breitete sie fächerförmig aus, ließ nur ein Loch, damit er mich beobachten konnte. Und ich ihn.

Er keuchte, als ich seinen Schwanz tiefer in meinen Mund schob. Ein ganzes Stück. Einen Moment hatte ich Probleme beim Atmen, doch dann dachte ich an meine Zahnarztübungen und atmete durch die Nase.

»Tiefer … bitte?«, ächzte er mit ziemlich hoher Stimme.

Was meinte er denn, was ich vorhatte? Sein Schwanz berührte mein Rachenbändchen und ich war gezwungen, ihn ein wenig nach unten zu drücken, damit er in meine Speiseröhre flutschte. Dann senkte ich meinen Kopf. Atmete durch. Saugte heftiger. Atmete durch. Saugte das letzte Stück seines Penis ein, verschluckte ihn förmlich.

»Oh Gott!«, brummte er laut und ließ von meinen Haaren ab, um seine Finger im Laken zu vergraben.

Die Macht gefiel mir. Die Macht, solch eine Lust auszulösen. Die Liebe, die ich dabei empfand, ihn so hilflos zu sehen.

Ich ließ seinen Schwanz wieder aus meinem Mund gleiten, um ihn dann erneut einzusaugen. Ließ ihn gehen, nahm ihn auf. Saugte ihn ein, presste ihn heraus.

»Stopp!«, brüllte er, sein ganzer Körper war schweißüberströmt, seine Muskeln zusammengezogen und bretthart. Er vibrierte auf dem Laken. Ein schöner Anblick.

Ich ließ meinen Mund ganz langsam und eng an seinem Schwanz hochgleiten, als ich mich wieder von ihm löste. Denn ich wusste, was er jetzt wollte. Meinen Arsch.

Er hob meinen Kopf. »Ein anderes Mal darfst du das gerne – sehr gerne – zu Ende bringen, aber jetzt will ich was anderes«, keuchte er.

Er hob mich leicht an und ließ mich mit dem Bauch nach unten auf die Matratze neben sich gleiten. Er griff nach zwei Kissen und legte sie unter meinen Bauch, sodass sich mein Hintern nach oben streckte. Dann kniete er sich hinter mich. »Bequem?«

»Hm«, machte ich und zuckte nervös zusammen, als er seinen Schwanz gegen meinen Arsch presste.

»Sch… schon gut … ich hole nur …«

Er beugte sich nur halb über mich, um an sein Nachtschränkchen zu kommen und sein Massageöl hervorzuholen. Der Deckel öffnete sich knackend und gleich darauf fühlte ich einige Tröpfchen auf meinem Rücken, meiner Wirbelsäule, meinen Schulterblättern, meinem Steißbein, meinem Arsch, der Rille zwischen den Poba-cken. Auch sein Schwanz bekam ein paar Tropfen ab.

Dann schloss sich die Flasche wieder knackend und ich hörte seine Wichsbewegungen, bevor er sich wieder halb über mich beug-te und das Öl auf meinen Schultern verrieb, einknetete, massierte. Ich entspannte mich wieder. Er knetete, massierte und rieb weiter. Meinen Rücken, meine Taille, meinen Nacken, meine Seiten, meine Arme, langsam wieder hinunter. Die Muskeln neben meiner Wir-belsäule. Langsam bis zu meinem Arsch. Er massierte das Öl auch dort ein, kräftige Bewegungen.

Schließlich fuhr sein Daumen durch meine Arschritze, hin-unter, hinauf. Hinunter bis zu meinem Anus. Wärme breitete

Das Gefühl war heiß, geil, erregend, unangenehm, scharf. Alles gleichzeitig, zu viel, zu wenig.

sich in meinem Unterleib aus. Bei der nächsten Berührung meines Polochs schoss Lust durch meine Adern. Diesmal drückte er leicht dagegen, fuhr dann wieder hinauf. Immer wieder, rauf, runter, ein leichtes Drücken, das sich steigerte. Ich entspannte mich völlig und bei der nächsten Berührung fühlte ich unvermittelt, wie sich sein Daumen in meinen Hintern zwängte. Er blieb dort, schob sich weiter hinein. Noch ein Stückchen. Das Gefühl war heiß, geil, er-regend, unangenehm, scharf. Alles gleichzeitig, zu viel, zu wenig.

Er nahm seinen Finger von mir und ich stöhnte protestierend, nur um gleich darauf zustimmend zu keuchen, als sich zwei Finger an meine hintere Öffnung drückten. Seine Finger drehten sich in mich hinein, füllten mich aus, quälten und reizten mich unerträg-lich. Es tat weh, aber nicht genug. Seine Fingerkuppen weiteten mich, wühlten regelrecht in meinem Arsch herum. Dann waren sie wieder weg.

»Ich stecke jetzt meinen Schwanz in deinen Arsch«, sagte er, um mich vorzubereiten. Vielleicht aber auch nur, weil er die Worte ein-fach sagen wollte. Diese verdorbenen, dreckigen Worte. Ich wollte sie auch sagen. Dreckige, schlimme Worte, die ihn heiß machten, mich geil machten.

»Ja, steck ihn in meinen Arsch!« Es fühlte sich gut an, es zu sagen.

»Ja!« Seine tiefe Stimme brach, riss ab, als er seine Eichel an meiner Rosette ansetzte. Er schob seine Hüfte vor, drückte seinen Schwanz in mich hinein. Mein Ringmuskel begrüßte ihn eher widerwillig, ich spürte Schmerzen. Sie machten mich geil. Geil und heiß und feucht.

Langsam, das Gefühl auskostend, drang er weiter in mich ein, schob sich vor. Als seine Eichel endlich in mir verschwand, fühlte ich, wie sich meine Muskeln verkrampften, sich eng um ihn zusammenpressten, seine Eichel schier zerquetschten.

Einen Moment hörte ich nur seinen rasselnden Atem, fühlte den Schweiß, das Öl auf meiner Haut, fühlte seine Fingernägel im Fleisch meiner Hüfte, dann drängte er sich weiter vor. Wieder stockte er, nach vielleicht einem Zentimeter.

»Ich liebe dich!«, brüllte er und stieß vor.

Ich spürte den Schmerz kaum, das Brennen, als ich mich gezwungenermaßen um ihn weitete. Spürte das Glühen meines Hinterns nicht, die kratzenden Fingernägel auf meiner Hüfte. Fühlte nur, wie er sich in mich hineinschob, mich ausfüllte, ganz und gar, so wie noch nie zuvor. Bemerkte kaum, wie sich meine Muskeln wieder um ihn krampften, ihn nicht weiter vorlassen wollten, es aber mussten, als er unerbittlich weiter in mich hineintrieb. Spürte kaum, wie sich die Nässe meiner Fotze langsam den Weg an den Innenseiten meiner Schenkel nach unten bahnte. Empfand kaum, wie es mich schier vor Lust zerriss. Ich hörte nur tief in mir seine Worte verhallen. Er liebte mich. Er liebte mich.

Er war jetzt in mir drin. Ganz drin. Tief, unermesslich tief drin und zog sich schmatzend wieder heraus, drängte wieder rein. Die Reibung war köstlich und scharf. Heiß und köstlich und scharf.

Bei jedem Stoß, der gleichzeitig brannte und lustvoll glühte, hörte ich seine Worte. Er liebte mich. Er liebt mich. Er. Liebt. Mich. Erliebtmich. Liebt mich. Liebt.

»Ja!«, brach es aus mir heraus. »Ja! Fick mich!«

»In den Arsch!«, vollendete er, als ich unter seinen Stößen erschauderte.

Ich zuckte, spannte dabei ungewollt meine Arschbacken an, was ihn zum Stöhnen brachte. Er bewegte sich jetzt in irrem Tempo. Die Reibung machte mich wund. Mehr Schmerz. Mehr Lust. Mehr Liebe.

Ich zog mich wieder um ihn zusammen, konnte es nicht verhindern, wollte es auch gar nicht. Diesmal schrie ich, als er sich aus mir herausriss, denn der Schmerz überwog.

»Tut mir leid«, keuchte er und hielt ein. »Ich liebe dich.«

Der Schmerz verflog, als sei er niemals da gewesen. Nur Lust blieb noch. Schwitzende, animalische, heiße Leiden-

> *Die Reibung machte mich wund. Mehr Schmerz. Mehr Lust. Mehr Liebe.*

schaft und erfüllende Liebe. Ich verging im Licht, in der strahlenden Sonne der Liebe. Krampfte, zog mich zusammen, quetschte ihn, fühlte seinen Erguss in mir. Mit seinem nächsten Stoß drückte er seinen Schwanz noch einmal tiefer in mich. Dort blieb er dann, zuckte, ergoss sich, schoss in mich. Ich konnte es fühlen, die cremige Sahne in meinem Arsch, in meinem Anus.

Schließlich brach er auf mir zusammen. Keuchte, ächzte, rang nach Atem, küsste meinen feuchten Nacken. Als er sich rauszog, rann sein Sperma aus mir heraus, über meinen Damm, in meine Fotze. Er zog mich in seine Arme, fasste nach meinen Brüsten, schloss die Augen. »Ich liebe dich«, sagte er ein letztes Mal.

»Ich dich auch«, erwiderte ich.

Mehr brauchte nicht gesagt zu werden. Denn es sagte alles. Alles. Einfach alles.

Ich wende mich von dem Müsli in meiner Kloschüssel ab, spüle es herunter und gehe wieder in mein Schlafzimmer, um meine Sachen für die Uni zu packen. Ich mache es ebenso mechanisch, wie ich mich geduscht habe. Ich mache alles, wie es sich gehört. Wie ich es machen sollte. Mechanisch, effizient, effektiv. Räume meine Wohnung auf, gehe in die Uni, schreibe mit, beteilige mich an den

Seminaren. Gehe nach Haus, wasche ab, telefoniere mit meinen Eltern, koche mir was, schmeiße es weg. Liege nachts im Bett und kann nicht weinen.

Und plötzlich stehe ich ihm wieder gegenüber. Ich steige gerade aus dem Bus aus, er will einsteigen. Als er mich sieht, tut er es nicht. Der Bus fährt ab. Wir stehen uns an der Haltestelle gegenüber.

Ein Leuchten erhellt seine blauen Augen. Er sieht aus wie immer. Nichts ist auf seinem Gesicht zu sehen, das mich glauben lässt, er hätte in den letzten Monaten gelitten. Ich weiß nicht warum, aber irgendwie habe ich es gehofft, dass er es tat. Gehofft, obwohl er vor einigen Monaten noch eine neue Beziehung hatte. Gehofft, obwohl er mich nicht angerufen hat. Nicht ein Mal.

Das Leuchten erlischt langsam. Seine Hand hebt sich selbstvergessen und erfasst eine Haarsträhne von mir. Zwischen Zeigefinger und Daumen reibt er die Strähne.

Schließlich sieht er mich an: »Du hast abgenommen.« Ich starre ihn an, sehe in sein geliebtes Gesicht und sehe nur Missbilligung. Ich befreie mich von ihm und gehe rückwärts, wende mich ab.

»Warte.« Seine Hand an meinem Ellbogen. Ich versuche mich loszureißen, schüttele meinen Arm, um ihn loszuwerden. Sein Griff wird nur fester. Ich schubse ihn zur Seite, er lässt nicht los.

»Fass mich nicht an, Arschloch!«, bricht es aus mir hervor. Wie eine Aschewolke aus einem Vulkan. »Vielleicht ist meine Perversität übertragbar!«

Er lässt mich langsam los, einen Finger nach dem anderen. Endlich bin ich frei und wünsche mir seinen Griff zurück. Ich wende mich wieder ab, ziehe meinen Jackenkragen um meinen Hals zusammen, um mich gegen die aufkommende Kälte zu schützen, dann eile ich weg.

»Warte!«, höre ich seine Stimme hinter mir. »Warte! Hast du meine E-Mails gelesen? Warte doch!«

Meine Tasche klatscht rhythmisch gegen mein Knie, als ich beginne zu rennen. Bloß weg. Weit weg. In meine Wohnung, wo es warm ist. Warm und einsam. Und still.

Ich sitze an meinem Computer. Seit unserer Trennung habe ich nicht mehr hier gesessen, außer wenn ich arbeiten musste. Ich habe nichts mehr geschrieben. Mir fiel nichts ein. Alles in mir war so still, so leer, so hohl, als die Schmerzen endlich abgeklungen waren. Jetzt sind sie wieder da. Sind wieder Teil meines Lebens, wenn ich morgens aufstehe. Ich will keine Schmerzen mehr. Es tut so weh.

> *Er war doch nicht der Typ, der sich entschuldigte. Er machte den Abwasch, kaufte Blumen, putzte das Klo. Versteckte Entschuldigungen. Ich verstand das.*

Der Mauszeiger schwebt über meinem Spamordner. Dort sind seine E-Mails automatisch gelandet. Ich wusste nicht mal, dass er mehr als eine geschrieben hat. Aber er hat von E-Mails gesprochen. E-Mails. Ich weiß nicht, ob ich sie lesen soll. Aber ich bin mir ziemlich sicher, dass er mir doch keine fiesen Nachrichten geschrieben hat. Ziemlich sicher. Aber nicht ganz.

Ich atme tief ein und klicke. Meine Cursor-Eieruhr dreht sich. Und dreht sich. Schließlich ploppt das Fenster auf. Oben steht »22 E-Mails im Ordner Spamverdacht«. Zweiundzwanzig. Nicht eine seiner Mails hat einen Betreff. Nur drei Punkte, die das Kästchen füllen. Meine Kehle schnürt sich zu. Ich klicke auf seine erste Mail. »Tut mir leid«, steht da. Nur das, mehr nicht. Er war doch nicht der Typ, der sich entschuldigte. Er machte den Abwasch, kaufte Blumen, putzte das Klo. Versteckte Entschuldigungen. Ich verstand das.

Ich klicke weiter: »Es tut mir leid. Ich bin ein Arsch.« Klicke weiter: »Verzeih mir.« Weiter: »Ich liebe dich.« Ich zittere, als ich das lese. Ich wische über meine Augen, klicke mich durch seine Nachrichten, lese sie …

»… Es war nicht, dass du die Storys geschrieben hast. Es war eher, dass sie mich angetörnt haben, sehr sogar. Ich war geschockt, kam mir einfach pervers vor … ich hab all deine Geschichten noch mal gelesen. Ich mag sie, sie sind toll … Ich liebe dich, melde dich bitte bei mir … heute war ich schwimmen, ein schöner Tag. Sobald du dich beruhigt hast, zeige ich dir das Bad … Du schreibst gar nicht, was soll das? … Ich hab dich heute in der Mensa gesehen, du bist einfach gegangen … Das Semester neigt sich dem Ende entgegen und immer noch keine Nachricht von dir … Es war nur ein dummer Ausbruch von mir, nichts weiter. Du bist echt ein Miststück, wenn du daraus jetzt so eine große Sache machst … Willst du einfach alles so wegwerfen, wegen nichts …? … Ich vermisse dich … Ich bin jetzt mit Jana zusammen. … Ist es dir egal, dass ich eine andere habe? Egal? … Sie will es ruhig angehen … Ich hab heute deinen neuen Lover gesehen. Hubert, dämlicher Name. Ich hab ihm die Fresse poliert. Er wird sich nicht mehr bei dir melden … Leck mich doch, du Schlampe! … Ich liebe dich. Bitte verzeih mir … Wir haben uns gerade an der Bushaltestelle gesehen … Liebe dich …«

> *Ich weine, bis ich das Gefühl habe,*
> *völlig dehydriert zu sein, trinke*
> *Wasser, übergebe mich erneut,*
> *trinke wieder. Weine. Und weine.*

Ein Tropfen fällt auf meine Tastatur. Ich weine. Ich lege die Hände auf mein Gesicht und schluchze. Weine. Immer neue Tränen. Bäche davon, Flüsse. Ich weine, bis mein Rachen wehtut. Ich weine, bis meine Augen so sehr brennen, dass ich noch mehr weinen muss. Endlich kommen die Tränen. Ich bekomme Schluckauf, muss zur Toilette, um mich zu übergeben. Weine und übergebe mich. Mein Magen revoltiert, meine Augen brennen. Schluckauf. Schluchzen.

Ich weine, bis ich das Gefühl habe, völlig dehydriert zu sein, trinke Wasser, übergebe mich erneut, trinke wieder. Weine. Und weine. Irgendwann schlafe ich neben dem Toilettensitz ein.

Ich liege in seinen Armen. Er hat gerade die Tür geöffnet und ich hab mich einfach an ihn gedrückt. Er umarmt mich jetzt. Schließt die Wohnungstür hinter mir.

Sein Kinn liegt auf meinem Kopf. Wir schaukeln hin und her.

»Sch…«, macht er und küsst meine Haare. »Sch… Alles ist gut. Ich liebe dich.«

»Ich liebe dich auch«, schluchze ich. Ich weine schon wieder.

Meine Augen sind zugequollen, meine Lippen rissig, mein Rachen wund, meine Nase knallrot, meine Tränendrüsen brennen. Und es fühlt sich gut an.

Der Blick

*Lina (25), Politikstudentin, Berlin,
über
Sebastian (34), Grafikdesigner, Berlin*

- - - - - - - - - - - -

*»Als er zurückkommt, trägt er eine Kette in der
Hand, die er an meinem Halsband einhakt.
Er zieht mich hinter sich her. Wir bewegen uns
nur ein kurzes Stück, dann bleibt Sebastian
vor einer kleinen Tür stehen.«*

- - - - - - - - - - - -

Vergiss es nicht«, sagt er, kurz bevor der Zug seine Türen schließt. »Jeden Tag eine SMS.«

Wie könnte ich das vergessen? Wie könnte ich überhaupt irgendetwas vergessen, das mit ihm zu tun hat? Mit ihm – oder vielmehr: mit uns, mit unserer Beziehung, die keine ist. Ich zerre meinen Koffer durch den Gang. Das Gewicht des Rucksacks drückt schwer auf meine Schultern. Endlich habe ich meinen Platz erreicht. Ich verstaue das Gepäck, lasse mich in den Sitz fallen und atme tief durch. Unwillkürlich suchen meine Augen den Bahnsteig ab, aber diese eine Gestalt, nach der ich Ausschau halte, ist nicht mehr da. Wie albern zu glauben, sie würde mir nachwinken. Der Zug fährt ab.

Sebastian. Wir kennen uns jetzt ein halbes Jahr. Eine Party bei Freunden. Ich saß allein mit einem Glas Cola in der Hand auf dem Sofa. Hin und wieder nippte ich an dem inzwischen lauwarmen Getränk und versuchte, amüsiert zu gucken – aber eigentlich hatte sich bei mir längst ein Party-Durchhänger eingestellt. Ich kannte nur wenige von den Gästen und diese wenigen hatten es offenbar vorgezogen, früh zu gehen. Also langweilte ich mich ganz ausgiebig auf diesem Sitzmöbel und konzentrierte mich nur noch darauf, mein Chiffonkleid von den hier und dort aus ihm herausstehenden Sprungfedern fernzuhalten.

Abwesend starrte ich geradeaus, ins Nirgendwo, und so registrierte ich die Person, die am anderen Ende des Sofas Platz genommen hatte, erst, als sie vermutlich schon eine ganze Weile dort gesessen hatte. Als ich dann doch einmal meinen Kopf wendete, fläzte sich da jedenfalls ein Mann in die Polster – vielleicht Mitte dreißig –, der mich betrachtete und sich auch nicht bemühte vorzutäuschen, er täte es nicht.

Ich versuchte, meinem Gesicht einen unnahbaren Ausdruck zu geben, und taxierte den Couchnachbarn meinerseits. Doch ich kapitulierte schon nach kurzer Zeit. Ungewollt und gewollt zugleich brach ich das Schweigen. Lange hatte ich ihm nicht standgehalten, diesem Blick, der mir selbst im milden Schein des Kerzenlichts noch scharf erschien. Faszination. Ich hatte mich einfach nicht abwenden können.

Eigentlich war ich zu müde zum Bleiben, doch zum Gehen fehlte mir die Kraft. Ich wackelte meine Pumps von den Füßen und kickte sie über den Boden. Zu diesem Zeitpunkt wusste ich bereits seinen Namen. Sebastian. Ein Strebername. Er passte zu ihm, zu diesem geschniegelt wirkenden Mann, der gleichzeitig zu versuchen schien, mit etwas Trash zu punkten. Jedenfalls hatte er mit seinem Siebziger-Jahre-Anzug abgelatschte Sneakers kombiniert, die nur noch durch Klebeband zusammengehalten wurden. Seine billige Kokospomade roch ich über eine erstaunliche Distanz hinweg. Mit der Frage, woher denn Sebastian die Gastgeber kennen würde, hatte ich zwar einen ziemlich überstrapazierten Gesprächseinstieg gewählt. Nichtsdestotrotz konnte ich dadurch gleich erahnen, wie tief dieses stille Gewässer wirklich war: Er hatte Simon und Eva über eine Annonce in der *Harten Welle* kennengelernt – der Rubrik in unserem Berliner Stadtmagazin, die außergewöhnliche erotische Begegnungen vermittelt, genauer: sadomasochistische. Die beiden hätten mal einen – Sebastians Blick wurde bedeutungsvoll – Mitspieler gesucht. Wäre nichts draus geworden, aber immerhin sei man jetzt befreundet. Immerhin …

Sebastian erzählte das mit absoluter Gelassenheit. Kein vorsichtiges Herantasten, mit dem SMler auf solchen Gemeinschaftspartys von »Perversen« und »Nicht-Perversen« gewöhnlich rauszufinden versuchen, wo ihr Gegenüber steht. Hatte Sebastian bei mir einfach Glück gehabt? Oder stand mir mein Laster bereits auf die Stirn geschrieben? Vielleicht wollte Sebastian auch ganz direkt prüfen, ob ich für ihn interessant war? Und während ich ihn so betrachtete, da erwischte ich mich dabei, wie ich Letzteres hoffte.

Simon und Eva hatten mir vor einiger Zeit selbst erzählt, dass sie über die *Harte Welle* einen dominanten Mann suchen würden. Sie sei mit Simons Erziehung langsam wirklich überfordert, hatte Eva theatralisch gestöhnt. Und Simon, der bisexuelle Masochist, hatte leicht entrückt gegrinst. Ein harter Meister im Schlafzimmer war schon seit Längerem seine schärfste Fantasie. Mit Sebastian hatte es offensichtlich nicht geklappt. Pech für Simon …

Ach ja, die *Harte Welle* – textuelle Verheißung libidinöser Abenteuer, zuverlässig erneuert im Zweiwochenrhythmus. In letzter Zeit hatte ich selbst öfter auf Anzeigen geantwortet oder welche aufgegeben. Der Spinneranteil unter den Männern, die ich auf diese Weise kennengelernt hatte, war leider hoch gewesen. Manchmal hatte ich mir trotzdem eingeredet, der eine oder andere sei ganz passabel. Ich hatte meine Ansprüche dabei immer weiter sinken sehen.

Es war Winter, kalt und dunkel. Mein Körper schrie inzwischen vor Verlangen nach Sex und mein Geist vor Sehnsucht nach Nähe – und beide schrien schon ziemlich lange.

> *Es war Winter, kalt und dunkel. Mein Körper schrie inzwischen vor Verlangen nach Sex und mein Geist vor Sehnsucht nach Nähe.*

Nachdem ich an Sebastian nach etwa einer Stunde Gespräch noch nichts Gravierendes auszusetzen hatte, ärgerte ich mich unglaublich, dass er nicht nach meiner Telefonnummer fragte. Ihn um seine zu bitten wäre für mich unmöglich gewesen. Schließlich war er dominant und ich devot, er musste meine Nummer wollen, sonst würde unsere vielleicht entstehende SM-Beziehung von vornherein verkehrt beginnen.

Ein paar Tage später klingelte mein Telefon. Es war Sebastian. Eva, das alte Biest! Ich hatte kurz vorher mit ihr telefoniert.

Die Erinnerung an unsere Anfänge vertreibt mir auf der Zugfahrt die Zeit. Die ersten Wochen mit Sebastian vergingen und wurden zu Monaten. Die Welt, so hatte ich zu Beginn manchmal gedacht, musste sich gegen mich verschworen haben. Sebastian war zu mir gekommen. Er machte mich süchtig, was ich nicht wollte und nicht brauchte, aber genoss. Weg mit aller Vernunft! Nietzsche vor Kant.

Sebastians Fantasien ergänzten meine perfekt und unsere Körper passten zueinander wie zwei Puzzleteilchen. Zwar redete er zunächst ein wenig zu viel über sich, aber das verlor schnell an Bedeutung, denn zum Reden trafen wir uns nur zwei oder drei Mal.

Allerdings ist da die Sache mit seiner Freundin. Gebundene Männer waren für mich nie ein Thema. Doch bei Sebastian ist es etwas anderes. Ich will auf unsere Treffen nicht mehr verzichten – Freundin hin oder her. Schließlich bin ich nicht in Sebastian verliebt. Das sage ich mir jedenfalls immer wieder.

Sicher tut es mir jetzt gut, ein bisschen Abstand zu gewinnen. Ich bin auf der Fahrt nach Düsseldorf, zu meiner Familie.

Nach viereinhalb Stunden im Zug habe ich mein Ziel erreicht. Meine Eltern holen mich ab. »Dein Koffer ist schwer, du hast zu viel mitgenommen«, konstatiert mein Vater. Das sagt er immer als Erstes. Er weiß schließlich, was andere brauchen. Ich rolle mit den Augen. Immer das Gleiche. Es ist trotzdem schön, bei ihnen zu sein. Zu Hause.

Unser Garten blüht in der Julihitze. Der Rasen ist braun verdorrt. Mein Dachzimmer – unerträgliche Hitze. Müde von der Fahrt habe ich mich auf meinem goldenen Prinzessinnenbett ausgestreckt, das ich als Kind unbedingt haben wollte. Plötzlich muss ich lachen. »Eine Prinzessin bin ich dann doch nicht geworden«, denke ich und schicke meinem Gebieter die SMS des Tages.

Abend. Zur Feier des Tages spielt mein Vater alte CDs. »Was verboten ist, das macht uns gerade scharf«, schmettert Wolf Biermann. Ja genau, und das gilt auch für das Unterlassen von etwas Befohlenem.

Eigentlich hatte ich es von Anfang an gewusst. Von dem Moment an, in dem Sebastian seine Forderung nach einer täglichen SMS ausgesprochen hatte, war für mich klar gewesen, dass ich mich nicht daran halten würde. Ich wollte Sebastian auf die Probe stellen. Bisher hatte ich ihn noch nie wirklich verärgert – und vorsätzlich schon gar nicht. Jetzt wollte ich es aber drauf ankommen lassen! Wie würde sich sein immer so unberührt-durchdringender Blick verändern? Würde er vor Wut sprühen? Oder sich enttäuscht verdunkeln? Mich rachedurstig aufspießen? Bald würde ich es wissen.

Ich lasse ein paar Tage vergehen und schreibe belanglose oder manchmal auch betont devote SMS. Sebastian antwortet nicht immer. Dann wird es spannend. Heute ist mein Tag. Der Vormittag vergeht, ohne dass ich eine SMS schreibe. Der Nachmittag ebenso. Es ist jetzt achtzehn Uhr. Mir bleiben noch sechs Stunden – viel Zeit, in der ich meinen Plan noch umwerfen könnte. Obwohl ich nervös und zapplig bin (wie könnte es anders sein?), lege ich mich schon gegen halb elf ins Bett. An Schlaf ist nicht zu denken, dafür denke ich an Sebastian. Ich stelle mir vor, wie er stündlich kopfschüttelnd sein Handy betrachtet. Aber vielleicht tut er das auch gar nicht? Vielleicht ist das für ihn alles unwichtiger, als ich denke? Schließlich ist es nur ein Spiel. Sebastian wird gar nicht merken, dass heute keine SMS kommt, da bin ich mir plötzlich absolut sicher. Ich werde ganz ruhig. Der Schlaf kommt näher und umfängt mich.

Irgendwann fahre ich hoch. Was war das? Na klar, mein Handy! Es liegt mit leuchtendem Display auf dem Nachttisch. Eine Nachricht! Sofort bin ich hellwach. Uhrzeit? Drei Minuten nach zwölf. Mein Atem geht schnell und flach, die Finger zittern. Aufgeregt klicke ich auf »Nachricht zeigen«. Dann lese ich: »Du untreues Miststück! Du hast heute nicht geschrieben. Wenn du nach Hause kommst, kannst du dich auf etwas gefasst machen. S.«

Ich lese die Nachricht einmal, ich lese sie zweimal und noch ein drittes Mal. Dann lege ich mein Handy weg. Eine Vision unseres Wiedersehens zieht jetzt an mir vorbei, gemischt mit Angst und Vorfreude. Was ist stärker? Schwer zu sagen? Klar ist jedoch etwas anderes: Was auch immer Sebastian mit mir tun wird, die Gewissheit, dass ihm unser Spiel wichtig ist, ist mir jede Konsequenz wert.

In der SMS des nächsten Tages erkläre ich ihm, dass ich ihn auf die Probe stellen wollte. Die Antwort lautet: »Ein Vergessen wäre nicht so schlimm gewesen, aber damit hast du jeden Anspruch auf Gnade verwirkt. Ich erwarte dich am Tag nach deiner Rückkehr um vierzehn Uhr in meiner Wohnung. Du trägst dein Halsband und die Lederfesseln an Armen und Beinen. Keine Unterwäsche. Sprechverbot. Du wirst den Mund nur öffnen, um zu schreien. Und schreien wirst du – verlass dich drauf. S.«

Es ist so weit. Der Tag X ist da. Gegen halb zwölf beginne ich, mich für unser Treffen vorzubereiten. Duschen, eincremen, Parfüm und so weiter. Etwas essen. Dann anziehen. Dafür muss ich ein bisschen nachdenken. Das Halsband verdecke ich mit einem Tuch, die kompakten Lederhandfesseln passen unter eine meiner Strickjacken. Um die Fußfesseln zu verstecken, entscheide ich mich für ein Paar Overkneestrümpfe, die ich herunterstreife. Ein letzter Blick in den Spiegel, dann greife ich nach den Schlüsseln und der Handtasche und mache mich auf den Weg zur Bahn. Ungefähr eine dreiviertel Stunde werde ich unterwegs sein.

Ich bin zu früh dran, habe es aber einfach nicht mehr ausgehalten. Ich versuche, das Aufkommen von Panik zu unterdrücken. Sebastian wird mir nicht schaden, das weiß ich. Trotzdem: Ich kenne seine blühende Fantasie, sein Talent, sich Gemeinheiten auszudenken. Für unsere Wachsspiele zum Beispiel nimmt er grundsätzlich farbige Kerzen, weil deren Wachs heißer ist. Doch damit nicht genug. Nie vergisst er, sie in Mintgrün – meiner Lieblingsfarbe – zu besorgen und mich aufzufordern, ihm für seine Aufmerksamkeit zu danken. Sebastians Sadismus funktioniert ganzheitlich. Nur den Körper quälen? Das wäre ihm zu langweilig.

Wieder einmal hält die U-Bahn. Ich bin da. Ein Stückchen muss ich noch laufen. Eine kurze Gnadenfrist. Das Haus, in dem Sebastian wohnt, ist sehr groß. Nervös fahren meine Augen über die riesige Klingeltafel. Dann endlich: sein Name. Ich versuche, meinen Atem zu beruhigen, und drücke auf den Knopf. In meinem Kopf rauscht es. Meine Finger sind plötzlich feucht. Nichts passiert. Ich klingle noch einmal und warte mit jeder Faser meines Körpers.

Nach einer gefühlten Ewigkeit höre ich Sebastians Stimme durch die Gegensprechanlage: »Ja.« Oder vielleicht auch eher fragend: »Jaaa?« Ich meine, eine Spur Unsicherheit zu hören. Aber wahrscheinlich bilde ich mir das nur ein.

»Also, ich bin's, Lina«, sprudelt es aus mir heraus. »Wir sind doch verabredet und …«

Sebastian unterbricht mich: »Für zwei Uhr sind wir verabredet.« Er spricht langsam und »zwei« betont er mit einem ätzenden Gift in der Stimme. Ich schaue auf mein Handy. Zehn vor.

»Ja, hm, dann komme ich vielleicht einfach in zehn Minuten noch mal wieder?«

»Tu das«, antwortet Sebastian – jetzt mit leicht herablassender Freundlichkeit. Trotz meiner Angst muss ich grinsen. Ich laufe die Straße ein Stück hinauf, die Uhr behalte ich im Blick. 13:58 Uhr postiere ich mich vor Sebastians Haus, Punkt 14 Uhr drücke ich erneut die Klingel. Diesmal antwortet mir nur der Türöffner. Dritter Stock. Ich setze meinen Fuß auf die erste Stufe. Mir bleiben noch ungefähr zwei Minuten.

Sebastians Wohnungstür ist geschlossen. Laut schrillt die Klingel. Sekunden später wird die Klinke heruntergedrückt, die Tür öffnet sich langsam. Dann steht er vor mir. Er lässt mich eine ganze Weile so stehen und sieht mich an. Sein Blick, den ich mir immer und immer wieder ausgemalt habe, entspricht nicht meinen Vorstellungen. Er hat nichts Bohrendes, er sprüht auch nicht etwa vor Wut und enttäuscht wirkt er schon gar nicht. Nein. Er ist eher ein bisschen spöttisch, auf jeden Fall nicht ohne Humor. Eigentlich klar: Immerhin habe ich Sebastian Anlass zu einer Inszenierung der Extraklasse geboten. Typisch! Ich mache mir Sorgen, denke, er ist böse oder enttäuscht oder beides – dabei hat er einfach seinen Spaß an der Situation.

Dann, ganz plötzlich, packt Sebastian meinen Arm und zieht mich in die Wohnung. Beinahe wäre ich gestolpert. Zu Boden gehe ich jetzt trotzdem, denn kaum ist die Tür ins Schloss gefallen, zwingt er mich auf die Knie. Unvermittelt schlägt er mir ins Gesicht, gleich ein paar Mal hintereinander. Nicht fest, aber ich hasse Ohrfeigen.

»Du kleine Schlampe«, sagt er und lässt mit jedem Wort Süffisanz auf mich heruntertropfen. Langsam umkreist er mich. Jeder seiner Schritte knallt laut auf das Parkett, drohend-verheißungsvolle Explosionen in meinen Ohren.

»Zieh dich aus!«, fährt er mich dann an. Ich gehorche. Jetzt hat er mich so, wie er mich am liebsten sieht: nackt, mit ledernen Bändern an allen Gelenken und um den Hals. Meine Kleidungsstücke liegen um mich herum verstreut. Das gefällt Sebastian nicht. »Falte das zusammen«, zischt er. Dazu habe ich nun gar keine Lust. Ich zögere einen Moment. Sebastian tritt mir leicht in die Seite: »Na, los!« Mir wird klar, dass das hier nur gut gehen kann, wenn es mir gelingt, das Denken komplett abzustellen. Das wollte ich doch immer schon mal. In meiner Fantasie zumindest gelingt mir das richtig gut. Ich unterdrücke ein Seufzen und krabbele zu meinen Sachen.

Plötzlich schreie ich auf. Sebastian hat sich auf meine Hand gestellt. Er verlagert das Gewicht vorsichtig. Trotzdem packt mich die Panik. »Bitte …«, setze ich an. Ein Fehler. Das Sprechverbot – ich habe es vergessen! Ein Augenblick der Unaufmerksamkeit, der sofort geahndet wird.

> *Mir wird klar, dass das hier nur gut gehen kann, wenn es mir gelingt, das Denken komplett abzustellen.*

Sebastian packt mich an den Haaren und reißt meinen Kopf nach hinten. Dabei geht er in die Knie und greift mit der anderen Hand unter mein Kinn. Jetzt ist es wieder da, dieses Eiskalt-Stechende in seinen Augen. Gänsehaut auf meinem Rücken. »Was soll ich nur mit dir machen?« Seine Stimme wird mit jedem Wort leiser. Er sieht mich noch einmal unverwandt an, dann verlässt er den Raum. Zitternd bleibe ich zurück. Was wird passieren? Wird er mich vielleicht Stunden hier warten lassen? Ich traue mich nicht, mich zu rühren.

Doch allzu lange bleibt Sebastian nicht fort. Als er zurückkommt, trägt er eine Kette in der Hand, die er an meinem Halsband einhakt. Er zieht mich hinter sich her. Wir bewegen uns nur ein kurzes Stück, dann bleibt Sebastian vor einer kleinen Tür stehen. Das Bad. Ohne das Licht anzumachen, führt er mich hinein und schließt meine Kette an der Heizung an.

»So. Jetzt denkst du mal in Ruhe über dein Verhalten nach.« Mit diesen Worten verlässt er den Raum und schließt ab.

Habe ich ihm mal erzählt, dass ich allein im Dunkeln Angst habe? Nein. Aber Sebastian war schon immer gut darin (zufällig oder intuitiv?) zu finden, was mich am meisten berührt.

Der Boden ist kalt. Der Boden ist so verdammt kalt! Ob das Sebastian klar ist? Ich werde hier eine Blasenentzündung bekommen und sicher auch diverse andere Krankheiten! Und er ist schuld! Na ja, ich habe mich schließlich schon irgendwie selbst in diese Lage gebracht. Ich soll nachdenken, hat Sebastian gesagt. Also gut. Ich will es versuchen. Was habe ich getan? Ich habe seine Anweisung missachtet und später war ich nicht so aufmerksam, wie es meine ohnehin schon prekäre Lage erfordert hätte. Ja, ja, alles nicht gut. Aber trotzdem! Sebastian und ich – wir spielen. Da kann das doch alles nicht so dramatisch sein?! Zumindest rechtfertigt das nicht, dass ich jetzt krank werde. Blasenentzündung – da weiß doch jeder, wie schnell das chronisch wird. Jeder – außer Sebastian.

Ein Spiel also. Aber – auch wenn ich mir das nur ungern eingestehe – Spiele haben Regeln. Die Grundregel – ohne die unser Spiel gar nicht möglich wäre – lautet: Sebastian bestimmt und ich gehorche. Diese Grundregel habe ich gebrochen. Wenn ich das wieder und wieder täte, dann könnte unser Spiel nicht weitergehen. Nach unserer Spiel-Logik hat Sebastian ganz richtig gehandelt. Mal ehrlich: Was habe ich denn erwartet? Und wenn Sebastian nichts getan hätte, wäre ich dann nicht bitter enttäuscht gewesen? Hätte ich ihn überhaupt noch ernst genommen? Im Grunde muss ich Sebastian dankbar sein, dass er unser Spiel durch seine Maßnahmen am Leben erhält. »Ja!«, schreit es in mir. »Ja, ich sehe es ein!« Aber trotzdem könnte er mich doch langsam hier rausholen!

Ich weiß nicht, wie viel Zeit vergangen ist, als sich endlich, endlich der Schlüssel im Schloss umdreht. Sebastian betritt das Bad und drückt auf den Lichtschalter. Geblendet schließe ich die Augen. Er baut sich breitbeinig vor mir auf.

»Und?« Stille. »Was hast du mir zu sagen?«

Ich will ihm alles Mögliche sagen, aber erst mal kommt überhaupt nichts aus mir heraus. Es widerstrebt mir, meine Gedanken über ihn und mich auszusprechen. Das, was mir wirklich klar geworden ist, soll mein Geheimnis bleiben. Auch ohne ich, dass

Sebastian sowieso etwas anderes hören will. Ich versuche, mich zu sammeln und meiner Stimme einen betroffenen Klang zu geben.

»Ich habe dich provoziert«, erkläre ich, »und später habe ich mich nicht dem Ernst der Lage entsprechend verhalten. Alles, was du deshalb mit mir getan hast, geschah zu Recht und ich bin selbst dafür verantwortlich.«

Das gefällt Sebastian. Er hockt sich vor mich hin, sieht mir in die Augen und streicht durch meine Haare. »Schön. Und nachdem du das eingesehen hast, bist du sicher froh, wenn ich jetzt mit deiner Bestrafung beginne.«

Beginnen? Ich glaube, mich verhört zu haben. Wie bitte? Was soll das heißen? Ich dachte, wir wären … na ja, zumindest halb fertig.

Doch was bleibt mir übrig? Schicksalsergeben folge ich Sebastian auf allen vieren aus dem Bad. Im Wohnzimmer zieht er mich in die Höhe. In die Wand, auf die mein Blick jetzt fällt, sind zwei stabile Haken geschraubt. Hat Sebastian die extra für mich angebracht? Bevor ich noch weiter darüber nachdenken kann, hat er mich bereits direkt davor platziert und meine Lederhandfesseln an ihnen befestigt. Dann bindet er ein Tuch um meinen Kopf. Ich sehe nichts mehr. Dafür fühle ich umso intensiver, wie die Angst in mir aufsteigt. Sebastian wird mir wehtun – das ist gewiss. Und ganz sicher so, wie es mir *nicht* gefällt. Ich habe recht: Er drückt von hinten meine Beine auseinander und schlägt mit der flachen Hand fest auf die Innenseiten meiner Oberschenkel. Ich hasse es! Ich versuche, tapfer zu sein, mich nicht zu winden, nicht zu schreien. Vergeblich. Ich drehe meinen Körper, soweit die Fixierung es zulässt. Immer wieder schiebt Sebastian mich in die Ausgangsposition und ahndet meine Unbeherrschtheit zusätzlich mit ein paar besonders harten Schlägen. Er soll aufhören, mich zu quälen! Nein, er soll weitermachen! Ich fühle eine Verbindung zwischen uns, die ohne Worte auskommt, die aus Geben und Empfangen besteht. Sebastian führt mich über einen harten, steinigen Weg und ich will mit ihm gehen. Mein Körper überschreitet jetzt eine Grenze. Ich schreie und vielleicht fließen mir Tränen aus den Augen, aber ich will mehr. Als Sebastian schließlich die Hand sinken lässt, brennt mein Körper mehr vor Verlangen als vor Schmerz.

Ich möchte meinen Peiniger um die Peitsche bitten, aber ein zweites Mal wird mir dieser Fehler nicht unterlaufen. Manchmal wundere ich mich, wie gut Sebastian die Bedürfnisse meines Körpers kennt. Während ich mich eben noch danach sehnte, klatschen jetzt bereits die Riemen satt auf meinen Hintern und meine Schenkel. Ich strecke meine Lenden raus, soweit ich kann. Sebastian versteht das offenbar so, wie es gemeint ist: als Aufforderung. Er holt weit aus und zieht das Leder hart über meine Haut.

> *Während ich mich eben noch danach sehnte, klatschen jetzt bereits die Riemen satt auf meinen Hintern und meine Schenkel.*

Das tut jetzt viel mehr weh, als ich es mir eben gewünscht habe. Ich bin keine Heldin. Der Schmerz ist scharf. Lange werde ich das nicht ertragen können. Ach, Sebastian! Hör auf! Hör auf und mach weiter zugleich – mir kann man es einfach nicht recht machen. Jetzt sind mir alle Nachbarn egal. Ich schreie, ich schreie hemmungslos vor Schmerz und Vergnügen, vor Sehnsucht, vor Geilheit und vor Wut.

Ende. Einfach so. Sebastian legt die Peitsche weg. Einfach so. Irgendwo schreit nun ein Kind. Ich hingegen bin still, schwitze, zittere. Er hebt mich hoch und trägt mich auf die andere Seite des Raumes hinüber. Dort legt er mich bäuchlings auf eine Matratze und nimmt mir die Augenbinde ab. Dann setzt er sich neben mich. Er schweigt und betrachtet meine Rückseite. Mit einem Finger fährt er die Striemen nach. Schließlich holt er mir ein Glas Wasser. Während ich trinke, sagt er: »Eigentlich hatte ich nicht vor, heute mit dir zu schlafen. Denn das hast du nicht verdient. Aber weil du so tapfer warst, werde ich dich wenigstens von hinten nehmen.«

Oh nein! Alles Anale ist trotz gründlicher Dehnungsübungen eine ziemliche Strapaze für mich. Aber das werde ich nun auch noch schaffen, und dann ist vielleicht wieder alles gut zwischen uns.

Sebastian verbindet mit Karabinerhaken meinen Arm und mein Bein der jeweils gleichen Körperseite. Wie ein überdimensionales Insekt kauere ich nun auf der Matratze. Immerhin nimmt Sebastian richtig viel Gleitgel und dringt wirklich ganz, ganz vorsichtig ein. Wenn der Schwanz erst mal drin ist, ist das Schlimmste geschafft. Dann habe ich eigentlich auch Spaß an der Sache. Jetzt fickt Sebastian mich so richtig schön locker-leicht von hinten. Plötzlich fühle ich mich ganz unbeschwert und glücklich.

Sebastians Hand wandert an meiner Taille nach vorn. Nein, das gibt es nicht! Erst wollte er mich nicht von vorn nehmen, und jetzt massiert er meine Klit so sanft, wie es aus seiner momentanen Stellung heraus nur möglich ist. Das kann er richtig gut, fast so gut wie ich selbst.

Und wenn er mir nicht kurz darauf erlaubt hätte zu kommen, dann hätte ich heute wohl noch eine weitere Regel unseres Spiels übertreten.

Schließlich liegen wir nebeneinander auf der Matratze. Wieder einmal suche ich Sebastians Blick und finde ihn dieses Mal wieder neu und ganz anders: Seine Augen lächeln das zufriedene Lächeln, das er seinen Lippen wohl immer verbieten wird.

SABINE ANDERS

Nachts ist Alufolie sakrisch laut

Ellen (35), Grafikdesignerin, München,
über
Andy (42), Mitarbeiter einer Sicherheitsfirma, München

»Eigentlich wollte ich mich von ihm verabschieden
und ihn zu einem Treffen an seinem nächsten freien
Tag überreden, aber als ich ihn küsste, ließ er das
Handtuch unbeachtet zu Boden gleiten.«

Vielleicht habe ich als kleines Mädchen zu viele Western gesehen. Jedenfalls habe ich mir schon immer so einen Typen wie Clint Eastwood gewünscht. Einen, der nicht lange herumredet, sondern einfach macht.

Als ich Andy das erste Mal sah, bewachte er einen Pferdestall im Münchner Umland. Jede Nacht von 7 Uhr abends bis 6 Uhr früh. Ein Pferdeschänder war unterwegs – wahrscheinlich ein Konkurrent des Stallbesitzers, der die Pferde für Turniere untauglich machen wollte. Andy und seine Kollegen bewachten unseren Stall schon vier Wochen lang, ehe ich überhaupt etwas davon mitbekam. Denn normalerweise ritt ich das Pferd meiner Freundin nur am Wochenende, und da immer vormittags. Doch sie war krank und hatte mich gebeten, Amigo auch unter der Woche zu übernehmen. Da ich selten vor 6 Uhr aus dem Büro kam, war ich erst am späten Abend beim Stall und traf auf Andy.

Zuerst war er mir ziemlich unheimlich. Ich führte Amigo nach dem Reiten in den Laufstall zurück, den er sich mit vier anderen Pferden teilte, nahm ihm den Sattel ab und trug diesen in die Sattelkammer. Dabei wäre ich beinahe in Andy hineingelaufen. Mein Herz setzte vor Schreck einen Moment aus. Er stand völlig bewegungslos am Eingang zur Sattelkammer und schien wie ein Chamäleon mit seiner Umgebung zu verschmelzen. Ich weiß nicht, wie er das hinbekam, so unsichtbar zu sein. Schließlich war er 1,90 Meter groß. Vielleicht lag es daran, dass er komplett in Schwarz gekleidet war: schwarze Mütze, schwarze Hose, schwarze Stiefel und schwarze, schnittfeste Kevlar-Handschuhe, mit denen er einem Angreifer notfalls in die Klinge fassen konnte, wie er mir später erklärte. Er musste schon im Stall gewesen sein, als ich ihn betreten hatte. Ich hatte mich allein geglaubt und der Gedanke, dass er mich die ganze Zeit unbemerkt beobachtet hatte, jagte mir einen Schauer über den Rücken.

»Sie haben mich vielleicht erschreckt!« Es klang vorwurfsvoller, als ich beabsichtigt hatte. »Was machen Sie hier?«

Während ich Amigos Trense auswusch, erklärte Andy mir mit knappen Worten seinen Auftrag und ich erinnerte mich, dass meine

Freundin mir von den Vorfällen erzählt hatte. Zu dem Stall gehörten vier Gebäudekomplexe. Insgesamt vier Männer bewachten sie und Andys Chef kontrollierte die Umgebung. Über Funk hielten sie Kontakt miteinander. Es war offensichtlich, dass meine Anwesenheit Andy bei seiner Arbeit störte. Trotzdem blieb ich bei ihm stehen. Schließlich erlebte man nicht alle Tage einen Krimi.

»Weiß die Polizei eigentlich, was ihr hier macht?«

»Klar. Was glaubst du denn, wo wir die Waffenscheine her haben?«

»Du hast eine Waffe hier? Geladen?« Wieder lief mir ein Schauer über den Rücken. Pistolen kannte ich nur aus dem Fernsehen. Ich hatte noch nie eine in echt gesehen.

Mir wurde klar, dass der Mann, neben dem ich stand, aus einer völlig anderen Welt als ich kam.

»Klar.«

»Was für eine?« Andy runzelte die Stirn.

»Eine 19er Clock. Wieso? Kennst du dich mit Waffen aus?«

»Nein. Darf ich mal sehen?«

»Eine Waffe ist kein Spielzeug.« Widerwillig öffnete er seine schwarze Jacke, unter der er zusätzlich eine Stichschutzweste trug. Ich wusste, dass er meine Hand festhalten würde, wenn ich versuchte, nach der Pistole zu greifen, und überlegte einen Moment, ob ich es genau deswegen tun sollte. Ich bekam am ganzen Körper eine Gänsehaut.

»Zu Hause habe ich noch eine 17er«, sagte Andy. »Die passt schön unters Jackett. Aber da muss ich meine Finger ziemlich reinzwängen und mein Schießbild ist nicht so gut.« Außer der Pistole hatte er noch eine Taschenlampe mit eingebautem CS-Reizgas dabei, einen Elektroschocker, eine Teleskopstange, ein Nachtsichtgerät und Handschellen. Mir wurde klar, dass der Mann, neben dem ich stand, aus einer völlig anderen Welt als ich kam. Er konnte mich töten. Mit bloßen Händen, wenn er wollte. Oder aber mich vor allem und jedem beschützen. Beides zog mich wahnsinnig an.

»Und du bleibst jetzt die ganze Nacht hier im Stall?«, fragte ich ihn.

»Nein. Im Stall ist es viel zu laut. Die Pferde machen unheimlich viel Lärm beim Fressen. Ich geh da raus.« Andy zeigte auf die Weide vor dem Stall und ging ins Freie. Ich folgte ihm, bis zum Weidezaun nahe des Waldrandes. Alle drei bis vier Stunden würde er seine Position verlegen – auf allen vieren. Noch war es nicht völlig dunkel. Andy war aber sicher, dass er auch im Dunkeln den Angreifer bemerken würde, bevor der ihn bemerkte; locker aus dreißig Metern Entfernung, behauptete er.

»Ich bin unter einer Zeltplane versteckt. Du musst nur jede Bewegung vermeiden, dann wirst du auch nicht gesehen.«

»Aha«, sagte ich. »Und was machst du, wenn du ihn siehst?«

»Ich würde ihn an mir vorbeigehen lassen, ungefähr 15 oder zwanzig Meter weit, dann unter meiner Zeltplane hervorrobben und ihn kontrolliert zu Boden bringen und fixieren.«

»Und wie genau geht das?«

Andy stellte sich hinter mich, drückte mit einer Hand meinen Kopf leicht zur Seite, während er mit seiner anderen Hand meinen Ellbogen fasste und mit seinem Fuß einen Tritt in meine Kniekehle andeutete. »So«, sagte er und ließ mich wieder los. Ich spürte ein Kribbeln in meiner Beckengegend. »Dann würde ich ihn mit Handschellen fesseln.«

»Und wenn er dich doch bemerkt und auch bewaffnet ist?«

Andy zuckte mit den Schultern. »Berufsrisiko.« Seine Coolness wirkte nicht gespielt, sondern sehr echt.

»Du hast keine Angst?«

Andy schüttelte den Kopf. »Messer sind viel schlimmer, die hört man nicht. Vor allem Wurfmesser.«

»Wurfmesser?«

»Sie fliegen, ohne sich zu drehen, sodass die Klinge immer gefährlich bleibt. Aber im Grunde kann man mit allem kämpfen, was der persönliche Nahbereich so hergibt: Regenschirme, Schlüssel, Handys. Mit Stöckelschuhen kannst du locker jemandem den Schädel einschlagen. Oder mit Gürtelschnallen.« Ich war froh, dass ich in dem Moment keines von beiden trug.

»Wo hast du das alles gelernt?«

Andys Antwort kam zögerlich. »Bei verschiedenen Gelegenheiten.« Nur durch hartnäckiges Nachfragen bekam ich aus ihm heraus, dass er in speziellen, wohl teilweise auch nicht ganz legalen Schulungen außerdem gelernt hatte, wie man nach Wanzen und Bomben suchte, wie man Handys abhörte oder wie man andere Autos von der Straße rammte. Als er mir das alles erzählt hatte, war es fast dunkel. Andy nahm sein Nachtsichtgerät und warf einen prüfenden Blick hindurch.

»Darf ich auch mal sehen?«, fragte ich. Er reichte es mir schweigend. Guckte man durch es hindurch, sah alles aus wie die Nachtaufnahmen in einem Tierdokumentarfilm.

»Es ist noch ein bisschen zu hell. Bei Vollmond nützt es nichts. Bei Nebel auch nicht«, sagte Andy. Hinter uns raschelte etwas im Gras. Ich drehte mich suchend um, doch Andy beachtete das Geräusch nicht weiter.

»Ist nur was Kleines. Eichhörnchen oder Hase. Ein Mensch hört sich anders an. Im Sommer hören zum Beispiel die Grillen auf zu zirpen, wenn einer auftaucht.«

»Und was isst du die ganze Nacht?«, fragte ich ihn, hauptsächlich, um noch nicht gehen zu müssen. Vielleicht konnte ich ihn noch zu einem gemeinsamen Abendessen überreden. Andy zog einen Müsliriegel aus der Tasche, der statt in die Originalverpackung in Frischhaltefolie gewickelt war.

»Nachts ist Alufolie sakrisch laut«, sagte er. »Du glaubst gar nicht, was du nachts alles hörst.« Plötzlich rauschte das Funkgerät, das in seiner Jacke steckte. Ich hielt den Atem an, aber es war nur sein Chef, der sich erkundigte, ob alles in Ordnung war.

»Jetzt solltest du wirklich gehen«, sagte Andy. »Wie heißt du eigentlich?«

»Ellen. Kann ich nicht hierbleiben und dir zuschauen?« Der Wetterbericht hatte für die Nacht Regen angesagt, aber ich konnte mir nichts Aufregenderes vorstellen, als die Zeit mit Andy unter seiner Zeltplane zu verbringen und ihm dabei zuzusehen, wie er einen Pferdeschänder festnahm.

Leider schüttelte er entschieden den Kopf. »Geht nicht«, sagte er. »Auf keinen Fall.«

»Na gut«, seufzte ich. »Was machst du morgen?«

»Tagsüber schlafen und nachts wieder arbeiten. Mein Chef sammelt mich ein, wenn es hell wird, und fährt mich nach Hause.«

»Aber du musst doch irgendwann frühstücken. Wo wohnst du?«

Er nannte mir seine Adresse und fügte hinzu, dass er meistens bei der Bäckerei in seiner Straße frühstückte.

»Wann?«

Andy zuckte mit den Schultern. »So um sieben wahrscheinlich.«

Ich fuhr nach Hause, duschte und ging ins Bett, aber es dauerte ziemlich lange, bis ich einschlief. Tatsächlich fing es irgendwann an zu regnen, aber als ich um 6 Uhr aufstand und zu der Bäckerei in Andys Straße fuhr, schien wieder die Sonne.

Als ich eine Dreiviertelstunde gewartet und schon zwei Tassen Kaffee getrunken hatte, was angesichts meiner Nervosität vielleicht keine gute Idee gewesen war, kam er tatsächlich. Ich hatte die Tür keine Sekunde aus den Augen gelassen. Zum Glück war er allein. Als er mich sah, lächelte er. Zum ersten Mal, seit wir uns kannten. Er bestellte einen Kaffee, zwei Brezeln und zwei Rosinenbrötchen, dann setzte er sich zu mir.

»Morgen«, sagte er.

»Guten Morgen. Und? Ist noch etwas passiert, nachdem ich weg war?«

Andy hatte den Mund voll und schüttelte den Kopf.

»War der Regen schlimm?«

Noch ein Kopfschütteln.

»War dir nicht kalt?«

»Wozu habe ich eine regendichte Jacke an?«

Eine Weile sah ich ihm schweigend beim Essen zu. Er schien ausgehungert zu sein. Ich selbst dagegen war viel zu aufgeregt zum

Essen. Dann fragte ich ihn, wie er zu so einem gefährlichen Beruf gekommen war.

»Ich mache Kung-Fu, seit ich sechzehn bin. Eineinhalb Jahre später hat mein Lehrer mich gefragt, ob ich für ihn arbeiten will. Ich habe als Türsteher angefangen. Dazu Konzerte, Fußballspiele – solche Sachen.«

Am Anfang musste ich ihm fast jeden Satz aus der Nase ziehen, danach taute er auf. Ich hatte geglaubt, dass es Männer wie ihn nur noch in Filmen und Büchern gab. Endlich hatte ich jemanden gefunden, der anders war als all die, die ich kannte. Sie wussten, wie man einen Computer bediente, kalkulierte und Gewinn machte, sie hatten alle ein Universitätsstudium hinter sich, aber in einem Kampf um Leben und Tod wären sie verloren gewesen. Sie fuhren teure Autos, konnten sie aber nicht reparieren. Die Männer, die ich von der Uni und aus der Arbeitswelt kannte, glaubten alle fest daran, dass sich dank der Umgangsformen und Regeln unserer zivilisierten Gesellschaft alles lösen ließ – und dass all die Regeln auch beim Sex galten. Ich dagegen hatte schon lange das Gefühl, dass sie die Dinge nur unnötig verkomplizierten. All die Regeln waren nur schöner Schein und versagten angesichts der ungezähmten, wilden Seite des Menschen. Warum sonst gäbe es wohl Kriege auf der Welt? Andy schien sich eher an die elementaren Dinge des Lebens zu halten. Weniger verkopft, weniger verlogen. In seiner Welt war nicht Geld das Wichtigste, sondern das Überleben in Gefahrensituationen. Eher beiläufig erwähnte er, dass für ihn als Personenschützer eine der wichtigsten Regeln war: Ein stehendes Ziel ist ein totes Ziel.

Sein gefährlichster Auftrag hatte ihn nach Jugoslawien geführt, einen Botschafter beschützen, aber darüber wollte er nicht reden. Zum ersten Mal entstand eine Pause in unserer Unterhaltung. Ich spürte, dass sich ein ganz weicher Kern unter seiner harten Schale verbarg. Er kam sich nicht toll vor, bildete sich überhaupt nichts auf seinen Beruf oder seine Fähigkeiten ein, und das machte ihn noch ein Stück anziehender.

»Warum machst du so einen gefährlichen Job?«, fragte ich ihn. Andy zuckte mit den Schultern und überlegte. »Ich bin mein eigener Boss. Ich bin alleine verantwortlich, weil ich alles selbst geplant habe – den Weg, die Ausweichrouten. Ich kann niemand anderem die Schuld geben. Es zwingt einen, sich zu konzentrieren. Es zwingt mich, mein Bestes zu geben.« Andy seufzte. »Früher wollte ich mal die Welt verbessern. Aber meistens beschützt man die Falschen. Die reichen Schnösel. Die, die eigentlich Schutz brauchen, können es sich meistens gar nicht leisten. Eigentlich würde ich lieber eine Kung-Fu-Schule aufmachen. Oder nach Australien auswandern.«

»Wieso Australien?«

»Ein Kollege hat mich mal dorthin eingeladen. Als Dankeschön dafür, dass ich ihn aus der Schusslinie gezogen habe. Frag nicht.«

Bei Andys Appetit dauerte es nicht lange, bis er mit seinem Frühstück fertig war. Dass er nicht sofort aufstand und sich verabschiedete, als er seine zweite Tasse Kaffee geleert hatte, nahm ich als gutes Zeichen; genauso, dass er für mich zahlte. Ich fragte ihn, ob ich ihn nach Hause fahren sollte, und als wir vor seiner Wohnung hielten, fragte er mich, ob ich noch mit reinkommen wollte. Ich jubilierte innerlich.

»Aber ich habe nicht aufgeräumt«, sagte er. Es war das erste Mal, dass er schüchtern wirkte, dabei war seine Wohnung makellos – viel sauberer als meine eigene. Sie war sehr unpersönlich, fast steril eingerichtet.

»Ich geh erst mal duschen«, sagte er. »Fühl dich wie zu Hause.«

Ich setzte mich aufs Sofa und wartete. Wie lange brauchte er bloß zum Duschen? Als er endlich aus dem Bad kam, trug er nichts außer ein dunkelblaues Handtuch.

»Sorry«, sagte er. »Ich habe nichts Frisches zum Anziehen im Bad.«

»Kein Problem«, sagte ich. »Bleib einfach so. Du wolltest doch sowieso ins Bett.« Während wir miteinander geredet hatten und ich ihn über sein Leben ausgefragt hatte, hatte er mehrmals ein Gähnen unterdrückt.

Ich ging zu ihm und drückte ihm einen Kuss auf die Wange. Eigentlich wollte ich mich von ihm verabschieden und ihn zu einem Treffen an seinem nächsten freien Tag überreden, aber als ich ihn küsste, ließ er das Handtuch unbeachtet zu Boden gleiten. Er zog mich an sich und küsste mich. Ich spürte, wie er eine Erektion bekam, und tastete vorsichtig nach seinem Penis. Er fasste mit einer Hand in meine Haare, presste seine Lippen auf meine und schob seine Zunge weit in meinen Mund. Gleich darauf saugte er an meiner Lippe. Ich schloss die Augen und ließ mich von ihm zu seinem Bett dirigieren.

Er schien es überhaupt nicht eilig zu haben. Lange Zeit streichelte er mich am ganzen Körper. Der Gegensatz zwischen der Sanftheit seiner Berührung und der tödlichen Kraft, die in ihm steckte, löste wieder dieses Kribbeln in mir aus. Besonders, als er meine Brüste massierte. Genau so hatte ich mir Sex immer gewünscht: mit einem Mann, der sich auch ohne den ganzen Apparat unserer Zivilisation zurechtfand, der seinen Kopf und seinen ganzen Ballast nicht mit ins Bett nahm, mit einem Mann, mit dem man endlich mal Sex haben konnte, ohne vorher darüber zu diskutieren und ihn hinterher zu zerreden.

Nachdem er mich am ganzen Körper mit seinen tödlich-sanften Händen gestreichelt hatte, fuhr er mit seiner Hand zwischen meine Oberschenkel, ließ sie langsam nach oben gleiten und dann einen Moment dort liegen. Ich legte meine Hand auf

> *Der Gegensatz zwischen der Sanftheit seiner Berührung und der tödlichen Kraft, die in ihm steckte, löste Kribbeln in mir aus.*

seine und presste mein Schambein dagegen. Mit zwei Fingern zog er ganz langsam meine Schamlippen auseinander. Ich stöhnte auf. Er legte einen Zeigefinger an meine Lippen – ich weiß nicht, ob er befürchtete, dass ich als Nächstes schrie. Fast ohne sie zu berühren, fuhr er die Kontur meiner Lippen nach, wieder und wieder, dann steckte er seinen Finger in meinen Mund. Ich biss leicht hinein und saugte daran. Mit meiner Hand auf seiner zeigte ich ihm, wie ich am liebsten gestreichelt werden wollte. Ich kam, noch bevor er überhaupt einen Finger in mich hineingesteckt hatte. Danach setzte er sich auf mich und öffnete die oberste Schublade seines Nachttischs. Ich drehte den Kopf zur Seite und sah, dass neben der Kondom-Packung ein Messer lag.

»Keine Angst«, sagte er, als er meinen Blick bemerkte. Aber ich hatte keine Angst vor ihm oder seinen Waffen. Ich hatte nur Angst, dass es noch eine andere Frau in seinem Leben geben könnte.

Als er sich das Kondom übergestreift hatte, drang er langsam in mich ein, verschränkte seine Hände mit meinen und presste sich mit seiner ganzen Kraft an mich. Mir wurde klar, dass ich noch nie mit einem Mann geschlafen hatte, der stärker gewesen war als ich. Man merkte Andy an, dass er es gewohnt war, seinen Körper einzusetzen. Er war mit ihm vertraut und ging vollkommen ungezwungen mit ihm um. Im Gegensatz zu den meisten Männern, mit denen ich bis dahin geschlafen hatte, versuchte er nicht, beim Sex eine Leistung abzuliefern, die ihn gut dastehen ließ und für die er bewundert werden wollte. Er brauchte keine Bestätigung. Er versuchte auch nicht, mir Vorschriften zu machen, wie guter Sex zu sein hatte, weil er irgendwo gelesen hatte, wie Sex sein sollte. Er schlief einfach mit mir, ohne viele Worte. Mit ihm wurde Sex zur natürlichsten Sache der Welt.

Nach einiger Zeit wurden seine Stöße heftiger, und als ich spürte, wie er in mir anschwoll, kam ich ein zweites Mal. Er hörte auf, sich zu bewegen, bis mein Höhepunkt vorbei war, und kam dann mit einem leisen Stöhnen selbst. Er küsste mich, rollte von mir herunter und ging ins Bad. Als er wieder ins Zimmer trat, deckte er mich zu und kuschelte sich unter der Decke an mich.

»Bleibst du bei mir?«, fragte er. Ich wusste nicht genau, ob er meinte, für immer oder für die nächsten Stunden, aber ich sagte Ja.

VERENA MARIA DITTRICH

Möge die Macht mit dir sein

Maria (29), Veranstaltungskauffrau, Berlin,
über
Gregor (28), Filmstudent, Berlin

- - - - - - - - - - - -

»Gregor drückte sich nah an mich. Hatte ich noch
vor einer Stunde vor, ihn zu verlassen, kam mir jetzt
nichts anderes in den Sinn als mein Wunsch,
von ihm gevögelt zu werden.«

- - - - - - - - - - - -

Es war einmal vor gar nicht langer Zeit in keiner weit, weit entfernten Galaxis, sondern in Berlin-Plötzensee:

Der Kalender zeigte den 18. Mai im Jahre 2005. Das weiß ich nicht etwa deshalb, weil ich eine dieser Frauen bin, die ihre Sexgeschichten ins Tagebuch kritzeln, sondern weil ich an diesem Abend den letzten Teil der *Star Wars*-Saga im Kino sah. Ich kann nicht behaupten, dass mich diese Sternenkrieger zum damaligen Zeitpunkt sonderlich interessierten. Im Gegenteil! Sie gingen mir am Arsch vorbei. Dieses ganze Weltraumgequatsche war überhaupt nicht mein Ding. Im Grunde ging ich auch nur Gregor zuliebe mit ins Kino. Gregor war mein neuer Freund und hatte dem Filmstart schon seit Wochen entgegengefiebert.

Er war einer derjenigen, die es mit dem Sex nicht so eilig hatten, was mich anfangs irgendwie beeindruckt hatte.

Genau genommen wartete er, glaube ich, über ein Jahrzehnt auf diesen Abend. Was für 'ne Type!

»Ich kann es kaum erwarten, wenn aus Anakin Skywalker der dunkle Lord Darth Vader wird«, sagte er in diesen Wochen mindestens zweimal am Tag.

Dieser Darth Vader hing mir schon zum Halse heraus, bevor ich ihn überhaupt kannte.

Die Sache mit Gregor war ganz frisch. Wir hatten noch nicht mal miteinander geschlafen. Er war einer derjenigen, die es mit dem Sex nicht so eilig hatten, was mich anfangs irgendwie beeindruckt hatte. Was mich aber nervte, war die Tatsache, dass Gregor mich abblitzen lassen hatte, als ich die Initiative ergriffen hatte. Während ich also den ersten Schritt gewagt hatte, hatte er – aus meiner Sicht unangebracht – auf Gentleman gemacht.

Natürlich gefiel mir Gregor, keine Frage. Er war witzig, intelligent und charmant. Ich konnte aber auch nicht leugnen, dass mir seine ablehnende Haltung gegenüber Sex und sein ständiges Gequatsche über C-3PO und Konsorten ziemlich auf die Nerven gingen. Und dann dieser Spruch, den er ständig sagte: »Möge die

Macht mit dir sein.« Ich konnte es nicht mehr hören und hätte zum damaligen Zeitpunkt statt der Macht, die mit mir sein sollte, lieber einen Typen gehabt, der es mir anständig besorgte.

Eines Nachmittags saßen wir gerade auf seinem Sofa, hörten ein bisschen Musik, knutschten und fummelten, als Gregor mir ernst in die Augen sah und mich anlächelte: Dieser Blick! Er war so intensiv, ich hätte dahinschmelzen können.

»Woran denkst du?«, fragte ich leise und strich ihm eine Haarsträhne zurück.

»Ich denke gerade darüber nach, wie Imperator Palpatine es anstellt, den jungen Jedi Anakin zu verführen«, antwortete er und machte ein nachdenkliches Gesicht. In meinem Ohr raschelte es. Sprach Gregor eine andere Sprache als ich? Wollte er mich vielleicht verarschen? Wollte ich, wenn ich mit ihm in inniger Zweisamkeit auf dem lauschigen Sofa lümmele, wissen, wer Imperator Palpatine war und was dieser Kerl machte oder wie er was machte? NEIN! Es interessierte mich wie das *Promi-Dinner* auf VOX: einen Scheiß! Wenn ich einen Mann frage, woran er denkt, während er in meinen Augen versinkt, dann will ich etwas Romantisches hören, etwas Liebevolles, Zartes; vielleicht ein Kompliment oder von mir aus *Die berühmten drei Worte* von Andy Borg, aber um Himmels willen nicht, dass mein Typ sich Gedanken über einen Jedi macht.

Ich war stinkig! Ach, ich untertreibe: Ich war so angepisst, dass ich drauf und dran war, diesem Lucas-Jünger den Laufpass zu geben. Ich meine, da hätte ich mich ja auch gleich mit Captain Kirk einlassen können! Der steckte wenigstens in einer schneidigen Uniform. Dass ich Gregor nicht schon längst mit einem imaginären Lichtschwert enthauptet hatte, war lediglich der Tatsache geschuldet, dass die Premiere bevorstand und er deswegen auf Wolke sieben schwebte. Ich beschloss, ihm reinen Wein einzuschenken, damit aber bis nach seiner ach-so-heiligen Filmpremiere zu warten.

»So, junge Frau«, sagte Gregor, als es endlich so weit war, und tätschelte mein Knie, »jetzt machen wir uns mal schön locker und werden ein bisschen Spaß haben.«

Ich machte es mir in meinem Kinosessel gemütlich und hetzte in Gedanken über die vielen Kinobesucher in ihren komischen Kostümen. Einige wedelten mit aufblasbaren Lichtschwertern herum. Ich fühlte mich irgendwie fehl am Platz, war aber bereit, mich auf den Film einzulassen, und wurde zu meiner Überraschung von dem Spektakel, das sich auf der Leinwand abspielte, nicht enttäuscht. Dennoch schwankte ich, während ich in meiner Fantasie mit auf Jedi-Jagd ging, immer wieder zwischen Euphorie und der Absicht hin und her, Gregor sofort mitzuteilen, dass es nichts mit uns werden würde. Ich legte mir schon ein paar Sätze zurecht und wartete nur noch auf den richtigen Zeitpunkt. Aber was dann kam, entsprach nicht meinem Plan. Als der Film zu Ende war, wurde im Eingangsbereich noch ein bisschen gefachsimpelt: »Und was ist mit Qui-Gon Jinn?«, fragte einer von Gregors Freunden.

»Keine Ahnung!«, sagte daraufhin ein anderer. »Mich würde mehr interessieren, warum Luke von Obi-Wan auf Tatooine gelassen wird.«

Ich stellte mich schon auf eine rauschende Diskussion zwischen Gregor und seinen Kumpels ein, als dieser jedoch abwinkte und sagte: »Jungs, ich muss los, ich hab noch was mit meinem Babe zu besprechen. Man sieht sich!«

Ich grinste irritiert, aber erleichtert. Wir warfen ein kurzes »Tschüss!« in die Fan-Runde und zischten los. Gregors Kumpels standen mit offenen Mündern da und sahen uns nach. Vermutlich betrat er in ihren Augen jetzt den Pfad zur bösen Seite und mutierte zu einem dunklen Jedi, der die große *Star Wars*-Familie für eine Frau verließ. Schändlich, dieses Verhalten! Und nicht wiedergutzumachen.

»Dann wird die Macht aber heute nicht mehr mit dir sein!«, rief uns Peo, Gregors bester Kumpel, hinterher. Die Gruppe brach in Gelächter aus.

Wir schlenderten die Seestraße hinunter. In Erwartung, was Gregor so Dringendes mit mir zu besprechen hatte, sah ich ihn neugierig an.

»Hast du Lust auf einen kleinen lauschigen Abendspaziergang?«, fragte er mich und hielt meine Hand dabei ein bisschen fester.

»Klar, warum nicht?«, willigte ich ein und fand die Idee schon allein deshalb gut, weil sie garantiert einen günstigen Zeitpunkt bieten würde, um ihm zu sagen, dass ich mich entschieden hatte, nicht länger seine Prinzessin Leia zu sein.

Schweigend schlenderten wir am Wagen vorbei bis auf Höhe des Volksparks Rehberge. Was er wohl dachte, fragte ich mich. Sollte ich ihm sagen, was ich dachte? Sollte ich ihn fragen, ob er sich fragte, was ich dachte? Unweigerlich schoss mir dieser Juliane-Werding-Song *Wenn du denkst, du denkst* durch den Kopf. Dieses ganze Nachdenken machte mich ganz kirre. Ich wollte nicht mehr nur denken, ich wollte reden.

> *Dieses ganze Nachdenken machte mich ganz kirre. Ich wollte nicht mehr nur denken, ich wollte reden.*

»Hör mal, Gregor«, sagte ich und holte tief Luft. »Ich muss dir was ...«

»Nicht!«, schnitt er mir das Wort ab. »Ich weiß, was du denkst. Maria, ich bin zwar ein *Star Wars*-Fan, aber kein Idiot.« Ich lächelte. »Du fühlst dich vernachlässigt, hab ich recht?«, fragte er und wartete meine Antwort nicht ab. »Mann, dabei haben wir uns gerade eben erst kennengelernt. Ich glaube, ich bin doch ein Idiot.«

Er drückte meine Hand jetzt noch fester und zog mich sanft auf einen Weg, der in die Parkanlage führte. Es war stockdunkel, ich brauchte eine gefühlte Ewigkeit, um wenigstens die Konturen zu erkennen. Plötzlich fiel mir ein, dass Gregor die ganze Zeit kein einziges Wort über den Film verloren hatte. Es schien, als würde er sich nur auf mich konzentrieren, als drehten sich seine Gedanken nur um uns, als liege der Film, auf den er seit Monaten hingefiebert hatte, Millionen Lichtjahre zurück.

»Wie fandest du den Film überhaupt?«, fragte ich ihn ein bisschen schnippisch, weil ich mir nicht erklären konnte, dass er kein einziges Wort über ihn verlor.

»Super!«, so seine knappe Antwort. »Aber jetzt bin ich nicht mehr in irgendeiner Galaxis weit, weit entfernt, sondern hier bei dir und das ist genau der Ort, an dem ich sein möchte, hier bei dir und nirgendwo sonst.«

Mein Herz pumpte heftig. Und während sich unsere Schritte verlangsamten, wurde mein Puls immer schneller. Gregor drückte sich nah an mich. Hatte ich noch vor einer Stunde vor, ihn zu verlassen, kam mir jetzt nichts anderes in den Sinn als mein Wunsch, von ihm gevögelt zu werden. Ich wollte, dass Gregor nicht länger den zurückhaltenden Gentleman mimte und wir endlich zur Sache kamen. Ich blieb stehen und sah ihn an. Die Dunkelheit erlaubte uns noch immer nicht mehr, als die Konturen des anderen zu erkennen. Ich spürte Gregors Hände auf meinen Hüften. Langsam und vorsichtig schob er mich nach hinten, bis ich an meinem Rücken Baumrinde spürte. Gregor stand jetzt nah vor mir und presste sich so eng an mich, dass ich seinen steifen Schwanz an meinem Oberschenkel fühlen konnte. In mir kribbelte es, sein hartes Ding, das sich immer heftiger an mich drückte, machte mich geil.

Gregor hob meine Hände über meinen Kopf. Er hielt mich, damit ich sie nicht wieder herunternehmen konnte, mit seiner linken Hand an beiden Handgelenken fest. Mit der rechten zog er fordernd meinen Rock hoch, glitt sanft über meine Rundungen, streichelte mich und tastete sich mit Fingerspitzengefühl bis zwischen meine Beine vor. Während seine Zunge sanft in meinen Mund eindrang, taten seine Finger selbiges in meinen Unterleib. Als er die feuchte Stelle zwischen meinen Beinen berührte, zuckte es in mir vor Leidenschaft.

Ich wollte, dass Gregor nicht länger den zurückhaltenden Gentleman mimte und wir endlich zur Sache kamen.

Gregor ließ nun meine Hände los, nestelte unter meiner Bluse, nahm meine rechte Brust in die Hand und kniff mir leicht in die harten Nippel. Blanke Erregung durchströmte meinen Körper. Ich fühlte mich so unkontrolliert, so willig, so versessen darauf, endlich seinen Schwanz in mir zu haben. »Ich will, dass du mich fickst«, atmete ich in sein Ohr.

Er öffnete die Knöpfe meiner Bluse, schob meinen BH über meine Brüste und glitt langsam an mir herunter. Vor mir auf den Knien, zog er meinen hochgeschobenen Rock wieder nach unten und dann ganz aus und hob mich, als er aufstand, mit einem kräftigen Ruck nach oben.

»Was machst du?«, fragte ich ihn überrascht, als er begann, mich von dem Baum weg, die Böschung hinunterzutragen.

»Mein Rock, wir haben meinen Rock vergessen!«, kicherte ich.

»Schhh«, machte Gregor. »Den klaut schon keiner!«

Nach ein paar Metern blieb er stehen und legte mich vorsichtig auf den Boden, nachdem er zum Schutz seine Jacke ausgebreitet hatte. Schnell entledigte sich Gregor seines Hemdes und seiner Jeans, die er nur bis unter seine Knie zog. Das letzte Stück riss er sie mit seinen Füßen nach unten, denn seine Hände wurden bereits anderswo benötigt. Gregor öffnete die seitlichen Schleifen meines feuchten Bikinihöschens und fuhr über die Ränder meiner Muschi – wie ein Klavierspieler brachte er jede Stelle, jede noch so verborgene Zone zum Klingen und Vibrieren. Er verwandelte sich vom Cineasten zum Spieler meines Körpers. Als er mich leckte, leckte er nicht einfach so über meinen geöffneten Schoß, seine Lippen ließen meine Möse erbeben. Hätte er nur ein paar Minuten länger auf mir musiziert, hätte ich vermutlich ganz Rehberge mit einer Arie erfreut. Ich musste mich konzentrieren, nicht zu kommen.

Als er endlich in mich eindrang, war meine Geilheit schon kurz vor dem Zenit. Ich war nur wenige Stöße vom Höhepunkt entfernt und als ich merkte, dass dieser sich nicht mehr aufschieben ließ, packte ich ihn an den Schultern und drückte ihn zur Seite. Gregor folgte bereitwillig meinen Bewegungen. Binnen Sekunden saß ich auf ihm, presste meine Hände gegen seine Brust und warf meinen Kopf in den Nacken. Ich kam so heftig, dass ich gar nicht bemerkte, dass auch er kam.

Eng aneinandergeschmiegt ruhten wir uns anschließend aus. Doch schnell kroch mir jetzt die Kälte in die Knochen. Ich fror.

»Was ist, wenn wir meinen Rock nicht mehr finden?«, fragte ich ein bisschen ängstlich.

»Dann bastle ich dir aus meinem Hemd einen neuen.

»Sehr beruhigend«, flüsterte ich.

Als Gregor aufstand, um meinen Rock zu holen, dachte ich kurz darüber nach, dass ich an diesem Abend eigentlich vorgehabt hatte, mich von ihm zu trennen, und nun lag ich da und grinste glückselig gen Himmel.

Drei Jahre später heirateten wir übrigens. Kurz vor der Hochzeit beichtete ich ihm, dass ich ihn damals nach der großen Premierennacht eigentlich hatte abschießen wollen. Seine Antwort darauf hatte, wie vieles in seinem Leben, mit *Star Wars* zu tun: »Dann war die Macht an diesem Abend wohl doch mit mir«, sagte er und nahm mich in den Arm.

Little Beach

*Valeria (32), Unternehmensberaterin, Frankfurt,
über
einen Unbekannten, Maui*

- - - - - - - - - - - -

*»Der Strand war voll mit nackten Menschen.
Schlaksige sonnengebräunte Surfer ritten
unbekleidet auf den launischen Wellen.
Einige Leute badeten im Ozean, andere
tanzten ausgelassen im Sand.«*

- - - - - - - - - - - -

Ich brauchte unbedingt Ferien. Nach einem Dreivierteljahr intensiver Projektarbeit fühlte ich mich ausgepowert, ideenlos und leer. Ich fing langsam an, depressiv zu werden, und spürte die ersten Anzeichen eines Burn-outs. Als mich meine Freundin Melanie nach einem besonders harten Tag anrief und ich ihr vorjammerte, wie schlecht es mir doch ginge, ergriff sie die Initiative: »Sag mal, ihr verdient doch einen Haufen Geld in der Beratung. Lass uns einfach in den Urlaub fahren, irgendwohin, ganz weit weg. Sonst bist du eher alt und schrumpelig und hast nichts von der ganzen Schufterei gehabt.«

Melanie war meine beste Freundin aus der Unizeit. Gemeinsam hatten wir viel erlebt. Da sie in Hamburg arbeitete, sahen wir uns inzwischen aber nur relativ selten und so verabredeten wir uns von Zeit zu Zeit zu gemeinsamen Ausflügen, um uns nicht komplett aus den Augen zu verlieren. Sie brauchte nicht lange, um mich zu einer gemeinsamen Reise zu überreden.

Unsere Wahl fiel auf Maui, die exotisch-schöne und weit entfernte hawaiianische Insel. Wenn es tatsächlich ein biblisches Paradies gab, dann hier: weiße Korallenstrände, das saftige Grün der tropischen Pflanzen und absolute Abgeschiedenheit von der lauten und hektischen Heimat. Wir fühlten uns losgelöst, als seien wir nach unserem sechzehnstündigen Flug am Ende der Welt angelangt. Die Zeitverschiebung von elf Stunden machte es unmöglich, mit unseren Freunden oder Familien zu Hause zu telefonieren oder irgendwelche Entwicklungen in Europa genau zu verfolgen. Die Börse in Frankfurt schloss, wenn ich auf Maui aufwachte und einen neuen Tag begann.

An einem unserer ersten Tage ließ ich Melanie im Hotel weiterschlafen und ging zum Strand, um den Sonnenaufgang zu erleben. Es war erst 6 Uhr, aber ich wollte das Naturschauspiel einfach nicht verpassen. Es war ein berauschendes Gefühl, morgens an diesem einsamen weißen Strand zu baden. Ich genoss den atemberaubenden Blick auf die grünen Felsen, während die pazifischen Wellen mich streichelten.

Die tropische Hitze und die freundlich-entspannte Art der Polynesier machten mich einfach glücklich. Bereits nach einer Woche fühlte ich, dass ich mich langsam von den Strapazen meines Jobs erholte, und so wollte ich nun die Insel erkunden. Der Rezeptionist in unserem Hotel empfahl uns einen der schönsten Strände der Welt, den Makena Big Beach oder Oneloa Beach, wie die Hawaiianer ihn nennen.

Ganz in der Nähe fände auch ein Ereignis statt, das wir nicht verpassen sollten: der abendliche Tanz der Einheimischen um das Feuer am Little Beach, der sich in einer kleinen Bucht befand. Die Hawaiianer dankten mit ihrem Ritual den alten Göttern, aber so wie der Rezeptionist schmunzelte, als er uns davon erzählte, musste da noch mehr sein.

Little Beach war schwer zugänglich und blieb vielen Touristen verborgen. Denn auf dem Weg durch die Lavafelsen war nirgendwo ein Wegweiser zu finden. Über die scharfkantigen Klippen kletterten wir immer weiter nach oben. Mühevoll suchten wir nach dem richtigen Pfad durch das Geröll. Die Sträucher nahmen uns die Sicht, die sengende Sonne am Horizont blendete uns. Dieser Strand war ein Insidertipp, so viel war sicher.

Und dann wussten wir auch warum: Einen Moment lang standen wir mit geöffneten Mündern und weit aufgerissenen Augen da. »Das kann doch nicht wahr sein!«, rief Melanie verblüfft. »Lust auf eine Reise in die Flower-Power-Zeit der Siebzigerjahre? Dann auf nach Little Beach!«

Als wir die kleine Bucht endlich erreicht hatten, kamen uns laute Musik und der Duft von Gegrilltem und Alkohol entgegen. Der Strand war voll mit nackten Menschen. Schlaksige sonnengebräunte Surfer ritten unbekleidet auf den launischen Wellen. Einige Leute badeten im Ozean, andere tanzten ausgelassen im Sand oder spielten Volleyball. Es war wahrscheinlich der einzige FKK-Strand in ganz Amerika!

Melanie breitete ein großes Handtuch aus und zog sich binnen einer Sekunde komplett aus. »Endlich werde ich überall braun«, schwärmte sie. Ich legte meine Kleidung eher zögerlich ab und behielt meinen String an. Ich war vorher noch nie an einem Nacktbadestrand gewesen. Auch meine beste Freundin Melanie zum ersten Mal völlig entblößt zu sehen war ein wenig seltsam. Als sie plötzlich aufstand, um ins Wasser zu gehen, blitzten kurz ihre Schamlippen auf. Ich wusste nicht, ob ich diese intimen Details überhaupt sehen wollte. Doch nach und nach gefiel mir die Freikörperkultur immer mehr. Die Sonne strahlte sanft auf meine weißen Brüste und ich fühlte mich unglaublich befreit.

> »Wir sollten bald verschwinden«, sagte sie. »So wie ich das sehe, fängt hier eine große Sexparty an, sobald die Sonne untergegangen ist.«

Plötzlich tauchte ein Mann mit kleinen Stoffbeuteln neben uns auf. »Cannabis?«, fragte er mit gelangweiltem Gesichtsausdruck, als ob es das Normalste der Welt wäre, Marihuana in der Öffentlichkeit zu verkaufen. Ich lehnte hastig ab und schickte ihn weg, woraufhin Melanie etwas enttäuscht reagierte: »Du hättest ja wenigstens fragen können, was es kostet! Ein Preisvergleich kann nie schaden!«

Als sich die Sonne senkte, begann die Stimmung der Partymeute am Strand merklich zu steigen. Bald wurde das große Lagerfeuer errichtet und mehrere schwergewichtige Hawaiianer fingen an, zu tanzen und zu singen. Es war ein eindrucksvolles Spektakel.

Viele der Leute ließen sich davon aber nicht beeindrucken und bewegten sich auch weiterhin lieber zu der Partymusik, die aus den Lautsprechern dröhnte. Ich gewöhnte mich langsam daran, so viele nackte Menschen zu sehen. Gelegentlich verschwand ich an die Bar, um mir eine neue, eiskalte Piña Colada mixen zu lassen.

Melanie war inzwischen nicht mehr so entspannt. »Wir sollten bald verschwinden«, sagte sie. »So wie ich das sehe, fängt hier eine große Sexparty an, sobald die Sonne untergegangen ist.«

»Komm schon, lass uns noch etwas bleiben!«, bat ich sie. »So einen verrückten Ort wie diesen hab ich noch nie gesehen.«

Bald wurde es dunkel und zwar so dunkel, dass man in zehn Metern Entfernung vom Feuer kaum noch etwas erkennen konnte.

»Let's go into the water!«, rief jemand und die Menschen strömten in den Ozean, um sich abzukühlen.

»Would you like to swim with me?« Ich fühlte einen Arm, der sich um meine Taille legte. Und sah neugierige Augen, die in der Dunkelheit blitzten. Der junge Mann hatte dunkle, lockige Haare und eine geflochtene Lederkette mit einer kleinen Muschel um den Hals. Die unzähligen Cocktails, die ich getrunken hatte, hatten mich längst locker und sorglos gemacht und so antwortete ich »Sure« und rannte zum Ozean. Hinter mir hörte ich eilige Schritte.

Je weiter wir uns von der Feuerstelle am Strand entfernten, desto dunkler wurde es, sodass ich bald nur noch die Umrisse meines Begleiters erkennen konnte. Er holte mich ein, als ich bereits im Wasser war, und packte mich mit beiden Händen. Im nächsten Moment befand ich mich schon mit dem Kopf unter Wasser. Vor Überraschung schaffte ich es nicht mal aufzuschreien. Als ich prustend wieder auftauchte, lachte er und bespritzte mich mit Wasser. Ich versuchte, ihn auch unterzudrücken, doch das klappte nicht. Er war schneller und flinker als ich und entwischte mir. »I'll get you«, rief ich. Meine unbeholfenen Versuche, ihn zu schnappen, unterhielten ihn.

Er nutzte jede Gelegenheit, um mich zu berühren, ganz beiläufig. Ich spürte seine Hände an meinen nackten Brüsten. Irgendwann kam mir sein lachendes Gesicht ganz nah. Ich versuchte, mir seine Züge einzuprägen, sah seine funkelnden Augen, seine weißen Zähne leuchteten in der Dunkelheit. Er war kräftig gebaut und ein wenig größer als ich. Ich fand ihn echt attraktiv.

»Wait, I wanna show you something«, sagte er schließlich. »Just lay down on the water.« Er legte sich auf das ruhige Wasser und bewegte seine Hände ein wenig. »Take a look at that sky.«

Ich ließ mich ebenfalls auf den Rücken gleiten, warf einen Blick nah oben und sah ein überwältigendes, blinkendes Sternenmeer. So etwas hatte ich noch nie gesehen, zumindest war mir ein so schöner Himmel noch nie aufgefallen.

Er schwamm näher an mich heran, kitzelte mich und berührte unter der Wasseroberfläche meinen Po. Ich verlor augenblicklich die Balance, ging fast unter und hörte ihn laut lachen. Das Wasser umspülte uns beide, so herrlich warm, und ich wusste, dass es geschehen würde. Ich suchte nach seinen Lippen und küsste ihn. Seine Bartstoppeln kitzelten mich, als seine verlockenden, fremden Lippen mich streichelten und eroberten. Ich umarmte ihn, umschlang seine Hüften mit den Beinen und verschränkte sie hinter seinem Rücken. Er hielt mich fest. Seine Sanftheit und seine weichen, vorsichtigen Bewegungen erregten mich. Ich berührte seine Brust, fühlte die gespannten Muskeln und zum ersten Mal wurde mir klar, dass er nicht mal eine Badehose anhatte. Ich spürte, wie sein Schwanz im Wasser meine Schenkel berührte, und griff nach ihm. Er pulsierte und war wunderschön hart.

Der schöne Unbekannte hielt die Anspannung nicht mehr aus, zog mich näher an sich heran und löste meine Beine, die ihn fest umklammerten. Er versuchte, mir meinen String abzustreifen. »No, let's go back to the beach«, sagte ich, löste mich von ihm und schwamm zum Ufer zurück.

Am Strand standen die Menschen noch immer am Feuer. Wir gingen zu der Stelle, an der mein Handtuch lag, und setzten uns. Es spielte keine Rolle, dass wir kaum einen vernünftigen Satz miteinander gewechselt hatten. In diesem Moment zählte nur eines: unser Verlangen nacheinander. Mir war, als konnte ich seine Lust riechen. Vielleicht waren es die ersten ungeduldigen Spermatropfen vermischt mit seinem Duft, vielleicht war es aber auch nur der Geruch von Sonne und Meer auf unserer Haut. Die Begierde, die mich erfasste, verdrängte alles andere aus meinem Kopf. Außer dem Wunsch, diesen fremden Körper zu berühren, war dort nichts. Es war mir egal, was dieser Mann machte, wo er wohnte, aus welchen Verhältnissen er stammte, ich wollte ganz einfach nur vögeln. Doch nicht ohne zu verhüten. Da ich Single war, gehörten

Kondome zu den Dingen, die ich immer dabeihatte, wie das Geld oder die Wohnungsschlüssel auch. Und so griff ich blind in meine Tasche und fand schnell, was ich gesucht hatte.

Seine Finger ertasteten derweil unaufhaltsam meinen Körper, seine sanften Lippen saugten an meinen Brustwarzen. In der Dunkelheit der Nacht berührte er meine Schenkel und ich hörte seinen nervösen Atem. Ich fühlte, dass es ihn Kraft kostete, sich zurückzuhalten und nicht sofort in mich einzudringen. Als er sich über mich beugte, zog ich sein Gesicht zu mir. Er erwiderte meinen flammenden Kuss, sodass ich seine kratzenden Bartstoppeln erneut spürte.

Dann kniete er sich vor mich, hob meine Füße nacheinander an seinen Mund und liebkoste die einzelnen Zehen. Ich begriff zunächst nicht, was er vorhatte. Doch dann nahm er meine Schenkel und legte sie auf seine Schultern. Im nächsten Moment drang er in mich ein. Während seine Stöße immer heftiger wurden, hielt er meine Beine fest und liebkoste sie. Ich stöhnte im Rhythmus seiner Bewegungen.

»What are you doing?«, fragte ich leise. Er hatte für einen Moment angehalten und beugte nun meine Knie und presste mir meine angewinkelten Beine an den Bauch.

»You'll like it«, antwortete er. »Don't be afraid.«

Ich hatte keine Angst. Als er nun noch tiefer als zuvor in mich eintauchte, gab ich einen leisen, überraschten Laut von mir. Mit jedem seiner Stöße keuchte ich mehr. Diese Stellung war das Erregendste, das ich je ausprobiert hatte und brachte mich in nur wenigen Minuten zum Orgasmus.

Es war mir egal, was dieser Mann machte, wo er wohnte, aus welchen Verhältnissen er stammte, ich wollte ganz einfach nur vögeln.

Nachdem wir uns wieder voneinander gelöst hatten, badeten wir noch einmal zusammen und tranken einige Cocktails. Sie waren mittlerweile warm, denn an der Bar war das Eis längst aufgebraucht. An den Heimweg durch die steilen Klippen verlor ich keinen Gedanken. Auch wenn ich mir sicher war, dass die Taschenlampe, die ich dabeihatte, mir nicht wirklich weiterhelfen konnte.

Die Wahrscheinlichkeit war hoch, dass ich mir – angetrunken und im Dunkeln – alle Knochen brechen würde.

Da ich Melanie nicht finden konnte, nahm ich an, dass sie auch jemanden gefunden hatte, mit dem sie sich vergnügte, oder bereits ins Hotel zurückgekehrt war. Glücklich schlief ich irgendwann mit meinem zufälligen Liebhaber am Strand ein.

Als ich wieder aufwachte, schimmerte der Himmel schon rosa und blau. Es war halb fünf am Morgen und ich war bereits allein. Ich saß noch eine Weile da und versuchte, mich an die Ereignisse des letzten Abends zu erinnern. War das wirklich passiert? Hatte ich meine Hemmungen komplett verloren?

Ich suchte meine Klamotten zusammen und machte mich auf den Weg ins Hotel. Als ich die Tür zu unserem Zimmer öffnete, lag Melanie zwar noch in ihren Klamotten und Flipflops im Bett, sie wurde aber prompt wach. Neugierig stellte sie mir eine Frage nach der anderen und ich durfte kein einziges Detail auslassen.

Als ihr Wissensdurst endlich gestillt war, wollte auch ich etwas von ihr wissen: »Hast du zufällig mein Portemonnaie vom Strand mitgenommen?«

Melanie lachte los. »Meine Liebe, dein toller Liebhaber wollte bestimmt ein Andenken an dich haben.«

»Du spinnst, das würde er niemals machen«, wehrte ich ab.

»Ach so? Du kennst ja nicht mal seinen Namen!«

»Da waren doch tausend andere Leute am Strand!«

Melanie stellte mir noch gefühlte fünfzig Fragen über ihn und was ich von ihm hielt und wieso ich nicht nach seiner Telefonnummer gefragt hatte. Doch zu ihrer und wohl auch meiner Enttäuschung konnte ich keine einzige beantworten.

»Sag mal«, setzte sie schließlich an. »Für wen würdest du dich entscheiden, wenn du die Wahl hättest: für einen interessanten Mann, der einen tollen Job hat, viele Interessen mit dir teilt und ein ziemlich durchschnittlicher Liebhaber ist, oder für einen Typen, mit dem du wenig Gemeinsamkeiten hast, der nicht so gebildet ist, mit dem der Sex aber richtig geil und unvergesslich ist?«

»Ich würde den mit den dicksten Eiern nehmen«, antwortete ich spröde und sie brach in Gelächter aus.

Mein Portemonnaie samt 160 Dollar, Parkschein und Restaurant-gutscheinen ging an diesem ominösen Abend am Little Beach ver-loren. Da ich aber meinen Reisepass und die Kreditkarten sicher im Hotelzimmer verstaut hatte, machte ich mir keine allzu großen Sorgen darüber. Den Verlust des Geldes konnte ich verschmerzen. Schade nur, dass ich nie erfahren werde, wer der Mann war, mit dem ich diese unglaubliche Nacht verbracht hatte.

SABINE ANDERS

Glück im Spiel

Nina (28), Soziologiestudentin, München,
über
Rick (40), Musiker, Göttingen

- - - - - - - - - - - -

»Ich hatte keine Ahnung, wie Poker ging, aber
eine gute halbe Stunde später entnahm ich einem
Aufschrei von Jens, dass Rick das Spiel gewonnen
hatte. Oder vielmehr mich gewonnen hatte.«

- - - - - - - - - - - -

Ich praktizierte bereits seit drei Jahren Yoga, als ich mich von meiner Lehrerin überreden ließ, sie für eine Woche in eines dieser Kloster zu begleiten, in dem sie Yogalehrer ausbilden – Aschram nannte sie es. Ich hatte nicht vor, mich näher auf die spirituelle Seite von Yoga einzulassen. Zwar gefiel mir an diesem Sport gerade, dass er sich irgendwie geistreicher anfühlte als die monotonen Übungen beim Aerobic, aber zum Yogi wollte ich trotzdem nicht werden. Freiheit von allen Leidenschaften als oberstes Ziel? Nicht mit mir. Für mich gehörte unglücklich sein zu einem erfüllten Leben; das ganze Drama und die Tragik, das Auf und Ab, das uns erst spüren lässt, dass wir lebendig sind, wollte ich nicht missen.

Trotzdem fuhr ich mit. Eine Woche lang jeden Tag zwei Yogastunden. Das klang gut, denn auch wenn ich unyogisch war, verspürte ich durchaus Ehrgeiz und wollte besser werden.

Während meine Yogalehrerin eine Intensiv-Fortbildung besuchte, bei der ihr ganzer Tagesablauf von früh bis spät mit Unterrichtseinheiten vollgestopft war, hatte ich mich für die Touristenvariante entschieden. Das heißt, es stand mir frei, jeden Tag an zwei Yogastunden teilzunehmen – oder es sein zu lassen.

Ich sah ihn zum ersten Mal in einer Abendstunde zu Beginn der zweiten Woche meines Aufenthalts. Allein sein Äußeres verriet mir, dass ich die Finger von ihm lassen sollte. Er war genau der Typ Mann, in den ich mich immer verliebte, von dem ich aber nie etwas zurückbekam: einer von den Männern, die unverschämt von ihren eigenen Fähigkeiten überzeugt waren, die zu den Besten in ihrer Sportart oder ihrer Kunst zählten, die im Mittelpunkt standen, wo sie auftauchten, und von allen Frauen im Raum angehimmelt wurden und dazu noch hellhaarig und groß, schlank und sportlich waren. Ich wusste, dass ich mich besser nicht in ihn verlieben sollte, tat es aber dennoch augenblicklich.

> Ich war nicht die Einzige im Raum, die ausschließlich wegen des Lehrers an der Stunde teilnahm.

Und als ich am nächsten Vormittag die Yogastunde besuchte, die er gab, verliebte ich mich noch ein wenig mehr in ihn. Sein T-Shirt rutschte hoch, als er uns vormachte, wie ein korrekter Delfin aussah, und gab seinen nackten Rücken frei. Mit diesen Muskeln musste jede Yogaübung zum Kinderspiel werden. Und ich war nicht die Einzige im Raum, die ausschließlich wegen des Lehrers an der Stunde teilnahm. Beinahe hätte ich gelacht, als ich mich umblickte und in die Gesichter lauter dahinschmelzender Frauen sah – ich konnte ihnen nicht böse sein oder eifersüchtig auf sie. Es schien mir richtig, dass sich alle an seiner Schönheit erfreuten. Kunstwerke gehörten auch nicht in Privatbesitz, sondern in ein Museum.

Am frühen Nachmittag sah ich ihn wieder und erfuhr mehr über ihn. Er saß, natürlich zusammen mit einer Frau, an einem Tisch auf der Terrasse, auf der meine Arbeitsgruppe das Unkraut zwischen den Steinen herauszupfte. Ich hatte mich nicht als freiwillige Helferin gemeldet, um mein Karma aufzubessern, sondern weil ich dann weniger für die Übernachtungen zahlen musste. Normalerweise fand ich die Arbeit lästig, aber seine Anwesenheit ließ sogar das Unkrautjäten zur Freude werden. Ich vermied es, ihn anzusehen, während ich in nur fünfzig Zentimetern Entfernung auf allen vieren um ihn herumkrabbelte und ziemlich wahllos kleine grüne Pflanzen ausriss. Lieber wäre ich natürlich unter seinen Tisch und zwischen seine Beine gekrabbelt, aber ich riss mich zusammen. Aus seinem Gespräch mit der Frau erfuhr ich, dass er erst an meinem Geburtstag angekommen war und schon am nächsten Tag wieder abreisen wollte. Ich hatte also keine Zeit mehr, darauf zu warten, dass er mich ansprach. Handeln war gefragt.

Auf dem Weg zum Abendessen, im langen Flur zum Speisesaal, passte ich ihn ab. Ich fragte ihn einfach, wann er wieder eine Yogastunde geben würde, und tat sehr überrascht, als er sagte, dass er schon am nächsten Tag nach Hause fahren würde.

»Wohin?«

»Nach Göttingen.«

»Und was machst du in Göttingen?«

»Vater sein.«

Leider war der Flur zu Ende, bevor ich ihn weiter ausfragen konnte, und am Eingang des Speisesaals wurde er natürlich von drei Frauen erwartet.

Drei Tage später fuhr ich selbst nach Hause und hatte eigentlich beschlossen, ihn mir aus dem Kopf zu schlagen. Aber es waren Semesterferien, mir war langweilig und ich hatte nichts zu verlieren. Was meinte er mit »Vater sein«? Ich rief in dem Yogakloster an und fragte nach seinen Kontaktdaten. Das Erstaunliche daran war nicht, dass sie wussten, wen ich meinte, obwohl ich ihn nur unter seinem Yoga-Alias kannte, sondern dass sie mir, ohne zu zögern und ohne zu fragen, wer ich war oder warum ich nachfragte, seine E-Mail-Adresse gaben. Von Datenschutz hatten sie anscheinend noch nie gehört. Oder hatte Alexander, wie er im normalen Leben hieß, sein Okay gegeben? War er ein Frauenheld? Zugetraut hätte ich es ihm. Ein Handy besaß er als Yogi natürlich nicht. Also schrieb ich ihm.

Es dauerte drei E-Mails, bis er kapiert hatte, wer ich war und was ich wollte. Ich fragte ihn, ob er in Göttingen angekommen war, und als er mich fragte, ob ich auch dort war, gestand ich ihm ganz offen und ehrlich, dass ich mich in ihn verliebt hatte und ihn gern wiedersehen würde. Er reagierte freundlicher, als ich erwartet hatte, schrieb, dass er das zu schätzen wüsste und meine Gefühle respektierte. Er setzte hinzu, dass er einen Sohn hatte, aber nicht mit der Mutter zusammen war. Es hörte sich so an, als läge das alles Jahre zurück, als wäre der Sohn mindestens zehn. Vor allem deshalb, weil er mich tatsächlich einlud, ihn in Göttingen zu besuchen. Natürlich fragte ich mich, wie alt er sein mochte, aber sein Alter verriet er mir nicht, aus Prinzip, weil Zahlen und Daten für einen Yogi keine Rolle spielen durften.

Am nächsten Tag saß ich im Zug nach Göttingen und wunderte mich, dass es tatsächlich Leute auf der Welt gab, die genauso verrückt waren wie ich. Gut, die meisten Yogis spinnen ein bisschen – wie sehr sollte ich erst noch erfahren.

Alexander holte mich vom Bahnhof ab, zur Begrüßung gab es nur eine kurze Umarmung. Das Erste, was er sagte, war, dass es schade wäre, dass mein Parfüm meinen natürlichen Frauengeruch überdeckte. Wenig später stellte sich heraus, dass er annahm, Bernice, die Mutter seines Sohnes, hätte mich geschickt. Sein Sohn war nämlich keineswegs zehn Jahre alt, sondern zwei Wochen. Das war offensichtlich der einzige Grund, warum er meinem Besuch zugestimmt hatte. Auf Nachfragen fand ich heraus, dass Alexander in dem Aschram mit einer Simone geschlafen hatte – natürlich ohne Kondom – und sie am folgenden Tag überredet hatte, die Pille danach zu nehmen, obwohl sie sich ein Kind wünschte. »Ich bin mir aber sicher«, erklärte er mir, »dass sie gar nicht schwanger war.« Er behauptete, er spürte beim Sex, ob eine Frau empfing oder nicht.

Auf Simone war dann Bernice gefolgt, mit der er bereits sieben Monate zusammen gewesen war, bevor sie schwanger geworden war. Er hatte von Anfang an davon gewusst und auch nicht versucht, sie zu einer Abtreibung zu überreden, was ihn allerdings nicht davon abgehalten hatte, mit einer gewissen Meike zu schlafen, die von der Beziehung der beiden wusste.

Seine Erzählungen erinnerten mich stark an einen T.-C.-Boyle-Roman – ein Eindruck, der sich erhärtete, als Alexander seelenruhig hinzufügte, er verstünde nicht, warum Bernice sauer auf ihn sei und ihn nicht zu ihrem gemeinsamen Sohn lassen wollte. Schließlich hätte er ihr erklärt, dass er sich geändert hatte.

Beinahe hätte ich gelacht. Ich verstand Bernice sehr gut. Ich verstand auch Simone und Meike sehr gut – Alexander sah einfach verdammt gut aus, ein Traumvater für ein Wunschkind, und genau wie Meike hätte mich die Tatsache, dass er eine Freundin hatte, nicht davon abgehalten, mit ihm ins Bett zu steigen. Vielleicht wollte sich Meike ja auch an Bernice rächen, wer weiß das schon? Jedenfalls schien es nicht sehr klostermäßig zuzugehen in diesen deutschen Aschrams. Auf der Tagesordnung stand dort wohl eher Sinnlichkeit als Besinnlichkeit.

Meine Yogalehrerin hatte in ihren Stunden öfter erwähnt, dass die Übung Kopfstand ursprünglich dazu gedient hatte, bei Männern den Samenfluss umzukehren und ihre sexuelle Energie in spirituelle umzuwandeln – aber offensichtlich war diese Theorie nicht gerade glaubwürdig.

»Was machen wir jetzt?«, fragte Alexander, als ich ihn davon überzeugt hatte, dass Bernice mich wirklich nicht geschickt hatte, um ihn zu testen.

»Ich kann natürlich mit dir schlafen, aber …« Er beendete den Satz nicht und ich fragte mich, was das Aber war. Ich wollte nach wie vor gern mit ihm schlafen, obwohl mein Sinn für Romantik mittlerweile weg war. Vorerst gingen wir in seine Wohnung, ein winzig kleines, nur mit Matratze und Yogakissen ausgestattetes Ein-Zimmer-Appartement. Natürlich gab es keine Stühle. Mit gekreuzten Beinen auf dem Boden sitzend servierte er mir Obst und forderte mich auf, »anzukommen«. Den ganzen Nachmittag diskutierten wir, ob wir nun miteinander schlafen sollten oder nicht. Schließlich behauptete er allen Ernstes, dass jeder Orgasmus sein Leben verkürzte – da gab ich es auf. Ich lehnte sein Angebot ab, auf einer Matratze bei ihm zu übernachten, und machte mich auf den Weg zum Bahnhof. So ein Reinfall.

Am Bahnhof stellte ich fest, dass ich diese Nacht auch nicht mehr nach Hause kommen würde. Mist. Ich brauchte eine Übernachtungsgelegenheit.

»Ich kann natürlich mit dir schlafen, aber …« Er beendete den Satz nicht und ich fragte mich, was das Aber war.

Und ein bisschen Trost, oder wenigstens Aufheiterung nach dem Misserfolg. Zum Glück war Göttingen eine Studentenstadt, trotz Semesterferien waren nicht alle Kneipen verwaist.

Ich musste mich durch drei trinken und war schon ordentlich beschwipst, als mich endlich ein Typ ansprach, der passabel aussah. Er führte mich zu einem Tisch, an dem noch drei Kumpels von ihm saßen – zwei, die eindeutig Studenten waren, und einer, der in die Kategorie »Altrocker« fiel. Ich schätzte ihn auf Ende dreißig oder Anfang vierzig. In seine dunklen Haare mischten sich einzelne graue, aber sein offensichtlicher Versuch, so auszusehen wie Bruce Springsteen, inklusive rotem Halstuch als Stirnband, wirkte trotzdem nicht lächerlich.

»Nina sucht einen Platz zum Übernachten«, stellte Jens mich seinen Freunden vor. »Sie hat ihren Zug verpasst.«

»Und wen von uns hast du dir ausgesucht?«, fragte Rick, der Rocker.

»Ich weiß nicht«, sagte ich. »Gar keinen. Sucht ihr aus.«

»Da gibt es nur eine Lösung.« Rick zog einen Stapel Karten aus der Jacke seiner Jeans. »Wir pokern.«

Ich hatte keine Ahnung, wie Poker ging, aber eine gute halbe Stunde später entnahm ich einem Aufschrei von Jens und der Frustration, mit der Tommy seine Karten auf den Tisch zurückwarf und Martin sich in seinem Stuhl zurücklehnte, dass Rick das Spiel gewonnen hatte. Oder vielmehr mich gewonnen hatte.

»Tja, Jungs. Pech gehabt.« Er sammelte die Karten ein, legte einen Zwanzigeuroschein auf den Tisch und stand auf. »Gehen wir?« Ich nahm meinen Koffer und meine Handtasche und folgte ihm zu einem roten Auto. Er hievte meinen Koffer in den Kofferraum und schloss die Beifahrertür auf, öffnete sie aber nicht für mich, bevor er selbst einstieg. Auf der Fahrt sagte er nicht viel. Die laute Musik, die aus seinen Lautsprechern tönte und offensichtlich nicht aus dem Radio stammte, sondern von einer CD, hätte eine Unterhaltung auch recht anstrengend gemacht. Ich unterdrückte ein Gähnen. Mittlerweile war ich fast wieder stocknüchtern, aber müde. Die Uhr auf Ricks Armaturenbrett zeigte 1:30 Uhr an.

Als wir die Stadt hinter uns ließen, Rick den Wagen auf eine unbeleuchtete Landstraße lenkte und eine Bierdose öffnete, überkam mich kurzzeitig ein mulmiges Gefühl. Vielleicht hätte ich die Nacht doch besser in der Obhut der Deutschen Bahn verbringen sollen. Was, wenn Rick jetzt einfach auf einen gottverlassenen Parkplatz fuhr? Es ist deine Schuld, Alexander, dass ich hier bin, dachte ich wütend. »You'll be sorry when I'm dead and all this guilt will be on your head ...« Doch Rick steuerte den Wagen sehr sicher, hielt sich einigermaßen an die Geschwindigkeitsbegrenzungen, und wenn ich ihm nicht schon seit knapp zwei Stunden beim Trinken zugeschaut hätte, hätte ich ihm seinen Alkoholkonsum nicht angemerkt.

Er hielt nicht auf einem Parkplatz, sondern vor einem Haus, das einmal ein Bauernhof gewesen sein musste, denn es war das einzige Haus weit und breit. Als ich ausstieg, sah ich ringsum nur Wiesen, Felder und Wälder im Mondlicht. Ein bellender Hund riss mich aus meinen Gedanken. Er schoss schwanzwedelnd und sich vor Freude fast überschlagend aus der Tür und sprang an mir genauso begeistert hoch wie an Rick. Seine Krallen hinterließen winzige Kratzer auf meinen nackten Beinen. Nicht nur deswegen wäre es mir lieber gewesen, ich hätte eine Jeans statt meines Rockes getragen.

Im Wohnzimmer schaltete Rick als Erstes die Stereoanlage ein. Dann holte er etwas aus der Küche und setzte sich aufs Sofa. Der Hund, ein wüstensandfarbener Collie-Mischling, sprang in seinen Korb und rollte sich zusammen. Ich blieb stehen und sah mich um. Offensichtlich war Rick ein Gitarren- und Plattensammler.

»Joint?«, fragte er, während er sich einen anzündete. Ich schüttelte den Kopf.

»Hast du Angst?«

»Nein. Sollte ich?«

»Angst ist nicht immer schlecht.«

»Soll heißen?« Mir stellten sich die Haare auf, aber es war kein unangenehmes Gefühl.

»Du bist mir hier hilflos ausgeliefert.«

»Wie kommst du darauf, dass ich hilflos bin? Alle Mädchen lernen heute Selbstverteidigung in der Schule.«

»Und ihr lernt nicht, dass man nicht einfach mit wildfremden Männern nach Hause geht?«

»Doch. Aber ich wollte auch nicht am Bahnhof übernachten. Außerdem sind bekannte Männer auch nicht weniger gefährlich als fremde. Was hast du jetzt mit mir vor?« Meine Müdigkeit war wie weggewischt. Ich spürte ein angenehmes Kribbeln am ganzen Körper.

»Eigentlich sollte ich dir jetzt eine Lektion erteilen, damit du so etwas nicht noch mal machst. Aber dann riskiere ich wohl, dass ich dich nie wiedersehe.«

»Probier's aus.«

Rick war am Ende seines Joints angelangt und drückte ihn in einem Aschenbecher aus. Dann stand er vom Sofa auf, umfasste meine Taille und hob mich hoch. Er war kräftiger, als er aussah. Ich bin gute 1,70 Meter groß und kein zartes Püppchen, aber ich wehrte mich nicht. Erstens hatte ich überhaupt keine Lust dazu, und zweitens hätte es, falls er es ernst gemeint hätte, wahrscheinlich nicht viel gebracht. Nur der Hund fing an zu bellen.

Zum Glück zog er meinen Rock hoch, ohne dass ich etwas sagen musste.

»Sei ruhig, Dolly«, sagte Rick. Er trug mich in sein Schlafzimmer, warf mich auf das Bett, setzte sich auf mich und drückte meine Arme in die Matratze. Überrascht spürte ich, wie ich feucht wurde. Vielleicht war es sein Geruch nach dem Joint, oder roch er immer so? Er sah mich mit gespielter Strenge an und ich hatte alle Mühe, einen Lachanfall zu unterdrücken. Er knöpfte mir die Bluse auf, dann drehte er mich auf den Bauch und öffnete meinen BH. Seine Hände fühlten sich gut an. Er strich meine Haare zur Seite und biss mir in den Hals. Ich unterdrückte ein Stöhnen und wusste, dass ich mich gleich ziemlich heftig wehren würde, wenn er nicht in spätestens einer Minute einen Finger oder sein Glied in mich schob oder es mich selbst tun ließ. Zum Glück zog er meinen Rock hoch, ohne dass ich etwas sagen musste. Seine Hand fand zielsicher den Weg in meine Unterhose, und als er seinen Finger in mich steckte, konnte ich nicht anders, ich musste einfach stöhnen. Mit einer Hand tastete ich nach meiner Unterhose, aber Rick fing meinen Arm ab und hielt ihn auf meinem Rücken fest. Mit meinem anderen Arm machte er dasselbe.

»Das ist unfair«, sagte ich. Er hielt meine Hände mit einer Hand fest, was ihm hauptsächlich deshalb gelang, weil ich gar nicht versuchte, mich aus seinem Griff zu befreien. Ich wollte ja, dass er möglichst schnell wieder seinen Finger in mich schob. Und das tat er. Ich spürte seinen Atem an meinem Ohr und hoffte, dass er hineinbiss.

»Dir gefällt das, ja?«

»Kann sein. Aber hauptsächlich gefällst du mir.«

»Machst du das regelmäßig? Dich vergewaltigen lassen?«

»Sich vergewaltigen ›lassen‹ geht überhaupt nicht, das ist ein Widerspruch in sich, und jetzt hör auf zu diskutieren und mach endlich weiter!« Er zog seinen Finger aus mir heraus und ich wollte ihn gerade fragen, was zum Teufel er machte, als ich spürte, wie er sein Stirnband-Halstuch um meine Handgelenke band. Dann zog er mir die Unterhose herunter, nur ein Stück weit, bis zu den Knien.

»Wenn du mich jetzt so liegen lässt, werde ich ernsthaft sauer«, warnte ich ihn.

»Ja? Das möchte ich sehen.« Er stand tatsächlich auf. Ich drehte mich auf den Rücken und befreite mich strampelnd von meiner Unterhose. Er hatte noch nicht einmal angefangen, sich auszuziehen, aber die Erektion unter seiner Jeans konnte er nicht verstecken.

»Komm schon«, sagte ich. »Schlaf mit mir. Ich vertrage heute keine zweite Ablehnung mehr.«

»Weißt du, das macht mich ziemlich wütend, dass du dich so in Gefahr begibst.«

»Du bist nicht gefährlich.«

»Woher willst du das wissen? Und wenn du an jemand anderen geraten wärst?«

»Du bist aber nicht jemand anderes.«

Ich stieg aus dem Bett, drehte mich mit dem Rücken zu ihm und tastete mit meinen gefesselten Händen nach seinem Gürtel. Er hielt mich nicht davon ab, seine Hose zu öffnen und sein Glied aus seiner Unterhose hervorzuholen. Ich wollte mich wieder umdrehen und vor ihm auf die Knie gehen und ihn lecken, doch er schubste mich zurück aufs Bett und drang endlich in mich ein. Ich stöhnte wieder und bald stöhnte er mit und biss in mein Ohr. Ich kam, bevor seine Stöße heftiger wurden und er nicht mehr an sich hielt. Ich drehte den Kopf zur Seite und lächelte ihn an.

»Danke. Das war herrlich unyogisch.«

»Unlogisch?«

»Nein, nicht unlogisch, unyogisch. Erklär ich dir morgen. Bindest du mich jetzt los oder muss ich ohne Zähneputzen ins Bett gehen?«

»Ich bin noch nicht fertig mit dir.« Er ging aus dem Zimmer. Die Tür ließ er offen und ich hörte, wie er einen Wasserhahn aufdrehte. Gerade als ich beschlossen hatte aufzustehen, kam er zurück. Er drehte mich auf den Rücken, sanfter als vorhin, und wusch mich mit einem angenehm warmen Waschlappen. Ich seufzte und presste mich gegen seine Hand. Zum ersten Mal an dem ganzen Abend lächelte er.

»Heißt das, dass ich dich wiedersehe?«

»Ich denke schon«, sagte ich. »Ich glaube, ich kann mein Studium genauso gut in Göttingen zu Ende machen.«

ANNA BUNT

Ready for Take-off

Christine (27), Flugbegleiterin, München,
über Christopher (38), Flugbegleiter, Stuttgart,
und Rafael (32), Flugbegleiter, München

- - - - - - - - - - - -

»Seine Zunge tastet sich weich und warm in
meinen Mund vor. Mir ist, als würde jemand in meinem
Kopf Silvester feiern: knallende Sektkorken,
explodierende Raketen und knatternde Böller.«

- - - - - - - - - - - -

Am Flughafen »Franz Josef Strauß« treffe ich meinen Kollegen Christopher. Ich habe heute einen anstrengenden Arbeitstag vor mir. Mehr als 15 Stunden in der Luft, bis wir in São Paulo landen. Hoffentlich werden wir heute keine allzu nervigen Gäste an Bord haben, die mir Fragen stellen, wie zum Beispiel, warum wir eigentlich einen Bogen fliegen statt den direkten Weg nach São Paulo zu nehmen. Seit wie vielen Jahren weiß man mittlerweile, dass die Erde keine Scheibe ist? Manche Menschen können diese kognitive Leistung offenbar nicht erbringen und ausgerechnet sie sitzen dann immer in meinem Flieger. Ich versuche, den schon wieder aufkommenden Frust zu verdrängen. Der würde mich nur bei meiner Arbeit behindern. Es führt ja zu nichts.

Ich kann froh sein, dass ich schon so lange bei der Airline bin, dass ich dementsprechend gute Konditionen habe, und nicht zu vergessen natürlich, dass ich mit Christopher fliegen kann! Seit wir uns vor vier Jahren auf einem viel zu kurzen Flug von Frankfurt nach New York kennengelernt haben, sind wir ein Herz und eine Seele und versuchen immer unsere Flüge so zu legen, dass wir in der gleichen Maschine arbeiten können.

Christopher umarmt mich, küsst mich, drückt mir erst mal einen Plastikbecher mit Kaffee in die Hand. Ich bin noch viel zu müde, um große Konversation zu betreiben, und sehe in sein grundsätzlich leicht gebräuntes Gesicht. Fast immer hängt ihm eine kleine blonde Haarsträhne in die Stirn. Ich liebe seine hellen Augen, die bereits von einigen Fältchen umrahmt werden. Er hasst diese Fältchen genauso, wie er es hasst, über sein Alter zu sprechen. Ich hingegen finde, dass jedes kleine Fältchen – und ich spreche hier wirklich keineswegs mit ironischem Unterton von *kleinen* Fältchen – ihn noch ein bisschen sympathischer macht. Zusätzlich liebe ich es, ihn in seiner Uniform zu sehen. Sie steht ihm so gut. Doch bisher konnte ich ihn nicht dazu überreden, auch privat etwas Uniformähnliches zu tragen.

Das Briefing und die Zeit bis zum Boarding ziehen irgendwie an mir vorüber. Ein kleines bisschen wacher werde ich erst, als

Christopher mich mit einem Ellenbogenstoß in die Seite auf den brasilianischen Kollegen aufmerksam macht, der uns heute an Bord unterstützt. Wie so viele Südamerikaner ist er wunderschön. Keine andere Beschreibung könnte treffender sein. Seine Augen sind so dunkel, dass man Pupille und Iris kaum unterscheiden kann. Das dunkelbraune Haar fällt ihm in die Stirn. Sein Lächeln ist charmant. Gleiches gilt für seinen Akzent. Christopher macht mich auf den kleinen runden Hintern aufmerksam, den ich unter der Uniform nur erahnen kann. Ich glaube, homosexuelle Männer haben einen Röntgenblick. Ich sehe diesen Hintern – möge er auch noch so knackig sein – nicht als interessant für mich an, da ich nicht davon ausgehe, dass sich dieser Mann besonders für Frauen interessiert. Schließlich ist er ein Kollege von mir und ich kann mich nicht erinnern, wann ich den letzten heterosexuellen Flugbegleiter getroffen habe.

Christopher umarmt mich, küsst mich, drückt mir erst mal einen Plastikbecher mit Kaffee in die Hand.

Unter anderem deshalb muss ich mir immer dumme Sprüche von Marc anhören. Marc und ich sind seit guten fünf Jahren verheiratet und – ich gestehe es mir nicht gern ein – unsere Ehe ist nicht die beste. Nicht mehr zumindest. Ich würde sagen, wir sind gute Freunde. Manchmal haben wir tatsächlich auch noch Sex, aber der beschränkt sich auf die Tage, an denen Marc aus der Sauna kommt. Ich vermute, er hat dann so viele nackte Frauenkörper begafft, dass er tatsächlich mal Lust auf mich hat. Anfangs hat es sich demütigend angefühlt, mittlerweile habe ich mich längst mit der Situation abgefunden. Ich kann nicht sagen, ob Marc mich betrügt oder ob er einfach nur sexuell desinteressiert ist. Im Grunde ist es mir auch egal. An den Fakten ändert es nichts und im Großen und Ganzen geht es mir gut mit ihm. Klar wäre ein spannendes Sexualleben das Sahnehäubchen auf unserer Beziehung, aber man kann eben nicht alles haben. Das sage ich mir immer wieder und versuche, mich mit dem zufriedenzugeben, was ich habe. Ob es Marc wohl interessieren würde, wenn ich mir einen Liebhaber zulegen würde?

Diese Frage habe ich mir schon oft gestellt. Irgendwie hat sich aber bisher keine Gelegenheit ergeben, es auszuprobieren, und ich suche sie auch nicht.

Christopher reißt mich aus meinen Gedanken und drückt mir die Teekanne in die Hand. Wie ein Roboter gehe ich den Mittelgang entlang und biete das Heißgetränk immer mit denselben Worten und immer im selben Tonfall an. Als ich am anderen Ende des Flugzeuges angekommen bin, sehe ich, wie Rafael – so heißt unser sexy brasilianischer Kollege – und Christopher eindeutig zweideutige Blicke austauschen. Unter Heteros würde man das wohl einen Flirt nennen, unter Schwulen würde ich es fast schon als mentalen Sex bezeichnen.

> Unter Heteros würde man das wohl einen Flirt nennen, unter Schwulen würde ich es fast schon als mentalen Sex bezeichnen.

Vergleichbares habe ich bei Mann und Frau noch nie gesehen. Christopher lächelt mich an und gibt mir einen Kuss auf die Wange, als er bemerkt, dass ich Rafael und ihn beobachtet habe. »Das Sahneschnittchen ist heute noch fällig«, schwört er.

In São Paulo empfangen uns angenehme 27 Grad. Im Bus auf dem Weg zum Crew-Hotel sitzen wir hinter Rafael, der uns den ganzen Weg lang mit seinem charmanten brasilianischen Akzent von seiner Heimatstadt erzählt. Dank ihm steht das Programm für den Abend bereits fest: Essen und die ersten Cocktails im Hotel, weitere Cocktails in verschiedenen Bars und schließlich die Nacht durchtanzen in einem der angesagtesten Gay-Clubs der Stadt. Ich überlege, ob ich mich noch für ein Stündchen an den Hotelpool legen könnte, wenn wir gegen 17 Uhr Ortszeit im Hotel eintreffen. Mal sehen. Im Notfall habe ich dafür ja auch morgen noch Zeit. Manchmal muss man eben auch Spaß haben. Vor allem, wenn man zum ersten Mal in São Paulo ist.

Die Bässe wummern in meinem Bauch, als wir den Club betreten. Ich tauche in ein Meer von schönen Männern ein. Christine im Wunderland. Oder besser im Schlaraffenland? Ich erinnere mich an beide Geschichten nicht so genau. Auf jeden Fall gefällt es mir extrem gut in diesem Laden, so viel ist sicher. Der einzige kleine Minuspunkt vielleicht: Bei den vielen wunderschönen Frauen, die sich unter die Männer mischen, kann man durchaus einen Minderwertigkeitskomplex bekommen.

Immerhin begegnet man mir außerordentlich freundlich. Macht mir Komplimente für meine blonden Haare und die blauen Augen. Hätte ich nicht bereits zwei Begleiter, wäre es nicht schwierig, Gesellschaft für den Abend zu finden. Auf rein platonischer Ebene, das versteht sich von selbst. Die Tanzfläche ist bereits rappelvoll. Ich sehe viel nackte Haut, viele sonnengebräunte muskulöse Oberarme und auch ganz nackte Oberkörper, die sich schweißglänzend im Halbdunkel bewegen. An den Anblick knutschender Männer habe ich mich durch den Besuch ähnlicher Clubs in aller Welt schon gewöhnt. Von Anfang an hat mich das nicht sonderlich befremdet und es ist mir auch durchaus schon mal passiert, dass ich es irgendwie heiß fand, dabei zuzusehen. Marc dürfte nie wissen, dass ich solche und ähnliche Gedanken hege. Ich sehe bereits seinen missbilligenden Blick vor meinem inneren Auge. Vielleicht ist Marc einfach nur ein kleines bisschen verklemmt, denke ich, und verdränge den Gedanken an ihn auch gleich wieder.

Ich bin ein wenig berauscht vom Alkohol, aber nicht betrunken. Mit einem charmanten Lächeln drückt mir Rafael ein Glas Sekt in die Hand und stößt seines ohne mein Zutun dagegen. Würde ich nicht wissen, dass er schwul ist, würde mich sein Blick wohl direkt in einen sexuellen Erregungszustand versetzen. Noch bevor ich mein Glas geleert habe, nimmt er es mir wieder aus der Hand und zieht mich hinter sich her in Richtung Tanzfläche. Wo ist eigentlich Christopher abgeblieben? Warum nur überlässt er sein Sahneschnittchen hier der ansehnlichen Konkurrenz? Vielleicht sollte ich Rafael einfach ein wenig vom Geschehen um ihn herum ablenken, auch wenn ich nur eine Frau bin.

Zu meiner Überraschung braucht es nicht viel der Ablenkung. Er rückt mir beim Tanzen ziemlich auf die Pelle und lässt mich keinen Moment aus den Augen. Wenn ich nicht wüsste, dass er schwul ist, würde ich mich sehr unwohl und äußerst billig fühlen. Aber im Hier und Jetzt hat das momentane Verhalten von Rafael nichts zu bedeuten. Und so lasse ich mich auf sein Spielchen ein. Er ist jetzt hinter mir und selbst in der warmen Disco-Luft fühle ich seinen heißen Atem an meinem Ohr. Seine Hände legen sich zuerst auf meine Hüften, greifen irgendwann meinen Po. Es ist genau die richtige Mischung aus Härte und Sanftheit und ich kann mich nicht dagegen wehren, dass mein Körper darauf reagiert. Ich freue mich über die Tatsache, dass ich meinen Gefühlen freien Lauf lassen kann, dass ich keine Angst haben muss, irgendwelche Verpflichtungen einzugehen, dass ich mich später einfach unter die Dusche stellen kann, um dort die sexuelle Energie freizusetzen, die sich da gerade in mir aufbaut. Ich genieße einfach nur dieses Gefühl und mir wird bewusst, dass mich schon lange kein Mann mehr auf die Art und Weise berührt hat, wie Rafael es gerade tut. Seine Hände sind überall auf meinem Körper und wir tanzen.

Warm und stark legt sich seine Handfläche auf meinen Unterleib. Ich sehe aus dem Augenwinkel dicke Adern unter brauner Haut. Seine andere Hand tastet sich langsam nach oben in Richtung meiner Brüste. Er wird doch nicht ... Er wird. Durch den leichten Stoff meines Tops findet er meine Brustwarze und beginnt, mit ihr zu spielen. Erst so zart, dass ich es kaum spüre. Das macht mich rasend. Ich weiß nicht, ob ich mich wehren würde, wenn er mich hier und jetzt mitten auf der Tanzfläche bis zum Orgasmus fingern würde. Ich muss diese Vorstellung ganz schnell aus meinem Bewusstsein verbannen. Doch sie ist einfach zu gut.

Und wo ist eigentlich Christopher? Ich schaffe es nicht, dieser Frage länger nachzugehen. Rafaels Hand schiebt sich nämlich gerade in diesem Moment unter mein Top. Soll ich ihm Einhalt gebieten? Das sollte ich sicherlich tun, doch ich schaffe es nicht. Er zieht die dünne Spitze meines BHs nach unten und ich spüre seine Hand auf meiner Brust. Haut trifft auf Haut und ein Blitz fährt hinab in meinen Unterleib. Ich glaube, ich gebe tatsächlich ein Stöhnen von mir, doch wer kann das schon hören in einer Diskothek, in der laute House-Musik aus den Boxen dröhnt?

Im Moment bin ich mir überhaupt nicht mehr sicher, ob Rafael wirklich schwul ist. Kann ich mich so sehr getäuscht haben? Die Blicke, die er mit Christopher ausgetauscht hat, waren meines Erachtens mehr als eindeutig. Und außerdem hat er sich den ganzen Tag weder um mich noch um unsere Kolleginnen gekümmert. Auch beim Abendessen hatte ich den Eindruck, dass ich nicht mehr bin als eine hübsche Begleitung, so eine Art Accessoire, das man bei einer derartigen Partynacht gern mal herumzeigt, ohne dass irgendjemand auf die Idee kommen würde, dieses Getue ernst zu nehmen. Doch mittlerweile irritiert mich Rafaels Verhalten zusehends. Als sich seine Hand nun auch noch auf den Weg in meine Hose macht, zucke ich kurz zusammen. Sofort zieht er sie zurück.

Ich habe es nicht mit Absicht getan. Hätte ich doch bloß nicht gezuckt! Fast schon spüre ich Enttäuschung in mir aufsteigen. Na ja, war ja auch dumm von mir, dass ich mir insgeheim schon mehr erhofft habe als den erlösenden Orgasmus, den ich mir selbst unter der Dusche bereiten werde und bei dem ich mir auch noch jeden Mucks verkneifen werde, weil ich mir mein Zimmer mit Christopher teile. Meine Meinung bestätigt sich, als plötzlich Christopher auftaucht und Rafael nur noch Augen für ihn hat. Es dauert nicht lange, da sehe ich, wie Rafael Christopher in eine Ecke drängt und die beiden wild zu knutschen beginnen. Ich erwarte nicht, dass sie zeitnah damit aufhören, und so werfe ich mich wieder in die Menge und beginne, meinen Körper im Takt der Musik zu bewegen. Habe ich es doch gewusst! Rafaels Verhalten mir gegenüber war reines Geplänkel, Zeitvertreib, eine kleine Show, mehr nicht.

Es ist noch recht früh, als Christopher sich durch die Menge kämpft, um mir mitzuteilen, dass Rafael und er beschlossen haben, die Veranstaltung zu verlassen. Es kann mir nicht schaden, etwas früher als geplant unter die Dusche zu kommen, denke ich und füge mich. Zu dritt sitzen wir wenig später im Taxi auf der

Rückbank. Christopher rechts, ich links von Rafael. Der hat die Arme um uns beide gelegt und ich lehne mich an seine Schulter. Keine Spur von Schweißgeruch, nicht mal nach dem Besuch einer Diskothek. Ich atme tief ein, nehme den gleichen Duft – seinen Duft – wahr wie schon zuvor auf der Tanzfläche. Eine Mischung aus süßem Parfüm, Männerhaut und Zigarettenrauch. Vielleicht ist doch ein kleines bisschen Schweiß dabei. Aber ganz sicher nur ein kleines bisschen! Mein Körper reagiert schon wieder. Ich versuche, nicht darauf zu achten. Aus dem Augenwinkel sehe ich, wie die beiden Männer schon wieder mit Blicken spielen. Ob sie wohl so gut darin sind, dass der eine wirklich genau versteht, was der andere meint? Christopher schenkt mir ein Lächeln über Rafaels Schulter hinweg.

»Na, dann werde ich euch beiden wohl für heute Nacht das Doppelzimmer überlassen«, verspreche ich gespielt großzügig.

»Warum denn, Baby? Im Bett ist Platz für uns alle drei«, sagt Rafael.

Gerade will ich ihm ein Lächeln schenken für diesen charmanten kleinen Witz, da sehe ich in seine Augen und mir wird schlagartig bewusst, dass es ihm ernst damit ist. Ich stutze. Wahrscheinlich wechselt meine Gesichtsfarbe gerade von Weiß über Rosa zu Dunkelrot und wieder zurück. Um seine Aussage noch zu unterstreichen, greift Rafael nach meinem Kinn. Und dann spüre ich seine Lippen auf meinen. Seine Zunge tastet sich weich und warm in meinen Mund vor. Mir ist, als würde jemand in meinem Kopf Silvester feiern:

»Es gibt Chancen, die bekommst du nur einmal im Leben. Später kannst du dich rühmen, dass du die einzige Frau bist, die jemals mit mir Sex hatte.«

knallende Sektkorken, explodierende Raketen und knatternde Böller. Wie er hat mich schon lange niemand mehr geküsst. Vielleicht wurde ich auch noch nie so geküsst, ich erinnere mich nicht. Verlegen öffne ich die Augen, als er sich von mir löst. Ich glaube, es würde mir genügen, ihn einfach nur die ganze Nacht lang zu küssen. Ich sehe noch einmal für einen kurzen Moment in seine fast schwarzen Augen, bevor ich Blickkontakt zu Christopher suche.

»Mach dich locker«, sagt der. »Es gibt Chancen, die bekommst du nur einmal im Leben. Später kannst du dich rühmen, dass du die einzige Frau bist, die jemals mit mir Sex hatte. Indirekt versteht sich.« Er grinst und seine Lockerheit steckt mich an. Ich sinke noch ein wenig tiefer unter Rafaels Schulter, als er beginnt, meinen Oberschenkel zu streicheln. Ich sehe ihm dabei in die Augen, bis das Taxi uns vor dem Hotel absetzt. Wir sprechen nicht, während wir das Hotel betreten, uns den Zimmerschlüssel geben lassen, mit dem Aufzug in den sechsten Stock fahren und die Tür zum Zimmer öffnen. Christopher geht zur Minibar und gönnt sich ein Soda. Einfach so lümmelt er sich in den Sessel unter dem Fenster. Ich setze mich aufs Bett und Rafael kniet sich davor. Wieder küsst er mich und wieder fühlt es sich kein bisschen schlechter an als beim ersten Mal. Er beginnt, sein Hemd aufzuknöpfen. Die gebräunte Haut unter dem weißen Stoff macht mich rasend. Überall will ich ihn berühren, doch ich tue es nicht. Ich traue mich nicht.

Dann setzt er sich zu mir. Durch den Stoff der Kleidung fühle ich, dass sein Schwanz bereits steif ist. Er bedeckt mein ganzes Gesicht mit Küssen, meine Ohren, den Hals bis hinunter zum Ansatz meiner Brüste. Ich könnte schreien, als er einfach mein Top und meinen BH nach unten schiebt und meine nackten Brüste sich ihm entgegenwölben. Alles in mir ruft nach seinen Berührungen, doch er lässt sich Zeit. Haucht nur einen zarten Kuss auf meine Nippel, benetzt sie etwas mit Feuchtigkeit, wandert dann tiefer. Öffnet meine Hose, zieht sie samt Slip herunter und ich benötige mehrere Sekunden, bis ich begreifen kann, dass ich jetzt komplett nackt vor ihm liege.

Mit beiden Händen greift er nach meinen Brustwarzen, hält sie fest und versenkt sich zwischen meinen Beinen. Warm und weich und doch hart und fordernd gleitet seine Zunge an mir entlang.

Langsam, aber zielstrebig findet sie meinen empfindlichsten Punkt. Er macht das definitiv nicht zum ersten Mal, da bin ich mir jetzt mehr als sicher. Ich betrachte seinen dichten dunklen Haarschopf, seinen muskulösen Nacken, die Schulterpartie und die glatte Haut, die seinen Rücken bedeckt.

Christopher hat zwischenzeitlich den Fernseher angeschaltet und zappt sich durchs Programm. Ab und an sieht er zu uns herüber. Ich vermeide Blickkontakt mit ihm. Bei irgendeinem Musiksender angekommen, legt er die Fernbedienung zur Seite, stellt seine mittlerweile leere Getränkedose ab, steht auf und beginnt tatsächlich, sich auszuziehen. Auch er ist bereits hart, ich sehe es aus dem Augenwinkel. Sein überdurchschnittlich großer Schwanz steht von ihm ab. Seine Hand greift nach ihm, gleitet nach oben und unten.

»Hey, mein Freund, und was ist mit mir?«, sagt er dann. Rafael löst sich von mir, hebt den Kopf. Ein dreckiges Grinsen legt sich auf sein Gesicht, als sein Blick auf Christophers Schwanz fällt.

»Oh Baby, I love you«, sagt er und macht dabei eine einladende Kopfbewegung. Er dreht sich um und Christopher tritt an ihn heran. Rafael nimmt den steifen Schwanz meines Freundes in den Mund, sodass ich es sehen kann, und beginnt ihn zu bearbeiten. Und ich meine damit wirklich bearbeiten. Nicht mal die Zähne spart er aus. Ich frage mich, ob das eigentlich wehtut, was er da macht. Vielleicht vertragen diese Schwänze ja viel mehr, als ich bisher dachte. Eines ist auf jeden Fall sicher: Ich werde heute mit Sicherheit keinen davon lutschen. Dafür macht mich das Zusehen auch schon viel zu sehr an. Ohne mir dessen bewusst zu sein, gleitet meine Hand zwischen meine Beine. Ich nehme die Knie zusammen, denn alles andere würde ich nicht sehr lange ertragen. Nie hätte ich gedacht, dass meine Fantasie, für die ich mich bisher immer schämte, die ich mir nicht mal selbst so recht zugestehen wollte, gerade Wahrheit wird. Mein Finger drückt auf meinen Kitzler, während ich Rafael beim Blasen zusehe. Nur eine kleine Bewegung noch und ich komme. So schwer es mir auch fällt, ich nehme die Hand lieber wieder weg von diesem gefährlichen Punkt und versuche, mich ein wenig zu beruhigen. Ich will nicht, dass das schon alles war, was ich heute erleben darf.

Nach mir endlos erscheinenden Minuten zieht Christopher endlich seinen Schwanz aus Rafaels Mund. Er schlägt ihn noch zweimal ins Gesicht und beide grinsen. Rafael steht auf. Sein Blick fällt wieder auf mich.

»Mach die Beine breit«, sagt er. Ich bin mir nicht sicher, ob ich richtig gehört habe. Was für einen bestimmenden Ton er plötzlich an den Tag legt. Doch auch wenn mir das irgendwie gefällt, ich bin nicht in der Lage, seiner Aufforderung nachzukommen. »Hast du mich verstanden?«, fragt Rafael, während er bereits seine Hose aufknöpft. Ich nicke stumm, die Knie immer noch eng aneinandergepresst, und weiß nicht so recht, was ich tun soll. Er sagt nichts mehr und ich bin mir nicht sicher, ob ich ihn verärgert habe.

Es fällt mir schwer, seinen Berührungen standzuhalten, und ich bete, er möge es nicht zu weit treiben.

Nackt tritt er schließlich ans Bett. Ich sehe seinen hoch aufgerichteten Schwanz vor mir, der definitiv kleiner ist als Christophers. Genüsslich rollt er ein Kondom darüber, lächelt mich dabei an. Mir fällt ein Stein vom Herzen. Dann kniet er sich vor mich. Sanft schiebt er meine Beine auseinander und streichelt langsam mit dem Finger über mein nasses Geschlecht. Ein Finger versenkt sich in mir, dann zwei. Noch nie habe ich gefühlt, dass man da drinnen auch Lust empfinden kann. Offensichtlich geht das. Es ist ein sehr intensives Gefühl, das ein wenig dumpf beginnt und ganz tief aus mir herauszukommen scheint. Ich schwelle immer weiter an und ich vergesse die Welt um mich. Bis er von mir ablässt. Überrascht öffne ich die Augen. Er sieht mich an, reibt seinen Schwanz an mir. »Geht doch, Baby«, sagt er und erst da wird mir bewusst, dass ich schon die ganze Zeit mit weit gespreizten Beinen vor ihm liege.

Fast wird mir vor Aufregung schwarz vor Augen, als er über mich kommt und übertrieben langsam seinen Schwanz in mir versenkt. Kurz hält er inne, dann beginnt er sich zu bewegen. Zuerst noch langsam, dann immer schneller. Ich weiß nicht genau, woher ich die Erkenntnis nehme, aber ich weiß, dass ich heute meinen ersten vaginalen Orgasmus erleben werde. Bereits als er beginnt, spüre ich, dass ich darauf zusteuere. Seine Bewegungen werden heftiger, härter. So kenne ich das nicht, doch es gefällt mir. Ich sehe ihn an, wir küssen uns. Wieder so ein Kuss von der unglaublichen Sorte. Vielleicht bleibe ich einfach hier und heirate ihn. Aber ich bin ja schon verheiratet. Seltsam, dass sich nicht die kleinste Spur von schlechtem Gewissen in mir regt.

> Ich spüre seinen Schwanz erwartungsvoll in mir pulsieren. Er stöhnt auf, als sich Christopher in seinem Arsch versenkt.

Ich öffne die Augen, als Rafaels Kuss zu Ende geht, und sehe, dass Christopher jetzt hinter ihn getreten ist. Die rechte Hand am eigenen Schwanz, die linke legt sich auf Rafaels Hintern. Rafael hält inne, bewegt sich nicht mehr, wartet ab. Ich spüre seinen Schwanz erwartungsvoll in mir pulsieren. Er stöhnt auf, als sich Christopher in seinem Arsch versenkt. Langsam beginnt der, sich zu bewegen, und fickt mich so indirekt mit. Ich weiß nicht mehr, wo mir der Kopf steht, bin gnadenlos reizüberflutet, sehe die Lust in Rafaels Gesicht, die Lust in Christophers Gesicht, spüre den steifen Schwanz in mir, die Bewegungen, die von ganz woanders kommen, scheinbar nicht zu lokalisieren sind, immer schneller werden, schneller, härter, intensiver. Ich spüre, wie ein dumpfes, mir neues Gefühl in mir aufkommt. Es ist, als würde es aus mir heraus an die Oberfläche drängen, dabei immer stärker werden, immer heller bis zur Explosion.

Für einen Moment bin ich wie weggetreten, habe die Realität verloren, muss mich wiederfinden. Wie ich da liege auf der Matratze, dunkle Augen über mir, helle, die mich mustern. Mit einem Lächeln. Wer ist noch gekommen außer mir? Ich kann es nicht sagen. Rafaels Hände streicheln sanft mein Gesicht. Erschöpfung übermannt mich. Er gleitet aus mir, streichelt noch eine Weile meinen Rücken. Dann bekomme ich nichts mehr mit.

JULIA STRASSBURG

Seltene Spezies

**Tine (28), Biologiestudentin, Berlin,
über
Justus (29), Soziologiestudent, Stony Brook**

- - - - - - - - - - - -

*»Wie von selbst ziehe ich mich aus.
Mir ist nicht mehr kalt, schließlich habe ich einen
ordentlichen Sprint hinter mir. Zudem klebt die
nasse Kleidung unangenehm am Körper.«*

- - - - - - - - - - - -

Mein Kopf hängt aus dem Fenster. Fahrtwind im Haar. Um die Nase – fremde Düfte. Es ist warm, viel wärmer als in Deutschland zu dieser Zeit. Spätfrühling oder Frühsommer. Im Radio spielen sie einen Singer-Songwriter-Titel. Countrystyle. Der sei hier angesagt, erzählt Justus, und dass der Song ganz weit oben in den amerikanischen Charts sei. Aber er fände ihn zum Kotzen.

Die Frage, ob der Joint, den wir uns gerade geteilt haben, Einfluss auf Justus' Fahrverhalten haben könnte, verliert von Sekunde zu Sekunde an Wichtigkeit. Sie verschwimmt. Sie mischt sich unter die anderen Gedanken, die da eben noch nicht waren. Grasgedanken. Mich interessiert gerade zum Beispiel, welche Farbe der Wagen hat, in dem ich sitze, und weshalb ich mich nicht daran erinnern kann. Im nächsten Moment wird auch diese Frage von neuem sinnfreien Zeug aus dem Hinterstübchen verdrängt. So fließt ein Gedanke zum nächsten, ohne Pause. Möglich, dass es Justus ähnlich geht. Entrückt schaut er auf die Straße vor sich, versucht, sie zu bezwingen. Was mich inzwischen ebenfalls beschäftigt: Wohin fahren wir überhaupt?

Tatsächlich habe ich vergessen zu fragen, wohin es geht. »Gott, bin ich breit«, habe ich gesagt. Justus darauf: »Komm, wir fahren.« Ich habe genickt und er ist losgefahren. Meine Sinne, vom Gras vernebelt, haben mich reingelegt. Die vielen vorbeiziehenden Eindrücke haben ihr Übriges getan. Und jetzt, da alles so an mir vorbeizieht, habe ich einen Knoten in der Zunge. Oder ich bin einfach zu faul zum Reden, wer weiß?

Justus dreht das Radio lauter, trällert den Song lautstark mit – den Song, der ihm gerade noch den Magen herumgedreht hat. Unmöglich, dass sich sein Musikgeschmack innerhalb von Sekunden geändert hat. Ich muss lachen. Justus lacht mit. Grasgegacker. Vielleicht müssen wir auch nirgends ankommen, nur fahren, fahren, fahren. Find ich gut.

Nach vielen Sekunden, vielleicht auch Minuten kommt mein Verstand zu jener Ruhe, die meinen Körper bereits erfasst hat. Träge hänge ich im Beifahrersitz des alten Vans, genieße die neuen

Eindrücke. Der Weg ist das Ziel, so sagt man doch. Warum halten wir dann? Justus' Wagen holpert über etwas, parkt schließlich ein. Endlich ist meine Zunge frei: »Schade, sind wir schon da?«

»Da? Wo, meinst du denn, könnten wir sein?« Am Autofenster weht eine Staubwolke vorbei.

»Irgendwo, wo es staubig ist«, antworte ich, öffne die Autotür, steige aus.

»Ja, offensichtlich.« Justus bleibt sitzen, stellt den Wagen ab. »Puh«, macht er.

»Puh«, reagiere ich. Mit dem Finger schreibe ich »Igitt« in den Staub an der Wagenscheibe.

Kennengelernt haben wir uns erst gestern Abend, bei meiner Ankunft auf Long Island. Justus ist der Mitbewohner meiner Freundin Barbara, der ich einen Besuch abstatte. Im Gegensatz zu mir hat sie ein Stipendium erhalten, für die Uni in Stony Brook. Ehrgeizig wie sie ist, hat sie heute keine Zeit für mich. Bei ihr muss alles schnell gehen: Karriere, Kerl, Kind, Kombi, Köter. Das ist ihr Lebensentwurf. Was für ein Glück, dass Justus eher von der entspannten Sorte ist. Das haben wir gemeinsam. Barbara hat ihn gestern als planlos bezeichnet. Irgendwie finde ich planlos sympathisch. Wieso muss man immer wissen, was morgen sein wird? Kommt ja eh alles anders.

»Willst du mal kurz Glück fühlen?« Mit einer Hand wischt Justus die blonden Strähnen aus seinem Gesicht, lächelt verschmitzt. Sommersprossen sprenkeln seine Haut, tanzen über Wangen und Nase hinauf zur Stirn. Entzückend.

»Gern auch lange«, gebe ich zurück.

»Gut. Dann mach die Augen zu.«

Was kommt denn jetzt?, denke ich. Aber der kleine Mann in meinem Ohr – zuständig für die Abteilung Neugier – flüstert: »Na los!« Ich schließe die Augen und eine Hand schiebt sich in meine, zieht mich vom Auto weg. Meine Sinne sind überreizt und lahmgelegt zugleich. Es rauscht in meinen Ohren. Blödes Gras. Das Rauschen wird lauter, der Wind stärker. Schritt für Schritt. Unter meinen Füßen ist es staubig, das kann ich spüren. Ich stelle mir eine öde Wüstenlandschaft vor, auf der sich kleine Windhosen bilden. Anspruchslose Kakteen, die sich aus dem Boden recken. Aasgeier, die über unseren Köpfen kreisen. Natürlich ist das Unsinn, wir sind ja nicht weit gefahren. Auf den letzten Metern waren noch Einfamilienhäuser. Trotzdem bekomme ich eine Gänsehaut.

Wir bleiben stehen. »Mach sie wieder auf«, sagt er.

Mein Hirngespinst wird von einer erfrischenden Realität vertrieben. Tatsächlich: Glück! Ich fühle es. Grund dafür ist der Ausblick: ein breiter, weißer Strand, dahinter der Ozean. Das Rauschen war also nicht bloß in meinem Kopf. Vor lauter Euphorie umarme ich Justus. Das Gras wirkt, das sollte ich nicht außer Acht lassen. Verlegen löse ich mich wieder aus seinen Armen.

»'Schuldigung, kam grad so über mich«, sage ich.

»Schon okay«, lacht Justus.

Unsere Körper folgen einem Impuls, wir rennen los. Der Strand ist leer. Niemand weit und breit, außer uns. Seltsam. Doch Justus hat eine Erklärung: Dieser Strand wird ausschließlich von den Anwohnern genutzt. Um diese Zeit ist das Wasser allerdings viel zu kalt und die See zu stürmisch. Niemand ist hier. Naserümpfend blicke ich auf die raue Wasseroberfläche. Schaudernd erinnere ich mich: Meine Mutter hat mich als Kind regelmäßig in die Ostsee gejagt – den übelsten Temperaturen zum Trotz. Mir wurden die Regeln Kneipps quasi in die Wiege gelegt. »Den Körper nach der Sauna immer kalt abschrecken«, ihre wohlgemeinten Worte hallen noch heute nach, lassen mich frösteln.

Mein Hirngespinst wird von einer erfrischenden Realität vertrieben. Tatsächlich: Glück! Ich fühle es.

»Keine Sorge, ich will da nicht rein«, beruhigt mich Justus.

»Puh«, mache ich.

»Puh«, gibt er zurück, zwinkert. Die Sonne hat seine braunen Augen in Bernsteine verwandelt.

Meine Schuhe wirbeln durch die Luft, meine Socken ebenfalls. Der Himmel dehnt sich weit über das blaue Nass – ein weiterer

Ozean, durchzogen von wilden Wuselwolken. Was fehlt, sind die Pixel, um dem Panorama seine Glaubwürdigkeit zu nehmen. Aber nein, es ist tatsächlich real. Kein Foto in einem Urlaubskatalog. »Fast wie auf 'ner einsamen Insel«, träume ich laut. Justus, der sich im Sand niedergelassen hat, dreht an einer neuen Glückszigarette. Nach einer letzten Pirouette im Sand plumpse ich neben ihn.

»Auf 'ner Insel gäbe es kein Gras«, näselt er, den Rauch des ersten Zugs noch in den Lungen.

»Das bräuchten wir dort auch nicht«, gebe ich zurück, nehme ihm den Joint ab. »Stimmt, da muss man sich Freiheit nicht in die Lungen ziehen. Die gibt's da auch so.« Die Brauen zusammengeschoben, nicke ich, ziehe und finde uns wahnsinnig philosophisch.

Ein ganze Weile diskutieren wir darüber, wie frei man denn tatsächlich wäre auf einer Insel, umgeben von Wasser. Wir steigern uns hinein, hangeln uns von einem Thema zum nächsten. Bis ich die Notbremse ziehe. Grasgeblubber. Was zu viel ist, ist zu viel. Gemeinsam beschließen wir, das Kiffen sein zu lassen. Zumindest für heute Nachmittag. Was der Abend bringt, wird man sehen.

Wir spazieren von Moment zu Moment. Keine Pläne, keine Verpflichtungen. Barfuß, die Sonne im Gesicht, immer der Nase nach. Inzwischen hat Justus meine Hand genommen. Wir lernen einander kennen, ohne zu sprechen. Ungewöhnlich. Kein Vergleich zu meinen Internet-Dates der vergangenen Monate. Die liefen immer auf dieselbe Weise ab: Copy-and-paste-Gespräche. Die immer gleichen Fragen und Antworten, wie auswendig gelernt. Ich weiß nicht einmal, was Justus studiert oder weshalb er Deutschland verlassen hat, wie alt er ist, ob er mal Kinder haben will und wenn ja, wie viele. Seine politische Ausrichtung interessiert mich nicht. Auch nicht, ob es eine Frau in seinem Leben gibt. Ich erzähle nicht, dass meine Eltern geschieden sind und ich deshalb befürchte, beziehungsunfähig zu sein. Oder von meinen anderen Alltagsängsten. All die persönlichen Details, die man einander erzählt beim Kennenlernen. Die banalen Infos, die höchstens Leuten wie Barbara als

Bausteine für ihr Zukunftsgerüst dienen. Es macht Spaß mit Justus. Die Zukunft ist jetzt und jetzt und jetzt.

Plötzlich macht Justus einen Satz zur Seite, reißt mich mit sich. Verdutzt lande ich mit den Knien im Sand.

»Was war denn das?« Mit dem Rücken zu mir, starrt er auf den Boden.

»What the fuck …?!«, ruft er. Die Lage scheint ernst. Vorsichtig stehe ich auf, schleiche um Justus herum, um direkt in seine Falle zu tappen. Er packt meine Arme, schleudert mich herum, versucht, mich über die Schulter zu werfen. Mit Gegenwehr rechnet er nicht. Mein volles Körpergewicht kommt zum Einsatz. Ein Sprung genügt. Wir stürzen – kein Gleichgewicht. Knapp verfehlen wir das Wasser. Meine Oberschenkel sind kräftig. Das bekommt er nun zu spüren. Mein Knie an seinem Hals. Wir lachen nicht, obwohl wir es nicht ernst meinen.

Seine Bernsteinaugen sind von roten Rändern umgeben. »Das kommt vom Kiffen«, sagt er, als ich ihn darauf hinweise. Ich nicke, er nickt. »Hast du auch.« Ich nicke wieder, er auch. Seltsame Stille. Wir betrachten die roten Ränder und kommen nicht drumherum, auch einen Blick direkt in die Augen des anderen zu werfen. Viel zu tief, als dass wir uns weiter auf unseren Kampf konzentrieren könnten. Justus kommt näher, gibt mir einen Kuss auf den Mund und noch einen.

»Was machen wir hier eigentlich?«, frage ich.

»Woher soll ich das wissen?«

Wieder küsst er mich – feucht dieses Mal. Sein Mund ist groß, meine Lippen versinken, ich ebenfalls. In ihm, im Augenblick … Augenblick …

»Augenblick mal«, ruft Justus. Ich zucke zusammen. Schon wieder ein Trick? »Hast du auch gerade 'nen Tropfen abgekriegt?«

Kein Grund zur Aufregung, denke ich und spüre im selben Moment etwas Nasses auf meiner Wange. Innerhalb von Sekunden zieht eine dichte Wolkenfront auf. Das Wasser des Ozeans türmt sich zu nervösen Hügeln, die sich am Strand brechen. Bevor uns die Brandung erwischt, kommen wir in den Stand. Voller Faszination starre ich in den Himmel. So viele Farben. Ein verschmutztes Beige, feine Linien darin. Als hätte sich jemand mit einem Pinsel voll schwarzer Farbe über die anderen Farben des Tuschkastens hergemacht, Gelb, Magenta daneben, umgeben von Schwarz.

»Wir sollten hier verschwinden«, höre ich Justus sagen.

Gerade will ich ihn etwas ungehalten fragen, ob er aus Zucker ist, da geht es los. Dicke Tropfen zerplatzen auf meinem Gesicht, auf meinen Armen, dem Kopf. Ich kann gar nicht so schnell »nass« sagen, wie ich es bin. Der plötzliche Wind schlägt mir das Haar ins Gesicht. Mit aufgerissenen Augen schreie ich gegen ihn an: »Wohin sollen wir jetzt?«

Ein bisschen fühle ich mich wie in einem Katastrophenfilm. Aufregend. Weniger angetan ist Justus. Seine Hand zieht mich sanft, aber zügig fort. Ich folge. Der Sand erleichtert das Rennen nicht gerade. Aber wir tun, was wir können. Langsam verstehe ich, warum wir laufen. Die einst angenehme Brise ist in einen beißend kalten Wind umgeschlagen. Erste Blitze zucken über den Himmel, stechen ins Meer. Am liebsten würde ich stehen bleiben, einfach zusehen und staunen.

Welche Strecke wir zurückgelegt haben, wird erst klar, als mir die Lungen brennen. Ich sollte weniger rauchen. Wasser in den Augen. Trotzdem: Ich kann nicht wegsehen. Was für ein Himmel. Dass man in solchen Momenten nie eine Kamera dabeihat. Verdammt.

Irgendwie verheddern sich meine Füße – ich falle, bin ich über etwas gestolpert? Verwirrt rolle ich mich zur Seite, schaue zurück und da sehe ich es. Fast entweicht mir ein Schrei. Ein rundes Tier, halb vergraben im Sand. Es ist eine Art Krebs von schlammbrauner Farbe, in der Größe einer Schallplatte. Dort im nassen Sand ist er kaum auszumachen, wäre da nicht dieser lange zackige Stachel. Ich schlucke. Justus hockt sich neben mich, mustert mich erst besorgt, dann erleichtert.

»Hast du so was schon mal gesehen?«, rufe ich.

Kopfschütteln. »Nein, noch nie. Ist doch auch egal, lass uns weiter.«

Aber ich will nicht weiter, studiere stattdessen meinen Fund. Vorgestern habe ich noch Falafel am Mehringdamm verspeist und heute stehe ich einem Sturm gegenüber, mit einem Fremden und einem Urzeitmonster. Denn das ist es ganz sicher. Das letzte seiner Art. Und ich habe es entdeckt.

»Meinst du, wir dürfen es einfach mitnehmen?«, pruste ich, bemüht, mein nasses Haar aus dem Gesicht zu halten.

»Finders – keepers«, ruft Justus achselzuckend, schaut mich an. Noch im selben Augenblick blitzt es, dicht gefolgt von einem Donner, den man wohl als eine Art Warnung verstehen sollte.

Der Entschluss steht fest. Seltene Spezies ade. Schnell ins Auto, da ist es sicher und trocken. Weiterlaufen, nicht mehr denken. Einige Meter entfernt sehe ich meinen Schuh im Sand liegen. Den anderen hat die Flut mitgerissen. Das Meer ist dem Strand bedrohlich nahe gerückt. Heimlich genieße ich meine Angst. Es ist so ursprünglich hier, jenseits der Straßen Berlins. Meinen zweiten Schuh opfere ich mit Genuss ebenfalls den Fluten. »Nimm den anderen auch noch, ich brauch ihn nicht!«, rufe ich. Justus zeigt mir einen Vogel, rennt weiter zum Parkplatz. Stolpernd folge ich ihm. Spitze Steine am Boden piksen meine nackten Sohlen. Doch ich bereue mein Opfer nicht. Die Tür des Vans ist offen. Ein großer Schritt, dann sitze ich.

»Puh!«, mache ich.

»Puh!«, erwidert Justus.

Ich habe keine Lust auf Entspannung, bin aufgewühlt und geladen, habe mich dem Wetter angepasst. Wie von selbst ziehe ich mich aus. Mir ist nicht mehr kalt, schließlich habe ich einen ordentlichen Sprint hinter mir. Zudem klebt die nasse Kleidung unangenehm am Körper. Weg damit. Mein Begleiter fackelt nicht lange, tut es mir gleich. Wir quälen uns aus den nassen Stoffen, mein Oberteil bleibt am Fenster kleben. Albernes Kichern, dann Stille. Nackt sitzen wir da, schauen einander in die Augen.

Den Anfang macht Justus. Sein Blick – auf meinen Brüsten. Dann stürme ich los. Wolkenbruch. Ich kann gar nicht so schnell »nass« sagen, wie ich es bin. Küsse, Zungen, die sich überschlagen. Regen auf dem Autodach, am Fenster. Sein Schwanz in meiner Hand, in meinem Mund. Hart und weich zugleich. Schließlich halte ich es nicht mehr aus. Rittlings setze ich mich auf ihn, lasse es zu, dass er in mich dringt. Alles passiert wie von selbst. Als stände es seit Langem fest. Wir tauchen ab, schwimmen von einer Bewegung in die nächste. Stellungswechsel. Irgendwie landen wir auf der Rückbank. Geräumig. Bisher konnte ich diesen Vans nicht viel abgewinnen. Jetzt beginne ich jedoch, den Sinn eines solchen Giganten zu erfassen. Justus greift meine Hüfte, reißt mich an sich. Ich stöhne, er stöhnt. Unsere Geräusche werden vom Trommeln des Regens untermalt.

Justus sieht das weniger romantisch als ich. Er ist froh, dass unsere Laute im Getöse verschwinden. In der amerikanischen Provinz ist es ratsamer, seiner Lust zu Hause zu frönen. Doch der Gedanke an die möglichen Konsequenzen potenziert mein Verlangen augenblicklich. Verbotenes ist toll. Es geht von vorn los. Justus zieht mit. Ich wehre mich ein bisschen, kratze ihn, kneife ihn. Auf Aktion folgt Reaktion: Seine großen Hände machen mich kampfunfähig. Wir lachen, obwohl wir es ernst meinen. Wer hätte gedacht, dass so viel Kerl hinter der entspannten Fassade steckt?

Justus greift meine Hüfte, reißt mich an sich. Ich stöhne, er stöhnt. Unsere Geräusche werden vom Trommeln des Regens untermalt.

Plötzlich stößt er mich von sich, krallt sich an meiner Hüfte fest. »Warte ...«, sagt er, seinen Schwanz in der Hand, den Zeigefinger auf der Spitze, als könnte er so seinen Orgasmus verhindern. Ausgerechnet jetzt? Ich will nicht warten. Keine Chance. Ich drängle mich auf Justus, schaffe es, dass ich wieder oben bin. Mit einer Drehbewegung dringen zwei seiner Finger in mich ein. Oder sind es drei? Ja, mach weiter, nein, hör auf. Stop and go. Drei Finger, vier. Immer schneller, immer härter.

Selbst mein Orgasmus hält ihn nicht davon ab fortzufahren. Ich wimmere, flehe ihn an einzuhalten. Als er darauf eingeht, flehe ich, damit er weitermacht. Auch diesen Wunsch erfüllt er kommentarlos. Unsere Küsse sind unkoordiniert. Er dreht mich auf den Rücken. Zwischen meinen Schenkeln brennt es. Er macht weiter. Vier Finger. Ich fühle mich wie geviertelt. Dennoch ist es das Beste, was mir seit Langem passiert ist. Viele kleine Orgasmen an der Schmerzgrenze.

Später gönnt er mir eine Pause. Ich schlinge die Beine um seinen Körper, klammere mich an ihm fest, noch immer begleitet vom Trommelwirbel des Regens. »Kann's weitergehen?«, flüstert er. Abwesend höre ich mich »Ja« stöhnen. Sein Schwanz füllt mich aus – kein Vergleich zu seinen Fingern zuvor. Er fühlt sich gutmütiger an. Es dauert nicht lange und Justus' Geräusche nehmen zu, werden lauter. Ein unsichtbarer Hebel legt sich in mir um, kraftvoll und abrupt. Gänsehaut überzieht meine Oberfläche, lässt meine Nippel zu Stein werden. Justus schenkt mir erneut einen qualvollen und gleichermaßen wunderbaren Orgasmus. Nur wenige Sekunden später ergießt er sich auf meine Brüste. Nass, wund und glücklich liege ich unter ihm. Puh, denke ich und bin sicher, dass Justus meinen Gedanken teilt.

Der Tag ist jung. Ich sitze am Küchentisch. Vor mir: ein Laptop. Barbara betritt schlaftrunken den Raum.

»Was tust du?«, fragt sie gähnend.

»Ich wikipediere«, sage ich.

Die Augen auf den Bildschirm gerichtet, höre ich, wie Barbara Cornflakes in eine Schüssel purzeln lässt. Wikipedia lässt sich Zeit beim Laden. Als die Seite endlich aufpoppt und ich die ersten Zeilen lese, kann ich nicht mehr. Ich lache, halte mir den Bauch, lache und lache, bis mir Tränen in die Augen schießen.

Barbara tritt neben mich, liest laut vor: »Pfeilschwanzkrebse leben an den flachen Sandküsten tropischer Meere in Tiefen zwischen 10 und 40 Metern ...« Stirnrunzelnd sieht sie mich an. »Was ist denn so witzig?«, fragt sie, überspringt einige Zeilen und fährt fort: »Zur Paarungszeit kommen sie nahe ans Ufer.«

Wieder bricht es aus mir heraus. Vor mich hin kichernd klappe in den Laptop zu und begebe mich auf den Weg zurück in mein Zimmer. In der Küche hinterlasse ich eine verwirrte Barbara. »Ich bin dann mal in der Uni«, ruft sie. Dann höre ich nicht mehr hin.

Zwischen meinen Zehen spüre ich den Sand des gestrigen Nachmittags. Auch der Rest meines Körpers ist noch nicht vollständig im neuen Tag angekommen. An eine Dusche ist nicht zu denken. Das hat Zeit. Mein Bett ist warm, alles duftet nach Justus. Er ist in einen tiefen Schlaf gefallen, hat den Platz neben mir seither nicht verlassen. Der Morgen danach ist immer ein Glücksspiel. Man weiß nie wirklich, wie man sich fühlen wird, sobald der andere die Augen öffnet. Man ahnt es bestenfalls. Ich mustere ihn. Eines ist gewiss: Pfeilschwanzkrebse sind keine Seltenheit. Dennoch habe ich gestern eine besondere Spezies gefunden. Vielleicht sogar den Letzten seiner Art. Finders – keepers.

CHRISTIANE HAGN

Versöhnungssex

Lina (26), Archäologiestudentin, Erlangen,
über
Matthias (27), Zahnmedizinstudent, Erlangen

- - - - - - - - - - - -

»Der Bus fährt wieder an und kurz darauf spüre
ich erneut Finger zwischen meinen Beinen.
Diesmal drehe ich mich nicht um, sondern warte
genauso teilnahmslos ab, was passiert.«

- - - - - - - - - - - -

Es ist laut. Es ist heiß. Es ist Rom. Seit Stunden laufen wir nebeneinanderher, ohne ein Wort miteinander zu reden. Ich glaube, Matze hasst mich gerade. Und ich muss zugeben, ich habe ihn auch schon mal lieber gemocht.

Erst haben wir uns nur ein bisschen geneckt. Er hat mich seine »kleine Prinzessin« genannt, als ich wegen der Hitze gequengelt habe. Ich habe ihn meinen »süßen Macho« gerufen, weil er immer bestimmt hat, wo es langging. Aber aus Spaß ist Ernst geworden und schließlich haben wir uns nicht nur an jeder Weggabelung gestritten, ob wir nun links oder rechts abbiegen sollten, sondern haben einander Dinge vorgeworfen, die uns schon lange aneinander stören. Gemeinheiten, die wir bisher nicht auszusprechen gewagt haben. Aus der »kleinen Prinzessin« ist irgendwann eine »eingebildete Kuh« geworden, aus dem »süßen Macho« ein »ignorantes Arschloch«. Auf den großen Knall ist Stille gefolgt. Und während nun noch immer eisernes Schweigen herrscht, brüllt die Stadt um uns herum wie ein ausgehungerter Löwe.

Es war seine Idee, mal wieder ein paar Tage zusammen zu verreisen.

»Urlaub? Jetzt? Spinnst du?«, war meine Reaktion auf diesen Vorschlag.

Matze sah mich mehr beleidigt als enttäuscht an: »Weißt du, was ich glaube? Ich … nein, *wir* sind dir einfach nicht mehr wichtig. Du hast nur noch deine Scheißprüfungen im Kopf!«

Darauf sagte ich gar nichts mehr, denn ich nahm an, das sei normal, nach all den Jahren des Studierens der griechischen und römischen Kunst- und Kulturgeschichte. Nach all der Schinderei bei Ausgrabungen in sengender Hitze, nach all den Knochen, den Steinen, der Erde und dem anderen Dreck. Trotzdem tat es mir leid, ihn so angefahren zu haben. Noch dazu hatte er wirklich recht. Es war allerhöchste Zeit, etwas für unsere Beziehung zu tun. Wir waren füreinander längst zu selbstverständlich geworden.

Matze und ich sind seit dem ersten Semester ein Paar. Inzwischen also schon seit über vier Jahren. Wir haben uns auf der Erstsemesterparty in unserem Studentenwohnheim kennengelernt. Ich stand am Tresen der Kellerbar und schüttete versehentlich meine Wodka-Cola über sein T-Shirt. Zwei Stunden später folgte der erste Kuss. Sozusagen Liebe auf den ersten Schluck. Ja und wirklich: Wir lieben uns. Und wir haben Sex. Früher zwar häufiger als jetzt, aber wir haben ihn. Nicht wirklich oft, aber einmal die Woche schon. Außer wir sind im Prüfungsstress oder streiten gerade mal wieder. Um uns zu versöhnen, haben wir dann allerdings wieder Sex. Ich fürchte, wir haben mehr Versöhnungssex als gewöhnlichen Sex.

Ehrlich gesagt war es fünf vor zwölf, etwas für unsere Beziehung zu tun. Was konnte also besser sein, als zusammen zu verreisen? Allerdings konnte ich mir einen Urlaub so kurz vor den Prüfungen nun wirklich nicht erlauben. Da gab es nur eine Möglichkeit: Rom – die ewige Stadt. Rom geht immer. Zumindest für eine Studentin der Archäologie. Denn für sie ist eine Fahrt nach Rom kein Urlaub, sondern eine Studienreise. Schon hatte ich mein schlechtes Gewissen ausgetrickst. Matze grummelte zwar ein bisschen, war aber schließlich einverstanden. Allerdings wäre er lieber nach Mallorca geflogen.

Jetzt, hier, vor dem Forum Romanum, das ich mir gerade alleine angesehen habe, weil Matze »keinen Bock« mehr gehabt hat auf den »alten Scheiß«, frage ich mich, ob ich möglicherweise die aufregendste Zeit meines Lebens mit diesem Mann verschwendet habe. Ist es nicht die Studienzeit, in der man allen möglichen Unsinn treiben sollte? In der man mit möglichst vielen Männern schlafen sollte, bevor man in den sicheren Hafen der Ehe einläuft? Vielleicht sind Matze und ich auch einfach zu unterschiedlich. Wäre er nicht Zahnmediziner, sondern auch Archäologiestudent, könnten wir einer gemeinsamen Leidenschaft frönen, zusammen Steine abpinseln und uns an den Schätzen des Altertums erfreuen. Alter Scheiß? Also wirklich! Ich finde, »ignorantes Arschloch« trifft es ganz gut.

»Lass uns zurück ins Hotel fahren«, schlage ich Matze irgendwann resigniert vor. Ohne ein Wort zu sagen, faltet er seinen Stadtplan auf – den nur er und ausschließlich er lesen darf – und geht zielsicher voran. Angeber. Matze weiß, dass ich keinen sehr guten Orientierungssinn habe, und nutzt meine Abhängigkeit schamlos aus. Da ich mich schon öfter in fremden Städten verlaufen habe, trotte ich artig seinem bescheuerten Eastpak-Rucksack hinterher. Gerade hasse ich ihn wirklich.

Als Matze unvermittelt stehen bleibt, kann ich nur knapp vor seinem Rucksack abbremsen. »Von hier aus können wir den Bus nehmen«, erklärt er so stolz, als hätte er gerade Amerika entdeckt. Ich nicke unmotiviert und lehne mich erschöpft gegen die Scheibe der Haltestelle. Ich schwitze. Als wir nach einer gefühlten Stunde des Wartens endlich in den Bus steigen, hinterlasse ich Schweiß-spuren am Glas. Fast ekle ich mich ein bisschen vor mir selbst.

Der Bus ist vollgestopft mit Menschen. In Deutschland wäre das bestimmt nicht erlaubt, denke ich, und schäme mich gleich für meine eigene Spießigkeit. Matze und ich drängen uns bis zum mittleren Bereich durch. Er lehnt sich an ein Fenster und ich quetsche mich davor, mit dem Rücken zu ihm. Ich versuche, ihn nicht zu berühren und auch keinen Platzangstanfall zu bekommen, als beim nächsten Halt noch mehr Leute zusteigen. Beides ist unmöglich. Den Italienern scheint die Enge hingegen rein gar nichts auszumachen. Wie selbstverständlich drängen sie sich aneinander vorbei und lächeln einander kurz entschuldigend zu, wenn sie sich gegenseitig anrempeln oder auf die Füße treten. Ich transpiriere vor mich hin und schnappe jedes Mal, wenn die Tür aufgeht, verzweifelt nach frischer Luft. Ich würde Matze gern fragen, wie lange wir in diesem verdammten Bus fahren müssen, aber ich bin zu stolz. Ich, Prinzessin. (Wo ist eigentlich meine Sänfte?)

Umso mehr erschrecke ich, als ich plötzlich eine Hand zwischen meinen Schenkeln spüre. Ich drehe mich um und sehe Matze an, der teilnahmslos aus dem Fenster starrt. In diesem Moment ist seine Hand auch schon wieder verschwunden. Wahrscheinlich ist er in dem Gedränge nur versehentlich unter meinen kurzen Rock gekommen und ärgert sich jetzt, dass ich seine Berührung möglicherweise als Annäherung oder gar Versöhnungsversuch auslegen könnte. Der Bus fährt wieder an und kurz darauf spüre ich erneut Finger zwischen meinen Beinen. Diesmal drehe ich mich nicht um, sondern warte genauso teilnahmslos ab, was passiert. Die Hand streichelt so vorsichtig, wie es bei diesen Fahrtbewegungen eben geht, an meinem rechten Innenschenkel entlang und wandert langsam nach oben. Der Bus hupt, bremst abrupt ab und die Leute schimpfen in Richtung des Busfahrers. Siehe da, jetzt werden sogar die lässigen Italiener ungehalten.

Die Hand unter meinem Rock setzt ihre Wanderschaft unbeirrt fort. Mir wird das Gedränge zunehmend gleichgültiger, so gespannt bin ich, was Matze als Nächstes vorhat. Ich bin zwiegespalten: Soll ich mich nun darüber ärgern, dass er wie immer versucht, unseren Streit zu ignorieren, indem er mich sexuell ablenkt? Oder soll ich einfach das zugegeben angenehme Gefühl zwischen meinen Beinen genießen? Als Matze anfängt, durch den Stoff meiner Unterhose meine Schamlippen zu streicheln, entscheide ich mich für Zweiteres.

Ich spüre, dass ich auch zwischen meinen Beinen schwitze, und überlege, ob es mir unangenehm sein müsste, jetzt von ihm dort berührt zu werden. Aber meine Lust überwiegt, und mein Schamgefühl löst sich in stickige Luft auf. Ich vergesse sogar meine Platzangst. Es macht mich einfach nur an, wie mich mein Freund unbemerkt zwischen all diesen Menschen streichelt. Ich schließe meine Augen, senke den Kopf, genieße die schaukelnde

> *Soll ich mich nun darüber ärgern, dass er wie immer versucht, unseren Streit zu ignorieren, indem er mich sexuell ablenkt?*

Bewegung des Busses und den inzwischen sehr fordernden Finger an meiner Muschi. Ganz aufgeregt sucht er sich einen Weg in meine Unterhose – und findet ihn.

Ich atme den Schweiß anderer Leute ein, rieche Rasierwasser und süßes Parfüm, vermischt mit Abgasen, die durch das offene Busfenster hereindringen. Meine Arme kleben an der feuchten Haut anderer Leute. Als der Finger langsam in mich hinein- und wieder herausfährt, versuche ich, ein Stöhnen zu unterdrücken. Aber das klappt nicht. Es ist zu schön. Und noch schöner ist: Ich kann sogar leise vor mich hin seufzen, weil in diesem Bus eh niemand irgendetwas hört. Der Geräuschpegel ist enorm. Also vergesse ich für einen kurzen Moment meine gute Erziehung, stöhne leise auf und spanne meine Beckenbodenmuskulatur an, als wollte ich den Finger für immer gefangen halten. Doch dieser entflieht und begibt sich erneut auf Erkundungsreise.

Während mehr und mehr Menschen in diesen Bus steigen, halte ich es kaum noch aus vor Lust. Am liebsten würde ich den Finger greifen und ihn ganz tief in mir versenken. Aber dafür bin ich zu stolz. Ich bin weder orientierungstechnisch noch sexuell von Matze abhängig. Trotzdem: Bitte, bitte, steck ihn wieder rein, denke ich, als der Finger allmählich über meinen Damm zu meinem Po wandert. Ich wundere mich über Matzes Einfallsreichtum und bin selbst überrascht, wie unglaublich gut sich diese Berührung zwischen meinen Pobacken anfühlt. Beim nächsten Stopp rutscht der Finger ganz behutsam zurück in meine Muschi. Und ich würde am liebsten laut aufschreien.

»Lina, kommst du endlich? Wir müssen hier aussteigen!« Ich öffne meine Augen. Matze steht vor mir und greift genervt nach meinem Arm. Erst in diesem Moment verabschiedet sich die Hand unter meinem Rock. Matze packt mich und zieht mich aus dem Bus. Ich drehe mich um und blicke entsetzt in zahlreiche Augenpaare. Aber niemand sieht mich an. Niemand sieht verlegen weg.

Benommen stolpere ich meinem Freund hinterher, raus aus der Masse, rein in die drückende Hitze Roms. Matze zieht mich um den Bus herum auf die andere Seite. Als der Bus losfährt, sehe ich noch mal zurück zum Fenster. Niemand erwidert meinen Blick, keiner grinst mich unverschämt an oder zwinkert mir verschwörerisch zu. Nichts. Vielleicht habe ich einen Hitzschlag und leide an sexuellen Halluzinationen? Ich laufe Matze hinterher, wobei ich weiter dem Bus hinterherstarre, der gemächlich im Verkehr und schließlich aus meinem Blickfeld verschwindet.

»Pass doch auf, Lina! Bist du blind?«, schreit Matze, als er mich vor einem vorbeirasenden Roller rettet. Ich schaue ihn verwirrt an, greife nach seinen Händen, führe sie zu meiner Nase und rieche an seinen Fingern. Er sieht mich an, als wäre ich geisteskrank. »Lina? Alles okay? Geht es dir nicht gut?« Matzes Hände riechen nach nichts. Zumindest nicht nach Muschi.

»Ist dir in dem Bus irgendetwas aufgefallen?«, frage ich immer noch verwirrt nach.

»Na ja. Es war ziemlich voll, würde ich sagen. Willst du vielleicht einen Schluck trinken?« Matze kramt in seinem Rucksack nach einer Wasserflasche und hält sie mir besorgt entgegen. Ich nehme einen großen Schluck und denke für einen kurzen Moment darüber nach, ob ich meinem Freund erzählen soll, was da eben passiert ist. Nämlich, dass mich eine fremde Person in einem römischen Linienbus gefingert hat. Aber ich verwerfe den Gedanken. Vermutlich würde Matze nicht besonders begeistert reagieren. Schließlich wurde ich gerade sexuell belästigt! Allerdings vom Allerfeinsten. Denn der feuchte Fleck in meiner Unterhose kommt eindeutig nicht von der Hitze.

»Lina, bist du in Ordnung?«

Ich nicke. »Ja. Es ist nur so heiß.«

Matze grinst. »Siehst du, auf Mallorca könnten wir jetzt baden gehen. Aber eine kalte Dusche wäre vielleicht auch schon ein Anfang.« Er greift nach meiner Hand und führt mich wie ein persönlicher Leibwächter durch das Verkehrschaos auf die andere Straßenseite. Dort angekommen, nimmt er mich erst mal in die Arme: »Ich möchte wirklich mal wissen, wovon du immer so träumst. Mitten am Tag.« Wenn du wüsstest, denke ich, lege meinen Kopf an seine Schulter und kann mir ein kleines Grinsen nicht verkneifen.

Im Hotel angekommen, schickt mich Matze erst mal kalt duschen, um meinen Kreislauf wieder in Schwung zu bringen. (In jedem Zahnmediziner steckt auch immer ein verkappter Allgemein-arzt.) Als ich unter dem angenehm kühlen Wasser stehe, lasse ich das Erlebte noch einmal Revue passieren. Der Gedanke daran, dass ein völlig Fremder in aller Öffentlichkeit seinen Finger in meine Muschi geschoben hat und noch dazu mein Freund direkt daneben stand und von alldem nichts mitbekommen hat, macht mich – zu meiner eigenen Überraschung – unglaublich an. Meine Brustwarzen werden hart, nicht nur wegen des kalten Wassers. Statt mir das Shampoo aus den Haaren zu waschen, wandert mei-ne Hand mit der Duschbrause etwas tiefer. Als die Wasserstrahlen auf meinen Kitzler treffen, stöhne ich leise auf. Ich spiele mit den Wasserstrahlen zwischen meinen Beinen und lasse dabei die Szene aus dem Bus erneut in meinem Kopf ablaufen. In meiner Fantasie sieht der mysteriöse Unbekannte, der direkt hinter mir gestanden haben muss, ein bisschen wie Fabio Cannavaro aus – der einzige Mann, der mich dazu bringt, neunzig Minuten lang euphorisch ein Fußballspiel zu verfolgen.

»Lina, alles klar? Brauchst du noch lange? Ich wollte auch ...« Matze kommt nur mit Shorts bekleidet ins Bad und bricht mitten im Satz ab, als er mich mit der Duschbrause zwischen meinen Bei-nen entdeckt.

Statt mir das Shampoo aus den Haaren zu waschen, wandert meine Hand mit der Duschbrause etwas tiefer.

»Willst du mit duschen?«, frage ich unbeirrt, immer noch die Wasserstrahlen genießend. Die Beule in seinen Shorts ver-rät mir die Antwort.

An diesem heißen Nachmittag in Rom haben Matze und ich den besten Sex seit Monaten. Ach was. Seit Jahren. Wir machen es unter der Dusche und vögeln uns danach quer durch das Zim-mer, bis wir vor Erschöpfung nackt auf den weißen, gestärkten Hotellaken einschlafen, um es nach einer kurzen Ruhepause erneut miteinander zu treiben. Die Kombination aus einer Begegnung mit einem Unbekannten, die Bilder von Cannavaro in meinem Kopf und Matzes Körper auf mir drauf machen mich ganz verrückt. Wir lecken, ficken, lieben uns. Es ist so aufregend, als würden wir zum ersten Mal miteinander schlafen. Und gleichzeitig so vertraut, dass wir völlig hemmungslos übereinander herfallen können. Ob das nun wieder Versöhnungssex ist oder nicht, weiß ich nicht so genau. Aber falls ja, dann hoffe ich auf noch viele, viele Streitereien.

VANESSA VIOLA LAU

Hausbesuch

*Simone (30), Journalistin, Göttingen,
über
Daniel (37), Arzt, Göttingen*

- - - - - - - - - - - -

*»Er bat mich um krankengymnastische Assistenz.
Am besten zur Ausführung der Übungen war
das Bett. Er sagte, es ginge ja nun mal nicht anders.
Ob es mir unangenehm wäre. Natürlich
war es mir nicht unangenehm.«*

- - - - - - - - - - - -

Ich bin Arzt«, hatte der Mann gesagt, der mich schon den ganzen Abend beobachtet hatte. Ich war die ganze Zeit von meiner Clique umgeben gewesen und auch nicht sonderlich interessiert. Schlecht sah er zwar nicht aus, aber auch nicht spektakulär. Kein rassiger Latino, kein geheimnisvoller Fremder, einfach nur ein netter Mann von nebenan. Trotzdem hatten wir begonnen, uns zu unterhalten, hatten uns gemeinsam an frühere flüchtige Begegnungen auf Partys desselben Freundes erinnert, aber mehr nicht. Er hatte dann mit mir essen gehen wollen, sich brav am nächsten Tag gemeldet, keinen Anlass zur Sorge gegeben, aber auch keinen Raum für Sehnsucht gelassen.

Nach zwei Dates meldete er sich nun aber nicht mehr. Ich grübelte, was ich denn nur falsch gemacht haben mochte. War ich zu frech, zu selbstbewusst, zu dominant gewesen?

Es war Juni, es war Fußball-WM und ich hatte mich bereits auf einen heißen Sommer gefreut, auf Küsse unter Wasser, auf Sex unterm Moskitonetz, auf Doktorspielchen während des Sonnenuntergangs. Ich war schon mal mit einem Medizinstudenten zusammen gewesen. Blutdruckmessen, Herztöne abhören und Abtasten der erogensten Körperteile auf untersuchungsfeindlichen instabilen Unterlagen wie Wasserbetten oder Luftmatratzen – all das kannte ich, all das war inzwischen aber so lange her, dass ich gar nicht gewusst hatte, wie sehr es mir fehlte.

Und nun sah ich meine Chancen auf erotische anatomische Studien mit dem Arzt schwinden. »Er meldet sich nicht mehr!«, beklagte ich mich bei meiner Freundin Michaela.

»Hm, vielleicht hatte er einen schweren Unfall, hat sich das Bein gebrochen, ist halb tot, liegt im Graben, kann nicht anrufen, hat sein Gedächtnis verloren und überhaupt macht er gerade Furchtbares durch!«, entgegnete sie nicht ohne einen ironischen Unterton und ich fragte mich, ob ich mich wirklich so getäuscht haben konnte. Dabei hatte es immer so ausgesehen, als ob er mich richtig toll fände. Pah, dachte ich schließlich, wenn er mich nicht will, hat er halt Pech gehabt. Ich nahm mir vor, am folgenden Samstag mit mindestens einem anderen zu knutschen, der schwarze Locken hatte und Salsa tanzen konnte.

Am Samstagnachmittag erhielt ich dann jedoch eine Mail: »Wegen eines Knochenbruchs kann ich nur schwerlich schreiben und konnte mich nicht melden.«

Er hatte sich also den rechten Arm gebrochen. Aber da hätte er sich doch mit links melden können, dachte ich. Ich blieb beleidigt und schrieb recht mitleidslos zurück. Daraufhin klärte er mich auf, dass nicht sein rechter Arm, sondern das linke Bein gebrochen sei und er sich deshalb nicht gut zum Computer hinüberbeugen könne, der links stehe. Er erzählte mir, dass er sich die Ver-

Es war heiß und er sah viel besser aus, als ich es in Erinnerung hatte.

letzung bei einem tragischen Unfall zugezogen hatte: Er hatte beim Skaten eine Vollbremsung mit seinem Oberschenkelhals eingelegt und der hatte das nicht verkraftet. Ich konnte es kaum glauben. Schließlich ist es die Ausnahme, dass der Auserwählte ein schlimmes Schicksal erlitten hat, wenn er sich nicht mehr meldet. Schuldbewusst ließ ich mich zu einem Krankenbesuch hinreißen und nahm mir fest vor, auf seinem Gips zu unterschreiben. Vorher wollte ich aber noch ein paar Einkäufe für den Herrn Doktor erledigen.

So stand ich am Nachmittag bepackt vor seiner Tür. Nur mit Boxershorts bekleidet, öffnete er und lächelte schief. Es war heiß und er sah viel besser aus, als ich es in Erinnerung hatte. »Äh, ich wollte eigentlich auf deinem Gips unterschreiben. Aber du hast ja gar keinen«, sagte ich, als er mich hereinbat.

Er erklärte mir, es befände sich eine Stahlplatte in seinem Bein, aber ich könne ja auf seiner Haut unterschreiben, falls ich es unbedingt wolle. Der Aufforderung, die heilsame Wirkung meiner Signatur auf der Bruchstelle zu erforschen, kam ich gerne nach und begann, mit dem Kugelschreiber auf seine Lenden zu malen. Dabei gelangte ich zu einer äußerst erfreulichen Erkenntnis: Der Oberschenkelhals war zwar im Eimer, doch in nächster Nähe war noch alles in Ordnung.

»Tut das weh?«, fragte ich unschuldig.

»Nein, im Gegenteil«, raunte er. Klar wusste ich, was das hieß, aber ich tat so, als hätte ich es nicht gehört. »Huch, jetzt bekomm ich 'ne Erektion«, sagte der Fachmann gespielt beschämt. Falls ich es noch nicht bemerkt hatte, wollte er mich wohl noch einmal darauf hinweisen. Es wäre doch schrecklich gewesen, wenn ich das freudige Ereignis verpasst hätte. Als erfahrene Bodypainterin muss ich zugeben, dass ich wohl kaum meinen Friedrich Wilhelm an dieser Stelle seines Körpers platziert hätte, wenn ich eine solche Reaktion nicht gewünscht hätte. Natürlich ignorierte ich seinen Ständer zunächst trotzdem, lauschte nur auf seine Atmung, die er um Beherrschung ringend alsbald herunterfuhr.

Nach Kaffee, Kuchen und zwei Partien Schach verließ ich ihn, wohl wissend, dass schon bald neue Einkäufe erforderlich sein würden und er sowieso schon meine Signatur auf den Lenden trug. Und ich würde gern wiederkommen, denn hier waren die besten Voraussetzungen für erotische Spielchen, wie ich sie mag, gegeben: Kindliche Malereien und weitere obskure Heilungsrituale lagen vor uns. Ich mag solche sexy Spielchen. Für mich darf es nicht zu schnell gehen. Es müssen möglichst große Steigerungen beim Petting möglich sein. Alles muss verspielt sein, verrückt, mit einem Hang zur Albernheit. Sex muss witzig sein, dabei darf gelacht und geredet werden. Leider klappt das mit zunehmendem Alter immer seltener. Man macht meist da mit dem Neuen weiter, wo man mit dem Alten aufgehört hat. Ärgerlich und sicher keine Basis für ausgefallene Erlebnisse. Doch mit dem Arzt schien das zum Glück anders zu sein. Und noch etwas war erfreulich: Ich machte Hausbesuche. Ich war es, die seine Wohnung aufsuchte und verließ. Und er konnte mir weder folgen, noch weglaufen. Keine vorgegebenen Schritte wie Essen, Kino, Sex – und seinerseits sowieso gar keine Schritte.

»Huch, jetzt bekomm ich 'ne Erektion«, sagte der Fachmann gespielt beschämt.

Und so war es dann auch. Ich wurde wieder bestellt. Die Unterschrift hatte er inzwischen gepflegt, als wäre sie von Michael Jackson. Er bat mich um krankengymnastische Assistenz. Am besten zur Ausführung der Übungen war das Bett. Er sagte, es ginge ja nun mal nicht anders. Ob es mir unangenehm wäre. Natürlich war es mir nicht unangenehm. Zufrieden massierte ich den infolge des Bruchs versteiften Adduktoren. Um Missverständnissen vorzubeugen: Der Adduktor ist der Muskel, der für die Innenspannung des Oberschenkels zuständig ist. Behutsam bearbeitete ich das Bein, bis er sagte: »Das ist mein Penis.«

»Ach, Entschuldigung, das ist mir aber peinlich. Ich habe mich schon gewundert, dass der sich nicht entspannt. Also der Adduktor, mein ich. Na ja, bin ja kein Arzt, kenn mich mit Anatomie nicht so gut aus.« Wir mussten lachen.

Damit war klar, dass der Sommer gerettet sein würde und die Krankenbesuche sich zu sexy Spielchen auswachsen würden. Bei unserem nächsten Treffen wollte er sich revanchieren und streichelte zu dem Zweck meinen Rücken. Als er dabei an meinen Achselhöhlen vorbeistrich und meinen Duft inhalierte, fiel ihm ein, dass ein Lymphknoten dort geschwollen sein könnte, was er sogleich untersuchte. Ich wunderte mich etwas, warum er dafür meinen Busen abtasten musste, hielt aber brav still, da mir die Untersuchung sehr gefiel. Ich ließ mich auf den Rücken sinken und er fragte, ob ich niedrigen Blutdruck hätte.

»Möglich. Mir ist ein bisschen schwindelig«, sagte ich.

»Dann gib mir mal deine Beine.«

Er lehnte jetzt mit dem Rücken an der Wand und strich über meine Beine. Schlüpfrige kleine Küsse trafen meine Füße, meine Unterschenkel, meine Knie. Ich spürte, wie er es genoss. Dauernd machte er angesichts meiner Schönheit »Ah« und »Oh«, da war er sehr verschwenderisch. Er hatte zur Zeit ja auch keine Reize durch andere Beautys in der freien Wildbahn. Er verwöhnte mich und tat das für mich, aber auch für sich. Ich hatte ihm das gar nicht zugetraut, aber er war ein Genießer.

Ich war verschwitzt, es war heiß, ich hätte gern geduscht, aber er machte den Eindruck, als sei er Napoleon, der seine Mätressen am liebsten darum bat, sich tagelang nicht zu waschen. Er erfreute sich an meinem Körper, inhalierte die Düfte meiner Achseln und meines Unterleibs und streichelte mich lustvoll und hemmungslos. Ablehnung oder Abscheu vor Körperflüssigkeiten und Makeln kannte er nicht. Wenn man das spürt, diese besondere Form des Angenommenseins, des Ganz-gewollt-Seins, dann kann man sich gehen lassen. Und das tat ich. Seine sensiblen Arzthände wanderten weiter, schoben meinen Rock hoch, strichen meinen Adduktor entlang, über mein Höschen zu meinem Bauch. Er blieb an meiner Problemzone hängen, nämlich den im Lie-

Seine sensiblen Arzthände wanderten weiter, schoben meinen Rock hoch, strichen meinen Adduktor entlang, über mein Höschen zu meinem Bauch.

gen sichtbar werdenden Speckröllchen, die den Übergang von der Taille zur Hüfte kennzeichneten. Doch auch diese Unebenheiten gefielen ihm anscheinend. Ich rekelte mich genießerisch, mein Fuß auf seinem Schoß geriet erst zufällig, dann absichtlich gegen seinen Schwanz.

Inzwischen war es halbdunkel. Wie es so plötzlich dunkel geworden war, weiß ich auch nicht. Gerade war noch Nachmittag gewesen und wir hatten Kaffee getrunken, das letzte Mal hatte ich um vier auf die Uhr geschaut. Unsere Spielchen mussten sich also schon Stunden hingezogen haben, als er mich von meinem Slip befreite und meine Reflexe zwischen den Schenkeln testete. Seine eigenen funktionierten jedenfalls hervorragend. Ich rieb meinen Fuß an seinem Schwanz, er stöhnte.

Irgendwie fand er dann eine Position für sich, die bequem war, strich über meinen »wunderschönen Hintern« – dass er ihn schön fand, glaubte ich ihm sofort, da er ihn, einmal berührt, nicht mehr losließ. Er küsste und knabberte beidseitig meine Adduktoren von unten nach oben und erreichte just in dem Moment meine Klitoris, als Holland ein Tor gegen Uruguay schoss. Das Fenster war offen und ich hatte beim Kaffeetrinken orangefarbene Gestalten ins Haus kommen sehen, die jetzt jubelten.

Ich verschränkte meine Hände hinter meinem Kopf und drückte den Rücken durch. »Ist alles in Ordnung, Herr Doktor? Mir wird so anders«, kam mir das letzte witzige Sprüchlein über die Lippen, bevor mir endgültig die Luft wegblieb.

Es war fantastisch und auf jeden Fall der beste Krankenbesuch, den ich je jemandem abgestattet habe. Auch sein Bruch heilte im Folgenden erstaunlich schnell. Wenn man nach der Definition Bill Clintons geht, hatten wir erst kurz nach Beginn der Reha, also vier Wochen später, wirklich Sex. Trotzdem, diese Zeit der Vorfreude auf »richtigen« Sex erlebte ich als die aufregendste und sinnlichste meines Lebens. Einen Sommer lang wurde massiert, gestreichelt, geknabbert, geleckt, geblasen und Schach gespielt. Ich wurde immer besser im Schach, lernte viel über Anatomie und hatte am Ende einen neuen Freund, mit dem ich so gar nicht gerechnet hatte. Und ich freue mich schon jetzt auf lustvolle Herbst-, Winter- und Frühlingsnächte.

MARIE SOMMER

Holland, wir kommen!

Eva (32), Grafikerin, Köln,
über
Tom (36), Agenturchef, Köln

- - - - - - - - - - - -

»Dann konnte ich nicht mehr, die Straße
vor mir verschwamm für einen kurzen Augenblick,
aber ich hielt die Kontrolle oberhalb meines
Unterkörpers aufrecht.«

- - - - - - - - - - - -

Tom und ich waren in der berühmten Wir-hatten-zwar-schon-was-miteinander-aber-wissen-noch-nicht-ob-wir-ein-Paar-sind-Phase. Irgendwie ätzend, man verstellt sich, macht einen auf besonders toll und hübsch und super und klug und witzig und charmant, nur um den anderen ordentlich zu beeindrucken. Seit vier Wochen ging es nun schon so: Du-bist-so-toll-SMS hin- und herschicken, sich treffen, knutschen, in die Kiste springen, danach ein bisschen reden, sich langsam an den anderen herantasten, stets darauf bedacht, bloß nicht zu weit über die Türschwelle zur Seele des anderen zu treten – man will ja nicht nerven oder aufdringlich oder das typische Weibchen sein, das so dämliche Fragen stellt wie: Sag mal, mit wie vielen Frauen hast du eigentlich schon geschlafen?

Tom war spitze. Er war mir zwar noch fremd, aber so schrecklich diese Anfangsphase einer jeden Beziehung ist, so sehr liebe ich dieses Abenteuer, einen neuen Mann zu entdecken. Jedes Mal, wenn wir uns sahen, hatte ich eine ganze Maulwurfmannschaft in meinem Bauch, die ordentlich Party veranstaltete. Und Tage, an denen er sich nicht meldete, waren Ätz-kack-doof-Tage. Wieso hört das eigentlich nie auf, dieses alberne teeniemäßige Aufs-Handy-Starren und Beleidigt- und Stinkesauersein, wenn kein Anruf, keine SMS, keine Mail und noch nicht mal ein Facebook-Hallo kommt? Da meint man, mit Ü30 in dieser Hinsicht etwas gelassener geworden zu sein, aber nix da, Pustekuchen, der Wieso-meldet-er-sich-nicht-Ärger ist so groß wie eh und je. 16-Jährige sollten sich definitiv kein Beispiel an mir nehmen.

Nach drei Tagen Funkstille – ich hatte ihn in meinen Gedanken schon erschossen, erlegt, erhängt, erwürgt und mir geschworen, mich nie, aber auch wirklich nie wieder bei ihm zu melden – erklang endlich das erlösende, vertraute und die Maulwurfmannschaft verrückt machende SMS-Piepen. Tom schrieb: »Süße, sorry, too much to do. Aber was hältste davon, wenn wir am Wochenende nach Holland ans Meer fahren?« Mein Schwur war augenblicklich vergessen, mein frischverliebtes Herzchen trällerte Cliff Richards' *Summer holiday* vor sich hin, und die Aussicht, mich mit Tom durch die Nordseedünen zu kullern, hüllte meinen Tag in himmelblaue Zuckerwatte mit rosa Glitzersternchen.

Trotzdem schrieb ich betont unbeeindruckt und nüchtern zurück: »Bin dabei. Freu mich!« Er sollte sich bitte nicht einbilden, mich nach drei Tagen Funkstille hier so easy zum Schmelzen bringen zu können.

Als er mich abholte, hatte ich schon einen dreistündigen Klamotten- und Schönmachkampf hinter mir, nur um total beiläufig stylish und lässig daherzukommen. Ich fühlte mich ein bisschen wie Sienna Miller, die in Gummistiefeln, kurzem T-Shirt-Kleidchen und zerzausten Haaren auf dem Glastonbury Festival rockt und dabei selbstverständlich umwerfend gut aussieht – ob ich es auch tat, war eine andere Frage.

Tom kam hupend um die Ecke gefahren. Mein Herz tanzte Samba, als ich ihn sah. Ich versuchte, cool zu wirken und mein seliges Grinsen nicht ganz so breit werden zu lassen. Er sprang aus dem Auto, rannte auf mich zu und wirbelte mich mit einem »Mann, hab ich dich vermisst!« durch die Luft. Ich fühlte mich wie in der Merci-Werbung: Glückliche schöne Menschen machen glücklich machende schöne Sachen. Nur dass die Realität noch tausendmal besser war als der Spot. Dann küssten wir uns und seine Küsse schmeckten wie immer: genial. Ich spielte schon mit dem Gedanken, Holland mal schön Holland sein zu lassen und ihn augenblicklich zurück in meine Wohnung zu schleppen, ihn ans Bett zu fesseln und das ganze Wochenende lang immer wieder zu vernaschen. Er schien meine Gedanken zu erraten.

> *Ich fühlte mich wie in der Merci-Werbung: Glückliche schöne Menschen machen glücklich machende schöne Sachen.*

»Nix da, Süße, hier wird jetzt nicht einen auf heiße Braut gemacht, das holen wir alles am Strand nach, versprochen!« Ich zog betont beleidigt eine Schnute, lachte und stieg in seinen schwarzen Audi A3. »Nee, du fährst erst mal«, scheuchte mich Tom vom

Beifahrersitz runter. »Ich muss noch ein paar Business-Telefonate führen, geht aber ganz schnell, versprochen!« Jetzt war ich wirklich beleidigt. Ich hatte mich so darauf gefreut, ihn nach der Funkstille endlich ganz für mich allein zu haben, und dann das. »Och Süße, jetzt mach nicht so ein Gesicht, das geht ganz schnell und dann mach ich das Handy auch aus, versprochen!«

Ich sagte nichts, wechselte auf die Fahrerseite, ließ das Auto an, gab Vollgas und bretterte davon. Ohne Tom. Der blieb mit offenem Mund stehen. Ich machte eine Vollbremsung, legte den Rückwärtsgang ein, düste zurück, blieb vor ihm stehen, beugte mich zur Beifahrertür rüber, öffnete sie und streckte ihm grinsend die Zunge raus. »Wieso steigste denn nicht ein? Los, komm, Baby!«, sagte ich kichernd.

»Okay, dann sind wir jetzt wohl quitt«, antwortete er und stieg ein. Ich fuhr los. Während er auf dem Beifahrersitz über seinen Laptop gebeugt telefonierte, fiel mir auf, dass ich es verdammt sexy fand, wie er seinen Mitarbeitern Ansagen machte. Ruhig und freundlich, aber bestimmt. Tom war sicher ein großartiger Chef. Am Telefon wirkte er wahnsinnig kompetent und hyperseriös. War er ja auch. Als ich daran dachte, wie wahnsinnig kompetent er auch im Bett war, musste ich grinsen.

»Wieso grinst du so schelmisch?«, riss mich seine Frage aus meinen Tagträumen. Er hatte endlich aufgelegt und kraulte mir den Nacken.

»Och, ich dachte nur daran, dass es schön ist, diese zwei Seiten von dir kennenzulernen«, sagte ich, den Blick auf die Straße vor mir gerichtet.

»Welche zwei Seiten denn?«, fragte Tom.

»Na, einerseits bist du der aufs Geschäft bedachte, ernste Businessman und andererseits dieser verspielte freche Junge, der im Bett Vollgas gibt«, antwortete ich noch mehr grinsend.

»So so, ich bin also ein verspielter frecher Junge, der im Bett Vollgas gibt«, murmelte er, während er sich zu mir rüberbeugte und meinen Hals küsste. Volltreffer. Erregungsschwall-Alarm. Hoppla.

Ich wurde rot und sagte: »Tom, so was kannst du nicht machen, ich muss mich aufs Fahren konzentrieren, und wenn du das machst, dann fällt mir das verdammt schwer und unser beider Leib und Seele gerät in allergrößte Gefahr. Es heißt ja nicht umsonst, bitte nicht die Fahrerin während der Fahrt küssen.«

»So so, das lenkt dich also ab«, sagte Tom leise, grinste und küsste mich noch mal auf den Hals.

»Du Schuft!«, tat ich erbost und schon wieder durchfuhr mich Erregung, von oben bis zu meinem Schoß.

Tom grinste und setzte sich wieder brav aufrecht hin und tat so, als sei nichts geschehen. Schweigen. Puh, dachte ich erleichtert, der soll hier mal bloß

> »Du Schuft!«, tat ich erbost und schon wieder durchfuhr mich Erregung, von oben bis zu meinem Schoß.

nicht auf dumme Gedanken kommen. Aber Tom kam auf dumme Gedanken, auf sehr dumme Gedanken sogar. »Los, zieh dein Höschen aus«, brach er nach einigen Minuten das Schweigen. Ich starrte ihn an, sofern Anstarren möglich ist, wenn man eigentlich am Steuer sitzt und auf die Straße achten muss. Ich wollte irgendwas sagen wie »Du spinnst doch!«, aber dazu kam es nicht, denn schon wieder küsste er mich auf diese äußerst empfindliche Stelle an meinem Hals, und als er mir dann hypnotisierend ins Ohr flüsterte: »Los, Süße, zieh dein Höschen aus, ich will dich anfassen!«, war es vorbei.

Ich warf einen Blick auf seine weiße Leinenhose und konnte die Beule darin deutlich sehen. Augenblicklich war es vorbei mit meiner Contenance. Ich tat, wie mir befohlen, und zerrte das Höschen unter meinem kurzen Shirtkleid hervor, was gar nicht so einfach ist, wenn man Auto fährt und man selbst der Fahrer ist. »Los, mach deine Beine breit«, befahl mir Tom flüsternd. Eigentlich ist ja »Los, mach deine Beine breit« nicht wirklich das, was eine Lady hören will. Aber Tom hatte mich voll im Griff und ich tat nichts lieber, als für ihn meine Beine breit zu machen.

Ich bekam es gerade noch auf die Reihe, auf die rechte Spur der Autobahn zu wechseln und mich darauf zu konzentrieren, geradeaus zu fahren, die Augen nicht zu schließen, die Cruisergeschwindigkeit von 120 km/h einzuhalten und obenrum wie eine normale Autofahrerin auszusehen. Untenrum war jedoch Ausnahmezustand angesagt. Tom hatte seine Hand schon zwischen meinen Beinen, wo sie feucht-fröhlich begrüßt wurden. Er glitt ganz langsam und mit wenig Druck auf und ab, verteilte das Nass geschickt und sorgte damit für weitere wasserfallartige Erregungsschauer.

Es war so verdammt unvernünftig, was wir da taten, und die Vorstellung, mit heruntergelassener Hose plattgequetscht an einer Leitplanke zu enden, war nun wahrlich kein schöner Gedanke, aber diese Erregung machte mich völlig kirre und vernebelte meinen Verstand. Und dann fing Tom auch noch an, mich gleichzeitig auf den Hals zu küssen, während er mit seiner Hand zwischen meinen Beinen großartige Dinge vollbrachte. Richtig küssen ging ja nicht, ich musste mich ja auf die Straße konzentrieren.

Es war im Übrigen Tag. Heller Tag. Und die Autobahn war gut befahren. Ich versuchte, nicht daran zu denken, dass uns jeder sehen konnte, und blickte stur geradeaus. Wenn ich auch nur einen verwunderten Blick eines überholenden Autofahrers erhascht hätte, hätte ich mich in Grund und Boden geschämt, so viel war klar. Die Geilheit war dennoch größer als das Schamgefühl.

»Böses Mädchen«, flüsterte mir Tom ins Ohr.

»Böser Junge«, gab ich leicht stöhnend zurück.

Nun wollte ich nicht das einzige Opfer solcher Leidenschaft werden und übernahm das Kommando. Wenn ich schon höschenlos über die Autobahn brettere, dann wollte ich wenigstens nicht allein damit sein. »Los, fass dich an«, war meine Ansage an Tom.

Er machte keine Anstalten, sich zu weigern, und folgte augenblicklich. Er fuhr mit einer Hand in seine Hose, das labbrige Leinen ließ ja genug Raum dafür, packte seinen Schwanz und fuhr langsam auf und ab. Seine andere Hand war immer noch mit mir beschäftigt. Ich weiß nicht warum, aber ich finde es saugeil, einem Typen (wohlgemerkt einem hübschen Typen) dabei zuzusehen, wenn er sich einen runterholt. Das ist die geballte sexuelle Power.

Tom fuhr langsam mit seinem Werk zwischen meinen Beinen fort, und genauso langsam bearbeitete er sich selbst. Wir fingen an, leise zu schnaufen und unser beider Atem wurde immer heftiger. Während ich versuchte, mich auf die Straße zu konzentrieren, sah ich im Augenwinkel die Auf-und-ab-Bewegung von Toms Hand, und wenn ich blitzschnell den Blick nach unten richtete, sah ich Toms andere Hand zwischen meinen weit gespreizten Beinen. Das ganze Spektakel machte mich so an, dass ich das Lenkrad nur noch in einer Hand hielt und mit der anderen Hand Toms Hand an und in mich drückte und ich mich, so fest es ging, gegen sie presste. Unsere Bewegungen, sofern unsere Situation diese überhaupt zuließ, wurden immer heftiger.

Dann konnte ich nicht mehr, die Straße vor mir verschwamm für einen kurzen Augenblick, aber ich hielt die Kontrolle oberhalb meines Unterkörpers aufrecht. Untenrum schwappte der Orgasmus heran, heftig und vom Allerfeinsten.

Als ich wieder halbwegs entorgasmusiert war, schaute ich kurz nach links und grinste einem überholenden Autofahrer zu. Der grinste zurück. Ob er was gesehen hatte? Tom neben mir war noch im Kurz-vorm-Kommen-Stadium, keuchte, kämpfte sich den Orgasmus-Berg hinauf und entlud sich dann in seine schöne weiße Leinenhose.

»Was für 'ne Sauerei, aber das war's wert«, sagte er noch ganz außer Atem. Ich nickte, grinste und fuhr weiter, so wie ich es die ganze Zeit getan hatte.

> *Als ich wieder halbwegs entorgasmusiert war, schaute ich kurz nach links und grinste einem überholenden Autofahrer zu.*

»Holland, wir kommen!«, sagte ich kichernd.

»Oh ja«, antwortete Tom. »Im wahrsten Sinne des Wortes.«

KIRA LICHT

F ist wieder Single!

**Inés (28), Volontärin, Hamburg,
über
Ferdinando (36), Redakteur, Hamburg**

- - - - - - - - - - - -

*»Unsere Lippen berühren sich, während meine
Arme wie von selbst um seine Taille gleiten.
Er küsst zärtlich, vorsichtig und langsam.
In meinem Bauch tanzen Schmetterlinge.«*

- - - - - - - - - - - -

Nude – das wird *der* Trend!« – »Nude?«, frage ich ein bisschen lahm.

»Nude wie ›nackig‹, verstehst du?«, sagt Carla ungeduldig.

»Ich weiß, was ›nude‹ heißt.«

»Und überhaupt«, unterbricht sie mich, »sprichst du es völlig falsch aus. Es heißt nicht ›nude‹, es heißt ›nnnnnnnnude‹.

»Nnnnnnnnude«, wiederhole ich.

»Und jetzt mit etwas mehr Verachtung! Man sagt ›nude‹ nicht wie ›Ach, hübsch!‹ sondern wie ›Natürlich weiß ich, dass es angesagt ist, also nerv mich bitte nicht.‹« Ich schaue Carla über den Rand meines Pastatellers an und ziehe fragend die Augenbrauen hoch. »Jetzt guck nicht so«, lacht sie. »Das ist wichtig!«

Carla war schon immer speziell, aber seit sie als Volontärin bei diesem Modemagazin arbeitet, toppt sie sich selbst und sie schmeißt mit Begriffen um sich, die ich allesamt noch nie gehört habe: Slouch, Clutch, Wedges, Badges, Sabots, Drain Pipe, Sarouel-Hosen, Sleek Look und Matte Look, Bourgeoise Bohemian oder Urban Vintage. Und jetzt also Nude.

»Ach, und übrigens«, sagt sie und legt erneut ihr Besteck zur Seite. »Du bist meine ›Begl.‹ ... nachher.«

»Ich bin dein Bagel nachher? Ein rundes Brotding mit ’nem Loch drin?« So langsam komme ich wirklich nicht mehr mit.

»Unsinn ...«, murmelt Carla, wühlt in ihrer überdimensionalen Handtasche und wedelt schließlich mit einer glänzenden, violetten Einladung vor meiner Nase herum. Ich muss sofort an letzten Herbst denken, als sie mir weismachen wollte, Lila sei das neue Schwarz. Als ich sie fragte, was denn das alte Schwarz dann machen würde und dass es mir dann aber leidtäte, antwortete sie nicht mehr, sondern guckte nur böse.

»Schau!«, sagt Carla und klappt diese unsäglich große und hochglänzende Karte auf. »Da steht: ›Frau Carla Weber und Begl.‹ Und du bist ›Begl.‹, kurz für: meine Begleitung!«

»Toll«, antworte ich. »Und was ist das? ’Ne Einladung zu ’ner Beerdigung?«

»Quatsch, wie kommst du denn darauf?«

»Ja ... ich dachte, Lila sei das neue Schwarz?«

»Inés! Hör sofort auf, so bescheuert zu sein. Sonst nehme ich dich heute Abend nicht mit.«

»Moment mal. *Du* hast vor, *mich* zu fragen, ob ich mitkommen möchte, und zweitens will *ich* vielleicht gar nicht mit.«

Carla klappt die Karte energisch zu, stopft sie zurück in ihre Handtasche und zieht eine Schnute. »Ich will aber nicht alleine.«

»Was ist denn das für 'ne Veranstaltung?«

»Ach, das Magazin feiert sich selbst. Das wird 'ne Riesensause und ganz viele Promis kommen!«

Carla hat die Schmollschnute nun gegen begeistert glänzende Augen getauscht.

»Also nur so Mode-Leute und 'ne Handvoll überdrehter Celebrities?«

»Wie ›nur‹ ? Wir sind die Spitze der Gesellschaft! Luxus! Fashion! Lifestyle!«

»Na klar. Bohemian-Übergeschnapptheit und Urban-Blödheit!«

»Ich finde es nicht gut, dass du diese schönen Wörter für so einen Quatsch missbrauchst. Bohemian ... allein wie poetisch das klingt!« Carla schaut mich an, wie ein Arzt, der die Hoffnung bei einem Patienten bereits aufgegeben hat. »Gut, ich nehme dich trotzdem mit. Obwohl du so undankbar bist.«

»Aber ich will doch ...«, beginne ich verzweifelt.

»Ich hole dich um 20:30 Uhr ab. Und bitte nichts aus Wolle.«

»Wolle? Wir haben Hochsommer. Es sind mindestens dreißig Grad draußen.«

»Ich sag es ja nur zur Sicherheit.« Ich schnaufe missmutig. Wirklich Lust habe ich nicht. Ich weiß schon jetzt, dass mir dort alle zu schön sein werden. Carla lehnt sich in ihrem Korbstuhl zurück, grinst schief und zwinkert mir dann zu. »Wir werden das Haus rocken.«

Ich versuche, mich gegen einen zustimmenden Gesichtsausdruck zu wehren, weil ich wirklich nicht dorthin will, doch dann grinse ich zurück. »Abgemacht«, sage ich.

Am Abend gesellt sich zu dem Problem, dass ich eigentlich keine Lust auf diese Party habe, noch ein zweites: Ich weiß nicht, was ich anziehen soll. Deshalb google ich in all meiner Verzweiflung das Wort »nude«, bekomme allerdings nur zweifelhafte Links à la »Teenage girls nude« oder »Nude asian chicks loving you«. Nach der glorreichen Idee, mal »nude Mode« in das Suchfenster zu tippen, finde ich schließlich die Erklärung, Nude seien »alle Farben, die dem Hautton ähneln – von Offwhite über Creme und Beige bis hin zum hellen Braun.« Offwhite? Super, das nächste Wort, das ich googeln muss. Bevorzugte Stoffe seien übrigens Seide, Organza, Tüll und Chiffon. Ich besitze nichts dergleichen, nur ein dunkelgrünes Seidenkissen – und das ist auch schon etwas mitgenommen und hat sowieso die völlig falsche Farbe.

Schließlich entscheide ich mich für ein schlichtes Kleid in noch schlichterem Schwarz kombiniert mit Schuhen in der gleichen Farbe – auch auf die Gefahr hin, total out zu sein. Das geerbte Python-Abendtäschchen meiner Oma muss als einziges Accessoire herhalten.

Während ich recht unscheinbar wirke, erweckt Carla den Eindruck, als wäre sie vom Titelblatt der *Vogue* geklettert, sie trägt einen nudefarbenen Traum aus weich fallendem Chiffon. All ihre Accessoires inklusive der schwindelerregend hohen Stilettos sind schwarz. Sie sieht fantastisch aus. Und so auch alle anderen auf dieser superschicken Party. Kaum haben wir unsere Mäntel abgegeben, stürzt eine elfenhafte Rothaarige auf uns zu, legt Carla verschwörerisch den Arm um die Taille und schaut sich dann wie ein Geheimagent nach allen Seiten um. Als die Luft rein ist, flüstert sie: »F ist wieder Single!« Erst dann scheint sie mich zu bemerken. »Oh, hi!«, sagt sie und streckt mir anmutig die Hand entgegen. »Wir kennen uns noch nicht. Ich bin Marina.« Sie mustert kurz mein Outfit inklusive der Schuhe, ohne dass ihr charmantes Lächeln verrutscht.

»Freut mich, ich bin Inés.«

»Meine beste Freundin«, fügt Carla hinzu.

»Wer ist F?«, frage ich.

Marina hält sich ihr Abendtäschchen seitlich ans Gesicht, als übermittle sie erneut eine streng vertrauliche Botschaft. »Er ist unser Mann für die Accessoires. Sein richtiger Name ist Ferdinando.«

Ich kann ein spontanes Grinsen nicht verhindern. Ferdinando? Accessoires? Wenn der hetero ist, fresse ich einen Besen. Oder eins von seinen Accessoires. Ha ha ha! »Und wieso interessiert es euch so, ob er Single ist?«, frage ich irritiert.

Marina guckt fast empört zurück. »Ja, wieso denn nicht?«

»Na ja ... ähm. Er ist der Mann fürs Bling-Bling, die Kelly-Bags, die Jimmy Choos ...?«

Wir lassen die drei sprachlosen Geier stehen und ich folge ihm Richtung Bar. Hinter uns bricht Getuschel los.

»Er ist nicht schwul!«, unterbricht mich Carla lachend.

»Ihr seid kindisch!«, sagt Marina theatralisch und klimpert mit den rabenschwarz getuschten Wimpern. »Ich gehe mal F suchen!«

»Viel Spaß!«, trällert ihr Carla hinterher und wieder kichern wir beide.

Plötzlich stoppt Carlas Gelächter und ihr Blick bleibt an etwas hängen. Ich schaue interessiert in dieselbe Richtung. Dort steht eine große blonde Frau in einem hautengen changierenden Kleid – natürlich auch in Nude. Von hier sieht es fast so aus, als wäre sie nackt, so exakt trifft der Stoff des Kleides ihren Hautton. Ihr Haar ist lang und fällt in sanften Wellen über ihren Rücken. Die Sohlen ihrer ebenfalls nudefarbenen Schuhe leuchten von unten kirschrot. Sie ist umringt von mindestens sieben Männern, die gebannt an ihren Lippen hängen.

»Wer ist das?«, hauche ich und frage mich immer noch, ob sie echt ist oder doch nur eine Fata Morgana.

»Das ist Sophie«, sagt meine beste Freundin und starrt sie ebenfalls an. »Ich mag sie nicht, sie vögelt den Boss.«

Zuerst will ich nur vernichtend nicken, doch dann stutze ich und rekapituliere kurz. »Aber dein Boss ist eine Frau«, sage ich.

»Das macht es ja so schwierig«, erwidert Carla trocken.

»*Die* da ist lesbisch?«, kiekse ich, meine Stimme überschlägt sich.

»Sie ist Evas Rache an der Männerwelt, glaub mir. Schau, wie alle Kerle sie anbaggern. Und sie lässt sie machen und lacht sich innerlich darüber tot.«

»Sachen gibt's …«, hauche ich.

»Kann ich dich mal einen Moment allein lassen?«, fragt Carla plötzlich. »Ich wollte mal eben mit jemandem etwas Geschäftliches besprechen.«

»Ja, klar!«, antworte ich. Ein Ober geht vorbei und ich schnappe mir eines der gefüllten Prosecco-Gläser. »Ich warte hier.«

»Gut, es dauert nicht lange!«

Kaum ist Carla weg, stakst die rothaarige Marina heran. Im Schlepptau hat sie zwei knapp untergewichtige Freundinnen, eine blond, die andere brünett. Ich ahne nichts Gutes. »Inés, richtig?«, fragt sie.

Ich nicke und weiß nicht, ob ich jetzt Angst haben soll oder ob sie nur blufft. Wieder werde ich von oben bis unten angeguckt, dieses Mal allerdings gleich von drei Augenpaaren.

»Nette Schuhe«, sagt eine der beiden Begleiterinnen schließlich. An ihrem Tonfall erkenne ich, dass dies kein Kompliment sein soll. »Der Absatz ist so … praktisch.«

»Was hast du gegen meine Absätze?«, frage ich.

»Ach, nichts.«

»Auch ein schlichtes Outfit kann punkten!«, sagt Marina. Ihre beiden Begleiterinnen sehen aus, als müssten sie sich das Lachen verkneifen.

»Ist Python nicht diese Saison total out?«, fragt die Brünette. Ich schaue mir die drei ausgehungerten Geier an und beschließe, mich weder demütigen noch provozieren zu lassen.

»Das ist ein Erbstück«, sage ich ruhig. »Meine Großmutter nahm sie immer mit in die Oper. Mein Großvater hatte sie ihr von einer seiner Geschäftsreisen aus Italien mitgebracht.«

»Egal«, sagt die Blonde. »Soweit ich weiß, ist Schlange absolut out!«

Ich will schon etwas Passendes erwidern, da erstrahlen die Gesichter der drei Grazien in Begeisterung.

»Meine lieben Damen«, sagt eine markant tiefe Stimme hinter meinem Rücken. »Ich korrigiere Sie alle nur ungern, aber Sie sind sicherlich gut beraten, wenn Sie meinem Urteil vertrauen, und ich sage Ihnen, dass gerade Python der Geheimtrend für die kommende Wintersaison ist. Sogar Hermès hat Schlange wieder ins Programm genommen und das will bei so einem Traditionshaus schon etwas heißen.« Eine große Person stellt sich neben mich und greift sanft nach der Hand, die meine Tasche hält. »Ein wunderbares Stück. Vintage, nicht wahr? Da haben Sie einen unbezahlbaren Schatz.«

Ich schaue auf eine große leicht gebräunte Hand und dann weiter hoch in ein paar strahlend blaue Augen. »Danke!«, flüstere ich und weiß gar nicht so genau, warum ich das sage.

»Dürfte ich mir die Tasche genauer anschauen? Mein Interesse ist rein beruflich, ich will sie Ihnen nicht wegnehmen.« In meinem Kopf beginnt es zu rattern. Rein beruflich? Ein Mann, der sich mit Modetrends auskennt? Und Taschen sind Accessoires, oder? Oh nein. Er kann es nicht sein. Oder doch? *Das* ist Ferdinando? Niemals. »Dürfte ich Sie mal kurz an die Bar entführen? Dort ist das Licht besser ...«

»Natürlich«, sage ich und schaue auf den Boden. Himmel, verdammt und zugenäht! Ich glaube, er sieht unverschämt gut aus! Wieso ist er so nett zu mir?

Wir lassen die drei sprachlosen Geier stehen und ich folge ihm Richtung Bar. Hinter uns bricht Getuschel los, das er nicht zu hören scheint und das mich ziemlich verunsichert. Und wo ist Carla? Ich sollte doch auf sie warten!

An der Bar bekomme ich die Gelegenheit, mir diesen Ferdinando genauer anzuschauen: Er ist das Ebenbild eines römischen Gottes. Ausdrucksvolles Gesicht, hohe Wangenknochen, Augen so blau wie der Himmel, dunkle Bartstoppeln. Er sollte dringend Werbung für Espresso oder Italienreisen machen. Seine dunklen Haare sind glatt nach hinten gekämmt und im Nacken einen Tick zu lang. Das

Oberhemd ist tailliert und verrät, dass er an den richtigen Stellen kein Gramm Fett zu viel hat. Ich schaue erneut auf seine Hände, die wieder Omas Abendtäschchen halten. Sie sind schlank und die Nägel perfekt gepflegt. Allein die Art, wie sie sich bewegen, macht mich an. Ich stelle mir vor, wie sie auf meiner Haut aussehen. Erst dann bemerke ich, dass Ferdinando ganz offensichtlich etwas gesagt hat.

»Bitte?«

»Wirklich ein schönes Stück«, wiederholt er.

»Danke!«

Er reicht mir die Tasche zurück und lächelt mich an. »Entschuldigen Sie, wir haben uns noch gar nicht vorgestellt. Ich heiße Ferdinando Orsetti, ich bin beim Magazin der Mann für die Accessoires.« Er streckt mir seine rechte Hand hin und ich greife nur allzu gern danach. »Und um gleich zwei Fragen vorweg zu nehmen: Ja, ich bin trotzdem hetero und nein, ich weiß nicht, was sich meine Eltern bei diesem Vornamen gedacht haben. Die meisten nennen mich einfach nur F.« Dabei lächelt er verschmitzt und um seine Augen bilden sich winzige Lachfältchen. Ich lächle entzückt zurück.

»Inés van Weyden, ich bin nur als Begleitung hier.«

»Ah«, sagt er und hält meine Hand weiterhin fest. »Holländische Vorfahren? Daher auch die blonden Haare.« Ich nicke.

Die langen Äste der Weide kitzeln an meinen Schultern. Fs Hände sind immer noch in meinen Haaren vergraben. Ich mag es, wie er mich anfasst.

Oje, er gefällt mir! Er hat so eine natürliche erotische Ausstrahlung. Er ist nicht angeberisch oder schleimig. Stattdessen sieht er zum Anbeißen aus, hat Humor und total gute Manieren!

»Was machen Sie beruflich?«, fragt er und lässt nun doch meine Finger los, was ich ziemlich schade finde.

»Ich arbeite als Journalistin bei einer regionalen Tageszeitung.«

»Ach, dann sind wir ja beide vom gleichen Fach!«

»Na ja, fast«, lache ich. »Bei mir geht es eher um den Kleingärtnerverein oder die Wahl des Bürgermeisters. Also wenig Glamour und Hochglanz.«

F will gerade etwas erwidern, da steht Carla plötzlich neben mir. »Inés! Da bist du ja ... ich habe schon gedacht, du wärst verloren gegangen.«

»Ich bin schuld«, sagt F. »Ich habe sie entführt.«

Carla legt grinsend einen Arm um mich. »Och, du Arme! Soll ich dich aus Ferdinandos bösen Fängen befreien?«

»Nein«, sage ich ganz ernst. F strahlt und Carla muss sich ein Lachen verkneifen. »Also ich meine«, stottere ich und meine Wangen glühen, »wenn du noch geschäftlich zu tun hast, bleibe ich noch hier.«

»Na, ich guck mal, ob ich noch jemand schrecklich wichtigen finde«, zwitschert Carla. Sie kneift Ferdinando freundschaftlich in den Arm. »Pass gut auf, Schätzchen, das ist meine beste Freundin. Und ich weiß, wo dein Auto parkt.« Dann trippelt sie auf ihren hohen Hacken davon.

F schüttelt amüsiert den Kopf, ich gebe mir immer noch Mühe, nicht rot zu werden. Ich finde ihn total hinreißend. Und ich muss ständig daran denken, wie er wohl nackt aussieht. Und ich hatte schon viel zu lange keinen Sex mehr. Und ...

»Erzählen Sie mir doch noch ein bisschen von sich«, sagt F in diesem Moment, legt einen Arm sanft um meine Taille und bugsiert mich so weg von einer Gruppe Anzugträger, die soeben an die Bar drängt und mich vermutlich unter sich begraben hätte. Ich kann weder denken noch atmen, deshalb nicke ich nur. Als er mich wieder loslässt, schnappe ich verhohlen nach Luft, während F zwei Gläser Weißwein vom Tablett eines Obers nimmt.

Zwei Stunden später haben F und ich einander die kompletten Lebensgeschichten erzählt und ich bin ihm mittlerweile völlig verfallen. Dann greift F spielerisch nach einer Strähne meines blondes Haares.

»Echtes Blond ist so selten«, sagt er und schaut mir lange in die Augen. Ich schlucke. Herr Ober, ... nein danke, der Weißwein ist ausgezeichnet, aber jetzt hätte ich doch gern ein Bett. Danke. »Sollen wir ein bisschen spazieren gehen?«, fragt F und guckt dieses Mal nicht so selbstsicher. »Draußen ist es noch warm und direkt gegenüber ist ein kleiner Park.«

»Gerne«, hauche ich.

F geht vor und macht mir so den Weg frei und ich komme mir ein bisschen vor wie ein Star. Er ist so höflich! Dann denke ich an Carla. Ich muss ihr simsen, dass ich noch mit F unterwegs bin, damit sie sich keine Sorgen macht. Und dass sie nach Hause fahren kann, wenn sie keine Lust mehr hat. Ich bin so nervös, dass meine Hände ein wenig zittern und das Simsen so lange dauert, dass F und ich bereits im Park sind, als ich die Nachricht endlich abschicke. Es ist tatsächlich noch ziemlich warm und die wenigen Laternen tauchen die Umgebung in angenehm schummeriges Licht.

»Ach, das ist ja der Stadtwald!«, sage ich. »Der ist riesig, da müssen wir aufpassen, dass wir uns nicht verlaufen.«

F schaut mich an und lächelt. »Du bist hinreißend«, sagt er mit seiner dunklen Stimme.

»Eigentlich wäre es mir auch egal, ob wir verloren gehen«, erwidere ich. F greift nach meiner Hand und spaziert mit mir direkt unter einen Baum. Die tiefhängenden Äste berühren uns. »Eine Trauerweide«, flüstere ich und F nickt.

»In diesem Dickicht aus Zweigen sind wir bestimmt fast unsichtbar.«

»Bestimmt«, hauche ich und blicke in sein Gesicht. Ich will ihn küssen. Ganz dringend!

Fs Gesicht kommt näher und ich bewege mich auf es zu. Unsere Lippen berühren sich, während meine Arme wie von selbst um seine Taille gleiten. Er küsst zärtlich, vorsichtig und langsam. In meinem Bauch tanzen Schmetterlinge. Ich presse mich an ihn, schlinge meine Arme weiter um ihn herum und F greift in meine langen Haare. Dann löst er sich von mir und zieht meinen Kopf leicht zur Seite, um sich ausgiebig der zarten Haut an meinem Hals zu widmen. Die langen Äste der Weide kitzeln an meinen Schultern.

Fs Hände sind immer noch in meinen Haaren vergraben. Ich mag es, wie er mich anfasst.

Zwanzig Minuten später sind wir erhitzt von der Knutscherei, doch F weiß anscheinend nicht weiter. Seine Erektion ist unübersehbar. Ich will mit ihm schlafen. Sofort. Hier. Aber F zögert, er schaut mich an. »Sollen wir wieder reingehen?«, fragt er und richtet höflich den verrutschten Träger meines Abendkleids. Nein, ich will nicht wieder rein. Ich will Sex. Und zwar mit ihm. Und genau jetzt. Also schüttele ich den Kopf. F greift um meine Taille und zieht mich an sich heran. »Hier?«, fragt er. Diesmal nicke ich. »Willst du wirklich? Mach dir wegen mir keine Gedanken.«

»Du hast doch bestimmt ein Gummi dabei, oder?«, frage ich.

F schluckt und nickt. Dann lächelt er etwas verlegen. »Ich habe es noch nie draußen gemacht.«

»Ich auch nicht«, flüstere ich und dann küsse ich ihn wieder. Meine Zunge gleitet tief in seinen Mund, während wir uns aneinandergeklammert Richtung Stamm bewegen. Die langen Äste streifen unsere Körper und F lacht in meinen Mund. »Bist du etwa kitzelig?«, frage ich atemlos.

»Ein bisschen«, sagt er, schiebt sich einen tiefhängenden Zweig von der Schulter und beginnt dann neckisch an meinem Hals zu knabbern. Ich nestele derweil an seiner Hose herum. Durch den geöffneten Reißverschluss greife ich nach seinem besten Stück, das leider durch die engsitzenden Shorts ein wenig eingepfercht ist. F seufzt entzückt, als ich über die Wölbung streichle, und streckt mir leicht sein Becken entgegen. Mit beiden Händen schiebt er mir rechts und links die Träger von den Schultern, bis der Stoff über meinen trägerlosen BH rutscht. Ich suche nach dem Knopf an seiner Hose, öffne sie und schiebe dann eine Hand in die Shorts. F seufzt wieder, nur dieses Mal deutlich lauter. Dann greift er um mich herum, hakt den Verschluss meines BHs auf und versenkt den Kopf zwischen meinen nackten Brüsten. Er saugt an meiner linken Brustwarze, als ich ihm die Hose herunterziehe und endlich sein bestes Stück ganz umfassen kann.

»Das Gummi«, flüstere ich und F muss sich wohl oder übel von meinen Brüsten lösen. Er bückt sich zu seiner Hose, die ihm um die Knöchel schlackert, und zieht sein Portemonnaie hervor. Es dauert nicht lange und schon hat er das Gummi gefunden. Er reißt die Verpackung auf und rollt es über seinen Schwanz. Das Portemonnaie lässt er achtlos neben sich ins Gras fallen, als er mich zurückdrängt, bis mein Rücken den rauen Stamm des Baumes berührt. Dann schiebt er mir das Abendkleid über die Hüften und hebt mich hoch. Zum Glück bin ich relativ klein und leicht, sonst hätte unser Vorhaben vielleicht in einem unschönen Unfall geendet. Ich ziehe Fs Kopf zu mir und presse meinen Mund auf seinen. F erwidert den Kuss dieses Mal nicht so zart und harmlos. Er drängt meine Zähne auseinander, während ich meine Nägel in seinen Rücken kralle. Ich spüre, wie er das Becken bewegt, und dann scheint er endlich richtig zu sein. Er drückt sich an mich und als er endlich in mir ist, gebe ich eine Komposition aus wollüstigem Stöhnen und zufriedenem Knurren von mir. F scheint das ziemlich anzumachen. Er beißt mir in den Hals und ich kratze über seinen Rücken. Ich ziehe an seinen langen Haaren, bis ich in sein Gesicht schauen kann. Im Dunkeln sind seine Augen fast schwarz. Sein Mund ist durch die Knutscherei noch sinnlicher geworden. F guckt mich an, dann schiebt er langsam das Becken vor. Ich stöhne ein bisschen, weil es sich so gut anfühlt, und F schaut mich immer noch an. Dann beginnt er, sich langsam rhythmisch zu bewegen. Ich suche nach seinen Lippen, während F mich härter an den Stamm presst. Die Rinde des Baumes kratzt an meinem nackten Rücken, doch es ist mir egal. Er soll bitte nicht aufhören. Und er soll bitte nicht schneller werden; so wie es ist, ist es perfekt. F kann anscheinend hellsehen, denn er erfüllt meine unausgesprochenen Wünsche. Mittlerweile hat er fast seinen ganzen Körper an mich gepresst und ich fühle ihn so unglaublich tief in mir, dass ich nicht lange brauchen werde, um zu kommen.

»Gut so?«, flüstert er. Ich nicke und hoffe, dass er es mitbekommt. Er macht genauso weiter, bis ich ihm ein Zeichen gebe. Langsam wird er immer schneller.

»Oh ja ...«, stöhne ich. Es ist toll. Es ist Wahnsinn. Es soll nie mehr aufhören. Ich rase auf eine Klippe zu und ich will nur noch springen. F keucht an meinem Ohr und wird ein wenig schneller. Sein ganzer Körper reibt an mir und ich merke, wie ich nicht mehr lange kann. »Jetzt noch etwas schneller«, flüstere ich und F wird schneller und härter. Ich stöhne und winde mich in seinen Armen, mein Körper scheint zu klein für meine Haut geworden zu sein, alles brennt, glüht und ich will zerbersten. Dann komme ich. Und F spürt es, er presst sich an mich und tief in mich hinein. Ich keuche und stöhne und meine Haare hängen in mein Gesicht. F lächelt, schiebt die Strähnen zur Seite und macht zögerlich weiter. Er ist noch nicht gekommen. Ich kralle mich wieder in seine Schultern und biege mich ihm entgegen. F versteht und legt sofort richtig los. Seine Bewegungen sind schnell, hart und lustvoll. Ich halte mich an ihm fest und sehe zu, wie auch er nur zwei Minuten später kommt.

Zum Schluss liegt sein Kopf an meiner Halsbeuge und ich höre ihn schwer atmen. Dann lässt er mich los und ich gleite zurück auf den Erdboden, meine Knie sind weich. F zieht das Gummi ab und schmeißt es achtlos ins Grün. Ich zupfe an meinem Kleid herum. F lächelt und streichelt meine Wange.

»Das war wirklich aufregend«, sagt er und hat ganz glänzende Augen.

»Finde ich auch!«, antworte ich strahlend.

Wir richten uns wieder her, klopfen Rinde und Blätter von unseren Sachen und F reicht mir mein Abendtäschchen. Zum Schluss schiebt er sein Portemonnaie wieder in seine Hosentasche.

»Reingehen?«, fragt er.

»Reingehen!«, sage ich. F lacht und Arm in Arm spazieren wir zurück.

Kaum, dass wir wieder drinnen sind, treffen wir auf Carla. »Du bist ja noch da! Ich hatte dir doch extra eine SMS geschickt«, sage ich und habe sofort den Anflug eines schlechten Gewissens.

»Nö, deine SMS habe ich noch gar nicht gelesen. Ich hatte eine geschäftliche Besprechung – höchst interessant! Unsere Frankreich-Korrespondentin ist da, so etwas kann man sich ja nicht entgehen lassen. Man hat ja doch nie Feierabend«, seufzt sie und guckt trotzdem ziemlich begeistert. Dann schaut sie uns genauer an. »Wie seht ihr denn eigentlich aus? F, du hast so komisches Grünzeug in den Haaren und was ist mit deinem Make-up passiert, Inés?«

»Ach«, sagt F ganz cool, »geschäftliche Besprechung.« Ich kichere, er küsst mich aufs Ohr und Carla klappt vor Überraschung die Kinnlade herunter. Was für ein grandioser Abend!

Wer gewonnen hat, ist doch egal

Andra (22), Jurastudentin,
über Britta (25), Jurastudentin,
und Marcus (36), Mediator, alle aus Düsseldorf

- - - - - - - - - - - -

»Wenn Britta sich an mich presst, sich hinter mir
bewegt und mir an meinen Haaren den Kopf in den
Nacken zieht, dann gibt es kaum einen Mann,
der uns nicht zuschaut.«

- - - - - - - - - - - -

O ch, näääääää«, sagt Britta in breitestem Rheinisch. »Nicht *der* Lippenstift! Der steht dir wirklich überhaupt nicht, mein Schatz.«

Hm. Ich gucke prüfend in den Spiegel. »Vielleicht hast du recht.« Ich wische das zarte Rosa ab. Zweiter Versuch: ein tiefes Rot. »Was meinst du, Britta?«

»Viel besser. So siehst du wenigstens volljährig aus.«

Ich schnaube beleidigt. Mein 18. Geburtstag liegt vier Jahre zurück. Trotzdem wurde ich neulich am Einlass einer Disco nach dem Ausweis gefragt. Britta stand direkt neben mir. Britta, die schon 25 ist und meine beste Freundin. Vor zwei Jahren haben wir uns auf einer SM-Party kennengelernt.

Ich bin einfach eine Liebhaberin der Lust, fröhlich pervers – und gerade mal wieder in Vorbereitung auf eine Party.

Meiner ersten. Damals habe ich SM noch »Sadomasochismus« genannt und geflüstert, wenn ich davon gesprochen habe: »Pssst. Ich bin Sadomasochistin.« Heute habe ich keine Lust mehr auf irgendwelches -ismus- und Identitätsgequatsche. Ich bin einfach eine Liebhaberin der Lust, fröhlich pervers – und gerade mal wieder in Vorbereitung auf eine Party. »Vorglühen« nennt Britta das, was wir hier gerade machen. Die Flasche Prosecco ist schon halb leer.

Vom Bad wechseln wir irgendwann ins Schlafzimmer hinüber. Verstreute Klamotten überall. Britta kann sich nicht entscheiden. Ich habe hingegen nur ein Outfit mitgebracht. Während meine Freundin noch über ihren Look of the Evening nachdenkt, schnürt sie mir das Korsett.

»Hey!«, schreie ich. »Nicht so fest.«

»Stell dich nicht so an, das ist doch noch gar nichts.« Sie bindet die Schnüre zu Schleifen und legt die Hände um meine jetzt wirklich schmale Taille. Ich spüre ihren Atem im Nacken.

Nachdem sie schließlich in einen schwarzen Catsuit aus Latex geschlüpft ist – oder vielmehr: sich hineingearbeitet hat –, sagt

Britta: »So, dann wollen wir mal los.« Wir ziehen unsere Mäntel über und stöckeln zum Taxistand. Brittas Freunde, die ich noch nicht kenne, geben eine Play-Party. Als Britta mich vor ein paar Tagen gefragt hat, ob ich mitkommen möchte, habe ich begeistert zugesagt. In Düsseldorf gibt es keine richtigen SM-Clubs – ist eben wirklich nur ein Dorf. Wenn wir szenig ausgehen wollen, müssen wir mindestens bis nach Bonn fahren. Aber auch da gibt es nur das AlcatraZ und so treffen wir ständig dieselben Leute. Und von den Männern sind die meisten leider völlig stulle. Das geht mir alles gerade richtig auf die Nerven, denn ich würde so gern mal wieder spielen. Ich suche ja nicht mal einen Freund, sondern einfach nur einen Mann für ein Spiel, einen Abend, eine Nacht bestenfalls. Mir würde einer reichen, der … na ja, ein bisschen hübscher als Guildo Horn sollte er schon sein und sein Intellekt sollte den eines Brötchens übersteigen. Und er sollte noch unter vierzig sein. Doch diese schon wirklich nicht so außergewöhnliche Kombi zu finden, hat sich in den vergangenen Wochen als echtes Problem herausgestellt. Na, mal gucken, ob heute irgendwas geht. Freunde von Britta, die doch selbst so schlau und schön ist, werden sicher ganz in Ordnung sein und auch nicht ausschließlich Idioten kennen.

Das Taxi hält, wir sind da. »Oh Mann«, entfährt es mir, als wir vor dem Haus stehen.

Britta zuckt mit den Achseln. »Tja, das ist echt 'ne Bonzenhütte, aber mach dir mal keine Sorgen. Die Susanne, die ist echt locker drauf, und ihr Freund, der Micha, sowieso. Der Kasten gehört Susannes Eltern. Die sind gerade im Urlaub.« Ah ja. Alles klar. Mami und Papi sind auf Djerba am Strand, total entspannt, da ja die Tochter aufs Haus aufpasst. Aber ich beschließe, dass mir das jetzt egal ist. Ich habe mich so auf diesen Abend gefreut. Wird schon kein Rotweinfleck auf den Teppich kommen.

Überschwänglich wirft Susanne sich Britta an den Hals: »Das ist ja sooo toll, dass du kommen konntest.« Du? Während ich einen Anflug von Beleidigtsein verdränge, werden wir ins Wohnzimmer geführt. Da stehen und sitzen schon etwa 15 Gäste herum. Die Vorhänge sind geschlossen, viele Kerzen, leise Musik.

Partys enden nicht nur oft in der Küche, sie beginnen meist auch dort. Erst mal einen Drink plus kohlenhydratige Grundlage organisieren. Plötzlich steht Susanne hinter uns.

»Ehe ich's vergesse«, sagt sie. »Oben habe ich drei Separees eingerichtet. Im Schlafzimmer meiner Eltern und in den früheren Zimmern von meinem Bruder und mir.« Sex im Kinderzimmer. Super.

»Die Pferdeposter haste aber abgehängt, Susanne, oder?«, fragt Britta. Ich habe etwas Ähnliches gedacht, mich aber nicht getraut, es auszusprechen – typisch.

»Die Pferdeposter schon, meine Reitgerten sind aber noch da.« Susanne grinst.

Mit Essen und Getränken beladen, setzen wir uns ins Wohnzimmer. Ich brauche auf einer Party immer eine Weile, bis ich so richtig angekommen bin. Jetzt gucke ich mich erst mal unauffällig um und scanne die einzelnen Leute. Gleich mehrere Typen mit Glatze und Halsband – ziemlich gut aussehend, aber nichts für mich. Denn mal von all dem anderen Kram abgesehen: Dominant sollte *er* auch noch sein.

Ich nippe an meinem Kir Royal. Er prickelt auf der Zunge. Und langsam fällt die anstrengende Uni-Woche von mir ab. Vielleicht hätte ich doch nicht Jura studieren sollen. Meine Eltern haben mir zu Philosophie und Literaturwissenschaft geraten: »Da hast du etwas mit Substanz, Kind. Jura? Das ist doch nur stumpfes Auswendiglernen.« Na ja. So ganz unrecht haben sie nicht gehabt. Vielleicht hätte ich auf sie hören sollen. Während ich noch an die Szene zurückdenke, leere ich mein Glas. Der Alkohol steigt mir zu Kopf und breitet sich dort aus. Das fühlt sich gut an.

Mein Blick schweift weiter durch den Raum. Zwei ins Gespräch versunkene Frauen. Noch eine Frau, die auf dem Schoß eines Mannes sitzt und dessen Nippel malträtiert. Vor der Bücherwand steht ein sympathisch aussehender Typ im schwarzen Anzug. Neben ihm kniet eine Frau, etwa in meinem Alter. Sie ist nackt, trägt nur einen Harness und ein Halsband. Die damit verbundene Kette liegt in der Hand des Mannes. Ein schönes Bild. Neid!!! Und dann ist da noch eine Gruppe von fünf oder sechs Männern, die eigentlich alle ganz gut aussehen. Ihr Alter? Vielleicht zwischen 25 und 45. Zwei von ihnen habe ich schon mal im AlcatraZ gesehen, ein anderer kommt mir auch irgendwie bekannt vor ... ja klar, ich bin mal beim Surfen auf sein Profil unter *www.sklavenzentrale.com* gestoßen. Susanne kennt wirklich viele Leute. Aber vermutlich hat sie auch ein monatliches Budget, das es ihr erlaubt, partymäßig mal übers Rheinland oder Ruhrgebiet hinauszukommen. Leider unterhalten sich die Männer ziemlich interessiert. Die sehen nicht aus, als würden sie gerade auf mich warten. Irgendjemand dreht die Musik lauter. Wie geil ist das denn? *Protège Moi* von Placebo – mein absolutes Lieblingslied! Einfach aufstehen und tanzen, normalerweise mache ich so etwas nicht oder höchstens allein in meiner Wohnung. Jetzt bin ich aber schon ein bisschen angetrunken und außerdem weiß ich nicht, mit wem ich mich unterhalten könnte. Denn Britta ist inzwischen – was weiß ich wohin – verschwunden. Ich wiege und drehe mich zur Musik und lasse meine Haare fliegen. Aus den Augenwinkeln schiele ich zu den Männern hinüber. Und einer von ihnen sieht jetzt öfter zu mir. Ich habe lange Arme mit zarten Händen und schlanken Fingern – das Schönste an mir, das ich eigentlich nur beim Tanzen zur Geltung bringen kann.

Es laufen noch mehr Songs von Placebo und plötzlich ist Britta wieder da. Und wir tanzen zusammen. Darin haben wir viel Übung, das können wir gut. Wenn Britta sich an mich presst, sich hinter mir bewegt und mir an meinen Haaren den Kopf in den Nacken zieht, dann gibt es kaum einen Mann, der uns nicht zuschaut. Wenn sie dann noch ihre Hand hinunterwandern und in meinem Ausschnitt verschwinden lässt – oder wie jetzt unter meinem Korsett –, dann kriegt der eine oder andere auch schon mal eine Latte. Wirklich. Ich habe es gesehen.

Jetzt fühle ich auch noch Brittas Zunge in meinem Nacken. Der Mann, der mich eben schon angesehen hat, hat seine Augen inzwischen fest auf uns gerichtet. Britta hat es auch bemerkt.

»Andra, guck mal«, flüstert sie mir ins Ohr. »Wie findest du den? Sollen wir den für dich klarmachen?«

»Was?« Unvermittelt bleibe ich stehen und drehe mich zu ihr um. »Was meinst du mit ›klarmachen‹? Wie soll das gehen? Was hast du vor?«

Britta lacht. »Lass mich nur machen. Ich habe da so eine Idee. Überlass das einfach mir. Aber, Andra, du musst dann auch mitspielen und darfst mich nicht hängen lassen.«

»Okay, ich verspreche es.«

Vielleicht ist der Typ ein Langweiler, aber selbst wenn, aus Erfahrung weiß ich: Wenn Britta Pläne macht, dann beinhaltet das meistens etwas ziemlich Witziges, Mutiges und manchmal auch Dreistes.

»Genug gequatscht«, sagt sie, nimmt meine Hand und geht mit mir auf die Männergruppe zu. »Hallo.« Britta strahlt in die Runde. »Dürfen wir uns dazusetzen?«

»Aber immer doch«, gibt einer betont locker zurück. Er ist nicht unser Mann, der ist nämlich gerade beschäftigt: Mit rotem Kopf nestelt er an seiner Krawatte herum.

Britta verliert keine Zeit und wendet sich direkt an ihn: »Kann ich dir helfen?«

Ich bin auf hilfloses Rumgestotter vorbereitet, aber unser Opfer fängt sich überraschend schnell. »Nicht nötig«, sagt er und grinst. »Ziemlich heiß übrigens, euer Tanz.«

»Freut mich, wenn's dir gefallen hat«, antwortet Britta und ich denke: Ist wohl am besten, wenn ich selbst jetzt einfach mal den Mund halte. Britta wird das schon machen. Sie fährt fort: »Ich finde Partys, auf denen nicht getanzt wird, ziemlich öde. Die Leute hier wirken irgendwie ein bisschen steif.«

»Hm, na ja …« Steif will unser Mann natürlich nicht sein, denke ich und verkneife mir das Lachen. »Ich bewege mich ungefähr so graziös wie ein Elefant. Ihr habt wirklich nichts verpasst. Übrigens: Ich heiße Marcus.«

»Und ich Britta. Aber hör mal, Marcus, was machst du denn so auf Partys, wenn du nicht tanzt und hier nur so mit deinen Jungs abhängst? Geht das nicht in einer Kneipe besser?«

Marcus lacht. »Geht so. Ich mag Kneipen nicht so gern. Und Männerrunde mit Bier – wenn du dir so etwas vorstellst – ist überhaupt nicht mein Ding.«

»Oh Scheiße, Marcus, du tanzt nicht, du trinkst nicht, vermutlich rauchst du auch nicht …«

»Stimmt, ich …«

»Irgendein Laster musst du doch haben.« Ein bisschen

Ich halte den Atem an, als ich Brittas Hände auf meinen Brüsten fühle.

platt ist das ja schon, was Britta hier abzieht, aber wenn man schnell etwas erreichen will, dann darf man wohl nicht so zimperlich sein – wie ich.

»Ach doch.« Wirklich niedlich, wie planmäßig das alles funktioniert. »Ich hätte da schon ein Laster zu bieten … Um ehrlich zu sein, ich bin mir selbst manchmal damit nicht ganz geheuer … Gestern habe ich in einem Film gesehen, wie eine Frau ausgepeitscht wurde. Mich hat dieser Anblick so scharf gemacht, dass ich über meine Erregung glatt vergessen habe, dass das keine einvernehmliche Aktion war. Ich schäme mich sehr.« Hoffentlich nicht zu sehr, lieber Marcus, sonst können wir den Rest des Abends vergessen.

»Hm.« Britta wirft mir einen Seitenblick zu. »Wie gefällt dir eigentlich meine Freundin hier?« Neiiiiin! Warum öffnet sich nicht der Boden vor mir? Warum darf ich nicht versinken? Das ist alles so peinlich, warum habe ich nur versprochen mitzumachen? Denn da bin ich einfach konsequent: Versprochen ist versprochen. Also ertrage ich tapfer mein Erröten, meine feuchten Hände und meine in solchen Situationen unerträglich juckenden Kniekehlen.

Jetzt wendet Marcus sich natürlich mir zu. Ich ringe nach Luft. Er betrachtet mich kurz und nickt Britta zu. »Sehr gut«, sagt er.

Seine Stimme klingt jetzt ganz ernst und sachlich. Das gefällt mir. Was er sagt, meint er auch so, ich spüre es. »Wirklich sehr gut«, bekräftigt er. »Ich habe sie schon vorhin beobachtet, wie sie allein getanzt hat. Sie hat einen tollen Körper und kann sich klasse bewegen.«

Britta nickt heftig. »Finde ich auch. Wenn du Lust hast, Marcus ... dann könnten wir uns ihren Super-Hammer-Luxuskörper mal etwas genauer ansehen.«

Marcus sagt nichts, macht aber eine Bewegung mit den Händen, die so etwas bedeuten könnte wie »Mögen die Spiele beginnen«.

Inzwischen ist es still im Raum geworden. Die Musik ist aus. Marcus' Freunde haben offensichtlich bemerkt, dass sie nicht gefragt sind. Außer uns sind nur noch ein paar Verstreute im Wohnzimmer. Als Britta nun mein Korsett aufschnürt, höre ich die Bänder durch die Ösen gleiten. Meine Nase kribbelt. Trotzdem bleibe ich bewegungslos sitzen. Ich halte den Atem an, als ich Brittas Hände auf meinen Brüsten fühle. Die Warzen sind schon ganz steif. Wir haben uns schon öfter gegenseitig angefasst, aber es war noch nie so viel Spannung zwischen uns. Ihre Finger tasten nun behutsam meinen Oberkörper ab. Sie lädt Marcus zum Mitmachen ein. Der bekommt nun einen richtig andächtigen Blick. Langsam nähern sich seine Hände.

Ich sitze zwischen ihm und meiner besten Freundin auf der Couch. Britta hält meine Arme auf dem Rücken fest. Sie knabbert an meinem Nacken, während Marcus meine Titten knetet. Er ist inzwischen mutig geworden und packt fest zu. Ich stöhne auf. Ein fragender Blick. Ich signalisiere ihm, dass alles gut ist. Also nimmt er sich meine Nippel so richtig vor. Er dreht und zieht so sehr an ihnen, dass mir ein Schmerzenslaut entfährt. Britta presst ihre Hand auf meinen Mund.

»Sei still«, sagt sie zu mir und »Mach weiter!« zu Marcus. »Andra mag es, wenn man ihr wehtut.«

Marcus ist jetzt so richtig in Spiellaune. Seine Augen blitzen. »So, das gefällt dir also, sagt deine Freundin jedenfalls. Ich würde es aber gerne auch noch mal von dir hören. Sag mir, dass du es geil findest. Bitte mich darum, dir Schmerzen zuzufügen.«

»Es gefällt mir. Bitte tu mir weh. Hör nicht auf damit, wenn ich schreie oder mich wehre.«

»Dich wehren? Ich hoffe für dich, dass du das unterlassen wirst.« Ich finde es immer total süß, wenn Männer so hart tun. Ich mag Rollenspiele.

Jetzt nimmt Marcus seine Fingernägel zu Hilfe und bearbeitet mit ihnen meine Brustwarzen. »Ahh!«

Er gibt mir eine leichte Ohrfeige. »Wirst du wohl still sein!«

Dann fällt Britta etwas ein: »Eigentlich könnte Andra sich mal ganz ausziehen. Was meinst du, Marcus?«

»Unbedingt.«

»Du hast es gehört, Andra.«

Ich streife mir den kurzen Rock und die Unterhose ab, schlüpfe aus den Schuhen und rolle die Strümpfe herunter.

»Sehr schön«, sagt Marcus. »Und jetzt steh auf.«

Nackt stehe ich vor zwei bekleideten Menschen. Ich mag dieses Bild, ich mag meine Rolle. Das Eis ist endgültig gebrochen. Jetzt ist nichts mehr peinlich. Ich bin auf einer SM-Party, ein toller Mann und eine tolle Frau haben Spaß mit mir und ich mit ihnen. Der Augenblick ist perfekt.

»Ich weiß ein Spiel«, sagt Marcus schließlich. »Das ist ganz toll. Wir befestigen Wäscheklammern an Andras ganzem Körper, und dann schlagen wir sie mit einer Gerte weg. Wenn die Klammer direkt beim ersten Schlag abspringt, gibt es zwei Punkte, wenn es beim zweiten Schlag klappt, einen Punkt. Wenn mehr als zwei Schläge notwendig sind, dann gar keinen. Wie ist es, Britta, hast du Lust?«

Natürlich hat sie die. Ich hingegen habe gemischte Gefühle, aber meine Meinung ist vermutlich gerade nicht gefragt. Marcus verschwindet, um seine Spielzeugtasche zu holen.

Dann fällt Britta etwas ein: »Eigentlich könnte Andra sich mal ganz ausziehen. Was meinst du, Marcus?« – »Unbedingt.«

»Alles in Ordnung?«, fragt Britta.

»Alles super«, gebe ich zurück. Ein bisschen angespannt bin ich aber doch.

Marcus ist wieder da. Er führt mich in die Mitte des Raumes und positioniert mich. Mit breiten Beinen stehe ich da, meine Hände liegen gekreuzt auf meinem Rücken. »Und da bleiben die auch«, sagt Marcus. »Egal, was passiert.«

Dann zieht er mir eine Ledermaske über die Augen. Das Letzte, was ich noch sehe, ist Brittas seliges Lächeln. Jetzt bringt Marcus die Klammern an. An meiner Brust ist das ganz einfach, an meinen Oberarmen wird es schwierig, am Bauch klappt es gar nicht. Ich bin ziemlich dünn. Aber Marcus ist erfinderisch und so fühle ich plötzlich ein scharfes Zwicken am Bauchnabel. Mehrere Klammern quetschen die Haut an meinem Hintern zusammen. Zum Schluss kommt noch eine an meine Klit. Aua! Ich höre, wie Marcus langsam um mich herumgeht. »Also, Britta, das sieht so verdammt geil aus, wie sie da so steht, das möchte ich noch ein bisschen genießen, bevor es losgeht.«

Marcus setzt sich wieder auf die Couch, Britta zündet sich eine Zigarette an. Ich fühle ihre Blicke auf meiner Haut. So geil, ich falle ins Bodenlose. Jetzt kann ich den Schmerz, hervorgerufen durch die Klammern, richtig genießen. Ich lasse nicht nur zu, dass er sich auf meiner Körperoberfläche ausbreitet. Ich nehme ihn tief in mir auf. Er durchfließt mich wie ein heißer Strom. Dieser Abend soll niemals zu Ende gehen. Offensichtlich hat Britta aufgeraucht, denn ich höre ihre Absätze auf dem Parkett. Auch Marcus ist aufgestanden. Sehr langsam kommen beide auf mich zu. Ich versuche, gerade zu stehen. Eine Gerte saust durch die Luft und trifft ins Leere. Es geht los. Ich kralle meine Hände ineinander.

»Ich habe das noch nie gemacht«, sagt Britta. »Fang du doch an und zeig mir, wie es geht.« Das lässt Marcus sich nicht zweimal sagen. Mit einem kräftigen Hieb schlägt er eine Wäscheklammer von meiner linken Brust. Scharf ziehe ich die Luft ein und gehe ein bisschen in die Knie. Das war wirklich schmerzhaft. Es tut schon weh, wenn man die Klammern ganz vorsichtig mit den Fingern öffnet, einfach deshalb, weil das Blut zurück in die abgeklemmten Partien fließt. Aber Marcus' Methode ist noch viel heftiger. Trotzdem: Ich will mir Mühe geben, unterdrücke jedes Gejammer und stelle mich wieder ordentlich hin.

»Zwei Punkte für mich. Du bist dran, Britta.«

»Oh ja, oh ja. Ein sehr schönes Spiel.«

Wieder zerschneidet die Gerte die Luft. Auch das ist richtig unangenehm, dieses Zischen so nah an meinem Gesicht. Und dann krümme ich mich plötzlich vor Schmerzen, die mir unglaublich intensiv vorkommen. Die ungeübte Britta hat es nicht mit einem Schlag geschafft. Die Klammer hängt noch an einer winzigen Hautpartie meiner Brust fest.

Mit einem kräftigen Hieb schlägt er eine Wäscheklammer von meiner linken Brust.

»Mach das ab«, quietsche ich. »Oh bitte, bitte, mach das ab!«

Bestimmt erfreut sich Britta an meiner Verzweiflung – die alte Sadistin –, aber sie zeigt sich gnädig und schlägt sofort wieder zu. Diesmal fester und mit Erfolg.

»Leider nur ein Punkt für dich«, kommentiert Marcus trocken, während ich mich schon wieder winde.

Es dauert eine gefühlte Ewigkeit, bis alle Klammern von meinem Körper entfernt sind. Mal bin ich der Verzweiflung und den Tränen nahe, dann wieder sehne ich den nächsten Schlag herbei, die nächste Explosion an und in meinem Körper. Denn ich liebe es zu schreien, mich so richtig hineinzuwerfen ins Leiden, in dem Bewusstsein, dass es mich in den Augen meiner Peiniger erhöht, wenn es ich ertrage. Ich will gefallen. Ich will mich durch dieses dunkle Tal hindurchkämpfen. Ich will diesen Zustand der Transzendenz erreichen, in den mich solche Spiele oft katapultieren. Und gleichzeitig will ich nichts lieber, als dass es vorbei ist. Vorbei.

Alle meine Wünsche gehen in Erfüllung. Als Marcus mir schließlich die Maske abnimmt, weiß ich nicht, wer das Spiel gewonnen hat. Durch Meditation habe ich so etwas nie erreicht, da sind mir immer nur die Füße eingeschlafen. Aber jetzt bin ich ganz bei mir, ganz in mir.

Plötzlich hebt Marcus mich hoch – mühelos –, trägt mich zum Sofa und legt mich sanft darauf ab. »Du warst ganz toll«, sagt er und streichelt meinen geschundenen Körper.

»Ich bin stolz auf dich«, kommt es von Britta. »Du warst so tapfer.«

»Wer hat denn jetzt eigentlich gewonnen?«

Britta lacht und verwuschelt meine Haare. »Marcus«, antwortet sie. »Aber das ist egal. Im Grunde haben wir beide gewonnen.«

Ein paar Minuten sind wir ganz still. Ich genieße den Nachklang der überstandenen Qualen. Britta hat unrecht, denke ich, denn gewonnen haben wir alle drei. Der Gedanke gefällt mir. Und während ich mich noch an ihm erfreue, registriere ich verblüfft, dass Britta ihre Hand zwischen meine Beine schiebt. Erst jetzt merke ich, wie feucht ich bin. Britta hat mich dort noch nie berührt. Trotzdem kommt mir alles, was gerade passiert, ganz selbstverständlich vor. Sie lässt einen Finger um meine Klit kreisen und ich schiebe ihr meinen Körper entgegen. Sie soll weitermachen. Jetzt fingert sie mich mit der ganzen Hand und zwar so richtig fest. Sie macht es mir mit ebensolcher Energie und Härte, mit der sie eben noch auf die Klammern eingeschlagen hat. Dann aber – ich rase gerade dem Höhepunkt entgegen – zieht sie ganz unvermittelt ihre Hand weg. Empört schreie ich auf. Das wird sofort mit einem strafenden Schlag gegen meine Titten geahndet.

»Was wäre das doch für eine Verschwendung«, sagt Britta mit einem Anflug von Ironie in der Stimme, »dich jetzt kommen zu lassen. Wenn ich mir Marcus ansehe, dann vermute ich, dass er nichts lieber täte, als es dir so richtig zu besorgen. Und sich selbst natürlich auch.«

> »Du warst ganz toll«, sagt er und streichelt meinen geschundenen Körper.

»Oh ja«, rutscht es mir heraus.

Von diesem tollen, fantasievollen, aufmerksamen und noch unbekannten Mitspieler durchgevögelt werden, das will ich plötzlich ganz, ganz dringend. Meine enthusiastische Antwort überzeugt auch Marcus. Er zieht seinen Schwanz aus der Hose. Einen sehr schönen und großen Schwanz, die Haut ist glatt und zart. Ich strecke die Hand danach aus und massiere dieses hübsche Ding. Es ist steinhart und weich zugleich. Es fühlt sich einfach wunderbar an. Kondome liegen zum Glück griffbereit auf dem Tisch. Ich hätte es auch nicht mehr länger ausgehalten.

»Steck ihn mir rein«, flüstere ich ein bisschen heiser. »Bitte, bitte.«

Vorsichtig setzt Marcus sich auf mich. Sein prächtiger Phallus ist fast ein bisschen zu groß für mich, aber es geht und ich will jetzt ganz genau das: ein dickes, fettes Teil in meiner Vagina. Marcus nimmt sich Zeit. Langsam versenkt er seine gesamte Latte in meinem Unterleib. Dann beginnt er, sich zu bewegen. Seine Stöße sind erst sehr kontrolliert und nicht tief, dann werden sie heftiger. Marcus drückt meinen Oberkörper in die Polster und hält ihn mit den Händen unten. Oh ja, denke ich. Ich liebe es, so von meiner Handlungsfähigkeit befreit zu sein. Willenloses Fleisch, nur noch Möse, weit weg vom Alltag. Marcus rammelt mich richtig hart. Mein fixierter Körper fliegt, mein Gehirn macht Urlaub. Ich atme immer lauter und schneller. Marcus' Stirn ist schweißnass. Er drückt mir eine Hand auf den Mund. Habe ich geschrien? Ich weiß es nicht. Auch ich schwitze. Ich blinzele die Feuchtigkeit aus meinen Augen, gerade noch rechtzeitig, um die Grimasse zu sehen, die Marcus zieht, als er kommt. Und die gefällt mir fast so sehr wie der Orgasmus, der jetzt auch meinen Körper schüttelt.

ANNA BUNT

Stille Wasser

**Brit (30), Grafik-Designerin, Durlesbach,
über
Konrad (29), Sozialpädagoge, Durlesbach**

- - - - - - - - - - - -

*»Mitten im Grünen steigen wir aus.
Gehen ein Stück über schattige Waldwege,
bis wir an den See kommen. Ich traue
meinen Augen kaum, als Konrad beginnt,
sich zu entkleiden.«*

- - - - - - - - - - - -

Gerade so habe ich die Bahn erwischt. Völlig verschwitzt und außer Atem lasse ich mich auf den Sitz fallen. Mein Herz schlägt mir bis zum Hals. Nicht nur, weil ich gerannt bin. Dabei müsste ich eigentlich gar nicht aufgeregt sein an diesem schönen Tag im Juli. Ein bisschen heiß ist es und ein bisschen stickig. Großstädte im Sommer sind grenzwertig. Zumindest für mich als Mädchen vom Lande. Auch im dritten Jahr kann ich mich nicht so recht an die Hitze in dieser Stadt gewöhnen. Ich streiche den dünnen Stoff meines kurzen Sommerkleides glatt, betrachte die Punkte darauf, sehe dann in die Scheibe neben mir, wo sich mein Spiegelbild abzeichnet. Warum bin ich nur so aufgeregt? Ich kann es nicht genau sagen. Denn ich treffe mich nur mit Konrad.

Konrad war viele Jahre lang mein bester Freund. So lange zumindest, bis ich von zu Hause weggezogen bin. Konrad war mit meiner ebenfalls jahrelang besten Freundin Maike liiert. Vor zwei Wochen haben sie sich zu meiner Überraschung getrennt. Nach wer weiß wie vielen Jahren. Und jetzt ist Konrad hier in dieser, meiner Stadt. Er muss mal raus, hat er gesagt. Ziemlich spontan und ziemlich kurzfristig hat er sich auf den Weg gemacht. Maike weiß nichts davon und ich habe hoch und heilig versprechen müssen, dass ich ihr nichts sage.

Als ich die Bahn verlasse, erwartet er mich schon. Seine mittellangen, dunkelbraunen Wusellocken bewegen sich im Wind. Die Augen kneift er leicht zusammen, weil ihm die Sonne ins Gesicht scheint. Sein Blick ist wohlwollend und irgendwie weiß ich ganz genau, dass ihm mein Kleid gefällt – obwohl ich mich nicht besonders für ihn herausgeputzt habe. Trotzdem werden meine Knie weich. Am liebsten würde ich mich umdrehen und einfach wieder auf die abfahrende Bahn aufspringen. Ich bin verwirrt. Fast ein Jahr haben wir uns nicht gesehen. Konrad bedeutet für mich Kindheit, er bedeutet für mich Heimat und irgendwie auch eine bessere Welt, die nicht mehr meine ist, die ich verlassen habe, weil ich glaubte, dass sich meine Träume dort nie erfüllen könnten. Ich falle ihm vielleicht ein bisschen zu überschwänglich um den Hals.

Pure Strategie, um meine Unsicherheit zu überspielen, weil ich mich gerade selbst nicht verstehe. Keinen Tropfen Alkohol am heutigen Tag, schwöre ich mir selbst.

Keine halbe Stunde später sitze ich an einem Tisch unter Kastanienbäumen mit einer Flasche Bier vor mir. Unsere Gespräche drehen sich überraschend wenig um Maike und den Bruch in der Beziehung der beiden. Nur kurz erklärt mir Konrad, dieses Mal sei es wirklich und unter Garantie vorbei. Er habe die Sache abgeschlossen und sich selbst für die nächsten sechs Monate Kontaktverbot zu Maike verordnet. Ich rede viel, er nicht weniger. Manchmal muss ich seinem Blick ausweichen. So viel Zuneigung bin ich nicht mehr gewohnt. Über uns flattern die Blätter der großen Bäume leise im Wind, manchmal trifft uns ein Sonnenstrahl. In der Ferne höre ich Autos über die Straßen rauschen, Kinder lachen, Hunde bellen und wenn mein Blick – meist aus Verlegenheit – auf mein Bier fällt, so denke ich, wie schön die kleinen Tropfen kühlen Kondenswassers in der Sonne schimmern – sie sehen schon erfrischend aus. Konrad redet immer mehr. Ich hänge zusehends an seinen Lippen, sein Lachen wird lauter, einnehmender und ich werde immer stiller.

Irgendwann nickt er mir zu. Wir verstehen einander ohne Worte. Er steht auf, hinterlässt einen Geldschein zwischen zwei leeren Flaschen. »Komm«, sagt er und nimmt mich an der Hand, wie er es als kleiner Junge immer getan hat. Wir laufen quer durch den Park, durch hohe Wiesen und über gemähte Rasenflächen, so lange, bis wir nicht mehr können, so lange, bis wir uns erschöpft und schwer atmend ins Gras fallen lassen. Ich blinzele wegen der Sonne, die mir direkt ins Gesicht scheint. Mein Kopf fällt zur Seite und liegt plötzlich ganz nah an seinem. Zu nah, finde ich. Sein Zeigefinger zeichnet mein Profil nach. Kurz lasse ich es geschehen, dann richte ich mich auf. Ich kann ihn riechen. Die

Ich hänge zusehends an seinen Lippen, sein Lachen wird lauter, einnehmender und ich werde immer stiller.

ganze Zeit schon und auch hier im duftenden Gras. Bisher habe ich es geschafft, diesen Geruch zu ignorieren, doch irgendwie kann ich das jetzt nicht mehr. Mit geschlossenen Augen atme ich tief ein, versuche, seinen Duft ganz in meine Erinnerung einzubrennen, und nehme mir vor, ihn jeden Tag vor dem Einschlafen wieder hervorzuholen. Diesen Geruch, der mir so viel Sicherheit und das Gefühl des Vertrauens gibt, der Heimat und Entspannung für mich bedeutet. Aber nein, er ist es nicht, Konrad ist nicht der Richtige für mich. Das habe ich bereits vor Jahren entschieden. Ich wollte frei sein, ließ mich von den Verheißungen der Stadt anziehen wie die Motte vom Licht. Ich kenne Konrad schon viel zu lange. Mir fällt auf, dass wir seit geraumer Zeit schweigen. Blinzelnd sehe ich zu ihm hinüber und bemerke, dass er mich schon ansieht. Er richtet sich auf, stützt sich mit den Handflächen im Gras ab.

Wenig später will er gehen. Ich folge ihm. Hinein in den Bahnschacht, wo es nach Gummi riecht, vermischt mit Urin, Zigarettenrauch und Essensaromen. Ein Zug bringt uns aus der Stadt. Wir sprechen nicht. Sitzen nur da, nebeneinander, sehen aus dem Fenster. Mein Oberarm berührt seinen und ich achte peinlich genau darauf, dass unsere Oberschenkel nicht das Gleiche tun. Manchmal sehen wir einander kurz an, lächeln dabei, genießen dann wieder in aller Ruhe den gemeinsamen Sommernachmittag. Vielleicht mag ich seine Haare. Vielleicht auch seine Augen, mag sein.

Mitten im Grünen steigen wir aus. Gehen ein Stück über schattige Waldwege, bis wir an den See kommen. Ein kleiner hölzerner Steg führt ein Stück hinaus, über die dunkle Oberfläche, auf der sich die Bäume spiegeln. Ich traue meinen Augen kaum, als Konrad beginnt, sich zu entkleiden. Nicht mal vor der Unterhose macht er halt. Ich sehe seinen kleinen weißen Hintern, genau wie früher, wenn wir im Sommer im See baden waren. Immer nackt, aber wer dachte sich schon etwas dabei. Etwas unschlüssig stehe ich am Ufer. Soll ich mich etwa auch ausziehen? Ich meine so ganz? Der Gedanke gefällt mir gar nicht und ein dichter Teppich aus Unsicherheit legt sich um mich. Konrad rudert mit den Armen in der Luft herum. Soll ich so tun, als würde ich nicht verstehen, dass er mich dazu bewegen will, auch in den See zu springen? Soll ich mein Kleid vielleicht einfach anlassen? Wie komme ich dann später nach Hause? Mit nassen Klamotten? Das finde ich noch schlimmer, als mich nackig zu machen. Wenn er sich nur wenigstens mal umdrehen würde, aber er denkt gar nicht daran. Ich nehme all meinen Mut zusammen und ziehe endlich das Kleid über meinen Kopf. Er pfeift belustigt. Na warte!, denke ich, entledige mich meines BHs und springe so schnell in die Fluten, dass er kaum eine Chance hat, meine Brüste zu sehen.

Wie früher schwimmen wir um die Wette, so lange, bis einer von uns nicht mehr kann. Natürlich bin ich diejenige. Schwer atmend komme ich wieder am Steg an und hieve mich aus dem Wasser. Dass ich nur ein Höschen trage, finde ich jetzt nicht mehr so schlimm, er sieht mich ja ohnehin nur von hinten. Ich lege mich zum Trocknen auf den Bauch. Doch Konrad macht mir einen Strich durch die Rechnung, er gibt mir einen seitlichen Stoß, sodass ich erneut im Wasser lande. Er amüsiert sich köstlich darüber und beobachtet mich ganz ungeniert dabei, wie ich barbusig und schimpfend erneut aus dem Wasser steige. Wieder lege ich mich auf den Bauch. Tiefe Entspannung ergreift mich schon nach wenigen Momenten in der Sonne.

Dann spüre ich plötzlich Konrads Hand auf meinem Rücken, wie sie erst ganz sanft über meine Haut fährt, mich dann hier und da ein wenig drückt und massiert, um sich schließlich in Richtung meines Pos zu schleichen. Ich weiß nicht, warum ich es geschehen lasse. Vielleicht weil es einfach nur angenehm ist. Vielleicht weil es schon so lange her ist, dass mich mal jemand gestreichelt hat, oder vielleicht auch ein bisschen, weil er es ist. Ich bin nicht gut in dieser ganzen Sache mit den Männern. Manche würden mich als prüde bezeichnen, obwohl ich mir gar nicht so verklemmt vorkomme. Irgendwie habe ich nur noch nicht den richtigen Mann gefunden, bei dem ich mich sicher und aufgehoben fühle und vor dem ich mich nicht schämen würde, die intensivsten Gefühle zu zeigen, die ein Mensch nur haben kann. All diese Gedanken schie-ßen mir kreuz und quer durch den Kopf und gleichzeitig bekomme ich eine Gänsehaut, könnte schreien, weinen und lachen zugleich, weil sich seine Berührungen so unglaublich gut anfühlen. Seine Hand fährt jetzt hinunter zwischen meine Pobacken, schiebt den Stoff meines Höschens dabei ein wenig tiefer. Ich habe früher nie geglaubt, dass man es genießen kann, dort gestreichelt zu werden. Ich seufze zufrieden und kann mich nicht erinnern, wann ich mich das letzte Mal so wohlgefühlt habe. Besser als eine dieser teuren Wellness-Behandlungen. Jetzt fängt er auch noch ganz leise an zu summen, ein Lied aus Kindertagen. Seine Hände wandern weiter über meinen Hintern.

Jetzt fängt er auch noch ganz leise an zu summen, ein Lied aus Kinder-tagen. Seine Hände wandern weiter über meinen Hintern.

Für einen kurzen Moment muss ich an Maike denken, doch ich verbanne den Gedanken an sie schnell wieder. Maike und Konrad haben sich getrennt. Getrennt, getrennt, getrennt! Außerdem weiß sie ja nicht einmal, dass er hier ist. Und mir ist jetzt einfach alles egal. Mein Körper fordert das Ende der Enthaltsamkeit. Ohne darüber nachzudenken, drehe ich mich auf den Rücken. Die Au-gen halte ich weiterhin geschlossen. Erst als sich ein Schatten über mein Gesicht legt, luge ich kurz. Ich weiß ganz genau, was gleich passieren wird. Deshalb schließe ich die Augen ganz schnell wie-der und es dauert nur wenige Momente, bis ich seine warmen, weichen Lippen auf meinen fühle. Das Gefühl vermischt sich mit seinem vertrauten Geruch und in meinem Gehirn scheinen Tausen-de winziger Raketen zu explodieren, als sich seine Zunge langsam, warm und angenehm in meinen Mund vortastet. Ich bin ein wenig aus der Übung, doch das scheint ihn nicht zu stören. Er macht einfach so lange weiter, bis wir in unseren Küssen miteinander verschmelzen.

Immer näher rückt er, immer leidenschaftlicher wird er und ich könnte den ganzen Rest meines Lebens einfach nur noch damit verbringen, diesen Mann zu küssen. Erst jetzt merke ich, wie sehr mir das alles über die Jahre gefehlt hat. Immer noch küssend, tastet Konrad sich zu meinen Brustwarzen vor, die bereits steif geworden sind. Eine Weile spielt er mit ihnen, dann verlässt seine Zunge meinen Mund und kümmert sich um meine Brüste. Ich könnte aufschreien, als ich sie an den empfindlichen Spitzen fühle, als er leicht hineinbeißt, als sich dann auch noch eine Hand in mein Höschen schiebt. Zuerst lässt er seine Finger ruhig liegen. Genau an der richtigen Stelle und ich zittere vor Aufregung und Vorfreude auf den Moment, in dem er mich berühren wird.

Seine Finger streicheln über meine nassen Schamlippen, dringen kurz in mich. Ich bin im Himmel. Die warme Sonne auf meinem Gesicht, ein leiser Windhauch, der mich erfrischt. Und endlich, genau im selben Moment, als sich seine Lippen wieder auf meine legen, beginnt er, meinen Kitzler mit dem Finger zu umkreisen. Ich weiß, dass ich dieses Gefühl nicht sehr lange aushalten werde, und er scheint es auch zu wissen, denn genau im richtigen Augenblick lässt er von mir ab. Er richtet sich auf und streift nun mein Höschen herunter. Scham kommt in mir auf, als ich begreife, dass ich nun völlig nackt vor ihm liege. Gleichzeitig heizt mich das noch viel mehr an. Immer wieder spüre ich seinen steifen Schwanz, der sich an meinen Oberschenkel drängt.

Sein Lockenwuschelkopf senkt sich jetzt zwischen meine Beine und Konrad leckt mich so, wie ich es noch nie erlebt habe. Nach nur ganz kurzer Zeit bin ich erneut knapp vor dem Höhepunkt und wieder lässt er von mir ab. Er beugt sich über mich, sucht die richtige Position. Seine Lippen legen sich auf meine, automatisch spreize ich die Beine weiter, um ihm den Zugang zu erleichtern, und dann spüre ich, wie er sich ganz langsam in mich schiebt. Im ersten Moment bleibt mir die Luft weg, ich fühle mich einer Ohnmacht nahe. Warm und voll und unglaublich gut. Einen Moment bleibt Konrad nur auf mir liegen, dann beginnt er, sich sanft zu bewegen. Ich bin sehr eng. Entsprechend intensiv fühle ich ihn in mir. Er reibt über meinen Kitzler und ich spüre, wie er mich mit jeder noch so kleinen Bewegung dem Höhepunkt näherbringt. Meine Muskeln spannen sich immer mehr an, enger und enger werde ich und auch er fühlt das ganz genau. Vielleicht braucht es noch zwei weitere Bewegungen oder drei, denke ich, als er plötzlich beginnt, sich schneller zu bewegen.

Fünf Stöße später bin ich tatsächlich so weit. Er fängt mein Stöhnen mit seinem Mund auf und kommt kurz nach mir. Das ist mir alles so neu. Noch nie hatte ich einen solchen Orgasmus, noch nie war ich so laut, noch nie wurde ich so langsam und so zärtlich, mit so viel Gefühl geliebt. Ich öffne die Augen und sehe ihn an. Er liegt immer noch auf mir, ist immer noch in mir, sieht mich an und streichelt mein Gesicht. »Es fühlt sich so richtig an«, sagt er nach einem kurzen Kuss. Kaum habe ich die Bedeutung dieser Worte begriffen, platschen auch schon die ersten dicken Regentropfen neben uns auf den Steg. Wir haben gar nicht mitbekommen, dass dicke Wolken aufgezogen sind. Konrad nimmt meine Hand, sieht mich von der Seite an und wir warten, bis der Regen vorüber ist. Die Tropfen zerspringen auf seinem Gesicht, kleine Bäche laufen über seine Wangen und wir sehen uns einfach nur an, Hand in Hand, mitten im Regen, und ich bin so glücklich wie nie zuvor in meinem Leben.

Wir machen es noch einmal im Regen und ein weiteres Mal, als die Sonne wieder hinter den Wolken hervorblinzelt.

Wir machen es noch einmal im Regen und ein weiteres Mal, als die Sonne wieder hinter den Wolken hervorblinzelt. Wir verhüten nicht. Auch nicht am Abend in meinem Bett, nachts auf dem Balkon und morgens im Bad. Wir sind alt genug, um Verantwortung für ein Kind zu übernehmen.

So geht das über mehrere Tage. Noch nie bin ich einem Mann begegnet, den ich so in- und auswendig gekannt habe und der trotzdem so neu und so spannend war, von dem ich so wenig die Finger lassen konnte. Hals über Kopf verlasse ich die Stadt. Meine Prioritäten haben sich vom einen auf den anderen Tag geändert.

Mittlerweile sind wir im dritten Jahr unserer Ehe. Die Wogen der Leidenschaft haben sich ein wenig gelegt und doch spüre ich jedes einzelne Mal, wenn ich heute mit Konrad schlafe, immer noch ein Fünkchen von dem, was unser erstes Mal so besonders gemacht hat.

Ganz nah in der Ferne

Christina (25), Biologiestudentin, Berlin,
über
Stefan (26), Schauspieler, Berlin

- - - - - - - - - - - -

»Auch ich sah Stefan plötzlich in einem ganz anderen Licht. Er war immer noch mein bester Freund, aber nun auch der Mann, dem ich in meinen Fantasien schon so oft begegnet war.«

- - - - - - - - - - - -

Stefan und ich beschlossen, zusammen zu verreisen. Besser gesagt, beschloss Stefan, mich auf meiner Reise durch Israel und Ägypten zu begleiten. Er meinte, ich wäre allein ja nicht mal in der Lage, eine Landkarte richtig zu falten, geschweige denn zu lesen. Außerdem fürchtete er, dass ich bestenfalls nur verschleppt, schlimmstenfalls aber umgebracht werden könnte und er sich folglich eine neue beste Freundin suchen müsste.

Meinen Flug hatte ich bereits vor über einem Monat gebucht. Damals war ich der festen Überzeugung, allein verreisen zu müssen, um meine Abenteuerlust auch nur im Ansatz stillen zu können. Aber je näher das Abflugdatum rückte, desto mulmiger wurde mir. Eine kleine, blonde Frau allein in Israel und Ägypten. War das eine gute Idee? Als ich Stefans Vorschlag, mich zu begleiten, schließlich zustimmte, hatte er längst gebucht.

Stefan und ich sind das, was man wohl »Sandkastenfreunde« nennt. Wir kennen uns, seit wir denken können. In den letzten 25 Jahren haben wir uns nie länger als ein paar Monate aus den Augen verloren. Wann immer wir einander nicht sahen, war entweder einer von uns beiden im Ausland oder schwer verliebt und der beste Freund oder die beste Freundin wurde mal wieder aufs Abstellgleis geschoben. Freunde verstehen das. Dafür sind sie da. Spätestens nach dem Scheitern unserer jeweiligen »großen Liebe« weinten wir uns aber wieder beieinander aus, zogen zusammen um die Häuser und schworen uns, nie wieder auf die Illusion der monogamen Paarbeziehung reinzufallen. Das Einzige, was zählt und Bestand hat, ist und bleibt die Freundschaft.

Es heißt, wenn man einen Menschen wirklich kennenlernen will, muss man mit ihm verreisen. Ich war mir sicher, dass es nichts geben könnte, was ich an Stefan noch nicht kannte. Ich kannte ihn besser als er sich selbst, und umgekehrt. Wir hatten nichts zu befürchten.

Mein Flug ging schon einige Stunden vor seinem. In Tel Aviv angekommen, fuhr ich ins vereinbarte Hostel und wartete in einem modrigen Zimmer auf seine Ankunft. Die ersten Stunden und der

Einbruch der Nacht zogen sich erschreckend lange hin. Das heruntergekommene Zimmer glich einer Gefängniszelle. Es war kalt, die Farbe an der Wand war noch feucht und es roch stechend scharf nach Schimmel. Als es um 1 Uhr morgens endlich an der Tür klopfte, war ich selbst überrascht, wie erleichtert ich über Stefans Ankunft war. Allein zu verreisen, wäre eine echte Scheißidee gewesen.

Das Bett unseres Doppelzimmers war kaum breiter als ein Einzelbett. Stefan und ich hatten schon unzählige Male zusammen in einem Bett geschlafen. Aber als ich in dieser Nacht versuchte, Po an Po liegend einzunicken, gelang es mir nicht. Ich wünschte mir, Stefan würde sich umdrehen, in Löffelchen-Position an mich kuscheln, den Arm um mich legen und seine Nase an meinen Nacken legen. Ich wunderte mich über dieses plötzlich auftretende Bedürfnis, ausgerechnet Stefan körperlich nah sein zu wollen. Während er schon tief und fest schlief, grübelte ich weiter vor mich hin und erklärte mir dieses Verlangen mit meinem schon länger andauernden Singledasein. Vermutlich sehnte ich mich einfach nur nach ein bisschen Nähe.

Po an Po verbrachten wir drei Nächte in Tel Aviv, bevor wir über Nazareth nach Tiberias reisten. Alles, was ich wusste, war, dass Jesus hier über das Wasser gelaufen sein sollte. Ich schätze, er wollte abkürzen. Verständlich, denn wir brauchten mit den Mountainbikes schon über fünf Stunden, um den See Genezareth zu umrunden. Außer sich fast bewusstlos zu radeln, gab es hier nichts zu tun und wir fuhren weiter nach Jerusalem. Dort blieben wir ein paar Tage und machten Ausflüge nach Ramallah und Bethlehem. Wir fielen auf, egal wo wir hinkamen. Der junge, sportliche Mann mit der kleinen Blondine mit dem doppelt so großen Rucksack. Wir staunten über Moslems, Christen und Juden – und diese staunten zurück.

Stefan und ich verstanden uns gut, aber hatten auch unsere Streitereien. Er warf mir vor, unspontan zu sein. Ich warf ihm vor, launisch zu sein. Wenn wir uns gestritten hatten, straften wir uns gegenseitig mit sturem Schweigen. Aber das hielten wir nie besonders lange aus. Dann kam ein Blick oder eine versöhnliche Geste. Ohne ein Wort zu sagen, trug Stefan meinen Rucksack oder hielt mich fest, wenn er ein Auto sah, das eigentlich noch in weiter Ferne war. Ich hatte immer das Gefühl, dass er auf mich aufpasste. Und das war ein gutes Gefühl. Ein seltenes.

Von Jerusalem zogen wir weiter nach Masada, eine von Herodes (dem Bösen aus der Bibel) errichtete Festung mit Blick über die triste, endlose Einöde am Toten Meer. Stefan schlug vor, am Strand zu schlafen, und ich stimmte widerwillig zu. Da wir kein Zelt hatten, fürchtete ich zu erfrieren. Aber Stefan versprach, wenn es hart auf hart käme, dürfte ich mit in seinen Schlafsack. (Mit Löffelchen?)

Da wir kein Zelt hatten, fürchtete ich zu erfrieren. Aber Stefan versprach, wenn es hart auf hart käme, dürfte ich mit in seinen Schlafsack.

Wir hatten schon oft darüber gesprochen, wie es wohl wäre, wenn er und ich Sex hätten. Auch wenn wir uns gegenseitig eingestanden, den Körper des anderen durchaus attraktiv zu finden, kamen wir immer wieder zu dem Ergebnis, dass wir uns das beide nicht vorstellen konnten. Sex würde auch die beste Freundschaft zerstören. Daher schworen wir uns, es niemals miteinander zu tun.

Aber in dieser Nacht unter freiem Sternenhimmel am Toten Meer musste ich die ganze Zeit darüber nachdenken, wie es wohl wäre, mit Stefan zu schlafen. Mein Verstand sagte mir, es wäre, wie es mit seinem eigenen Bruder zu tun. Aber mein Körper sagte mir etwas ganz anderes. Ich hatte plötzlich unglaubliche Lust. Diesmal dachte ich nicht mehr an Löffelchen-Kuschel-Positionen, sondern an hemmungslosen Sex unterm Sternenhimmel. Ich stellte mir vor, wie Stefan und ich es ineinander verschlungen am Toten Meer treiben. Wie ich meine Beine um seine Hüfte schlinge und Stefan meine weißen Brüste umfasst, die heller leuchten als der Mond. Unsere Küsse schmecken nach Salz, das sich schmerzhaft in die kleinen Wunden unserer von Mücken zerschundenen Körper brennt. Aber unsere Lust lässt uns diesen Schmerz vergessen, absorbiert ihn und verwandelt ihn ebenfalls in nichts als Lust. Während ich mir ausmalte, wie wir umspült von Meeresgischt gemeinsam zum Orgasmus kommen, war Stefan längst eingeschlafen. Ich dagegen war von meiner Fantasie so erregt, dass ich darüber nachdachte, es mir selbst zu machen, aber ich fürchtete, mich durch das Geraschel meines Schlafsacks zu verraten. Stefans leises Schnarchen ließ mich schmunzeln und schließlich unbefriedigt, aber glücklich einschlafen.

Nach der Nacht am Toten Meer trampten wir über die Grenze weiter nach Ägypten. Wir deckten uns mit Sonnencreme ein und suchten uns ein nahezu unberührtes Plätzchen in der Nähe von Dahab. Hinter uns die Berge, vor uns das Rote Meer. Wadi Gnai – let the good times pass by.

Für die nächsten Nächte wurde eine Strohhütte am Strand mit Doppelbett, Moskitonetz und Dachluke – mit Blick auf den Sternenhimmel – unser neues Zuhause. Ich wusste nicht, ob ich über diesen Gipfel der romantischen Absurdität unserer Reise lachen oder weinen sollte. Tagsüber lagen wir in der Sonne, schwammen, schnorchelten, spielten Schach und tranken Mango-Lassi. Wir waren zu zweit, entspannt und glücklich, lachten oder schwiegen. Wir stritten nicht mehr. Wir erzählten uns Geschichten, die wir uns schon oft erzählt – oder solche, die wir noch nie jemandem erzählt hatten. Und: Wir sprachen ständig über Sex. Zugegeben, seit jener Nacht am Toten Meer hatte ich dauernd Lust und verlor mich mehr und mehr in Tagträumen, in denen Stefan fortan zu meinem romantischen Helden wurde. Ich schob diese Rollenbesetzung auf mein mangelndes Vorstellungsvermögen und auf die Hitze. Schließlich waren wir in der Wüste – keine Oase in Sicht.

Als wir mal wieder im Sand lagen und das Salzwasser auf unserer Haut von der Sonne trocknen ließen, gab ich mich erneut einer meiner Sexfantasien hin. Ich stellte mir vor, wie ich schweißgebadet am helllichten Tag auf dem weißen Laken unserer Strohhütte liege und es mir selbst mache. Kurz bevor ich komme, geht plötzlich die Tür auf und Stefan betritt die Hütte. Ich halte erschrocken inne. Er bleibt ganz ruhig vor mir stehen, schließt die Tür, sieht mich an und sagt: »Mach weiter!« Ich gehorche seinem Befehl und meiner Lust, befriedige mich selbst, ohne ihn dabei aus den Augen zu lassen. Er sieht mir eine Weile lang zu, bis er es nicht mehr aushält. Dann zieht er sich seine Badehose runter und beginnt, im Stehen vor mir zu masturbieren. Dieser Anblick macht mir noch mehr Lust. Sein rechter Oberarm spannt sich bei jeder Bewegung an, seine Gesichtszüge verhärten sich. Kurz bevor er kommt, kniet er sich vor mich, reißt meine Hand zur Seite und fängt an, mich zu lecken. Oh Gott.

Diese Fantasie machte mich mitten am Tag so verrückt, dass ich tatsächlich unter einem Vorwand in unserer Hütte verschwand, um es mir selbst zu machen. Stefan kam nicht dazu. Leider oder Gott sei Dank? Ich konnte das inzwischen schon nicht mehr beurteilen.

Eines heißen Badetages erinnerte mich Stefan an mein ursprüngliches Vorhaben, nachts auf den Berg Sinai zu steigen. Diese Idee hatte ich aus Faulheit auf meiner Must-Liste schon sehr weit nach hinten geschoben. Aber Stefan hatte recht. Der Berg war nur zwei Stunden Autofahrt entfernt und wir hörten ihn rufen. Mr Hashim, eigentlich »Mr Money is no problem«, organisierte uns einen Fahrer, der uns mitten in der Nacht abholte und zum Fuß des Berges fuhr. Die nächsten drei Stunden folgte ich Stefan und seinem knackigen Po im Licht des Halbmondes und der Sterne auf einem schmalen Serpentinenweg auf den Berg Sinai. Es war unbeschreiblich schön. Und unbeschreiblich anstrengend. Ich fragte mich, wie Moses das mit den zehn Gebetstafeln geschafft hatte. Das letzte Stück zum Gipfel legte ich unter Tränen zurück. Ich war am Ende meiner Kräfte, aber glücklich.

Wir waren die Ersten auf der Bergspitze, um 4 Uhr morgens, bei Eiseskälte. Bis zum Sonnenaufgang waren es noch zwei Stunden. Die kältesten meines Lebens. Auch Stefan fror. Vom Aufstieg völlig nass geschwitzt, setzte uns der eiskalte Wind nun zu. Wir begannen, auf und ab zu springen und uns gegenseitig warm zu reiben. Nichts half. Schließlich nahm Stefan meine Hände, die ich vor lauter Kälte nicht mehr spürte, und steckte sie kurz entschlossen in seine Hose.

Ich brauchte einen Moment, um zu realisieren, dass es sich gerade nicht um eine meiner Fantasien handelte. Ich sah Stefan überrascht an, aber wehrte mich nicht. Die Wärme, die von seinem nackten Penis ausging, war zu verführerisch.

»Steck deine Hände auch in meine Hose«, forderte ich ihn auf. So standen wir da, auf dem Gipfel des Sinai, unsere Hände am Geschlechtsteil des anderen. »Macht dich das nicht an?«, wollte ich wissen.

»Zu kalt«, sagte Stefan und schwieg. Mich schon, dachte ich, sagte aber nichts. Als sich der Horizont langsam rot färbte und sich die Sonne am Firmament zu zeigen wagte, war der Gipfel bereits voll mit Menschen aus aller Welt, die sangen und beteten. Die Zivilisation holte uns ein. Wir nahmen unsere Hände aus der Hose des anderen und wussten: Wir hatten überlebt. Wir hielten uns im Arm und sahen die Sonne an, die wir so sehr ersehnt hatten. Was ich in diesem Moment erlebte, war keine Romantik. Auch kein Naturspektakel. Denn dafür war der Himmel zu bewölkt und ein Sonnenaufgang ist eben auch nur ein Sonnenaufgang. Ich kam zur Erkenntnis dessen, was Glück bedeutet. Teilen ist der Schlüssel zum Glück.

Die nächsten Tage blieben wir am Strand und genossen die Leichtigkeit des Nichtstuns. Stefan wurde mir noch vertrauter. Ich genoss es, neben ihm einzuschlafen, aufzuwachen und unauffällig seinen muskulösen und inzwischen sehr braun gebrannten Körper zu betrachten, wenn er mit geschlossenen Augen am Strand neben mir lag. Zu gern hätte ich mit meinen Fingern seinen Oberkörper abgefahren, an den Härchen um seinen Bauchnabel gespielt oder mit meiner Zunge an seinen Brustwarzen. Doch das alles passierte nur in meinem Kopf. Immer und immer wieder. Leider verging die Zeit schneller als gewollt und unser Aufenthalt im Paradies neigte sich dem Ende entgegen. Zwei Tage vor unserem Rückflug machten wir uns auf den Weg zurück nach Israel.

> So standen wir da, auf dem Gipfel des Sinai, unsere Hände am Geschlechtsteil des anderen.

Wir mussten wieder nach Tel Aviv und Stefan schlug vor, abseits der touristischen Routen über eine kleine Stadt namens Sderot zu reisen. Mir war das egal. Sderot lag mehr oder weniger auf dem Weg und soweit ich das der Karte entnehmen konnte, auch außerhalb des Gaza-Streifens. Als wir dort ankamen, war der Ort wie ausgestorben. Niemand war auf der Straße außer uns und ein paar Obst- und Gemüseverkäufern, die ihre Ware marktschreierisch feilboten. Wir betraten ein kleines Café auf dem Marktplatz. Die Besitzer des Cafés begrüßten uns freundlich und wollten sofort wissen, warum wir hier waren. Wir erzählten, dass wir auf der Durchreise seien und diesen Ort mal sehen wollten. Die Kellnerin humpelte. Sie setzte sich zu uns und erzählte von einer Operation an ihrem Bein. In ihrem Haus hatte eine Woche zuvor eine Rakete eingeschlagen. »Verdammter Krieg.«

Langsam wurde mir der Ernst der Lage bewusst. Wir waren zwar geografisch gesehen außerhalb des Gaza-Streifens, aber real gesehen mitten im Kriegsgebiet. Als ich Stefan gerade zur Rede stellen wollte, ertönte ein durchdringender Alarm. Eine Frauenstimme forderte durch Lautsprecher alle Bewohner auf, sich in Sicherheit zu bringen. Die Stimme rief »rote Farbe, rote Farbe«, als Warnung für einen unmittelbar bevorstehenden Raketenangriff. Die Menschen im Café sprangen auf und signalisierten uns, ihnen zu folgen. Stefan warf unser Gepäck in eine Ecke und schob mich der Menge hinterher. Unser Versteck vor dem Angriff war der Lagerraum eines Sportgeschäfts.

Da standen wir also, Stefan und ich, Seite an Seite zwischen Hunderten von Kartons und warteten auf das Einschlagen einer Rakete. Stefan hielt meine Hand fest und zum ersten Mal in meinem Leben dachte ich, gleich sterben zu müssen. Ich hatte Todesangst. Wir alle hatten Todesangst. Ich machte mir Vorwürfe und dachte an meinen Vater. Wenn ich das hier überleben würde, würde er mich anschließend umbringen. Ich schaute Stefan an und überlegte, ob er wohl auch Angst hatte. Das lenkte mich ab und machte mir Mut. Stefan anzusehen tat gut. Jedes Mal, wenn ich ihn ansah, entdeckte ich etwas Neues in seinem Gesicht: eine kleine Narbe, eine Unebenheit der Augenbraue, einen Mitesser, einen Kratzer, neue Bartstoppeln. Stefans Gesicht wurde mehr und mehr zu einer Landschaft für mich, die nie gleich und immer wunderschön war.

Die Rakete schlug ein, vielleicht einen Kilometer entfernt. Nach dem Einschlag warteten wir noch eine halbe Minute ab. Dann ging jeder wieder seinem Tagesgeschäft nach: Schuhe verkaufen oder Milch aufschäumen. Ich wollte meinen Kaffee nicht mehr trinken. Ich wollte einfach nur weg, so schnell wie möglich.

Wir waren nur eine knappe Stunde in diesem Ort und erlebten vier Raketenangriffe. Zwei im Turnschuhladen, einen auf dem Weg zur Bushaltestelle und den letzten – den schlimmsten – an der Bushaltestelle. Der Einschlag klang diesmal um einiges näher als all die anderen. Wir nahmen ein Taxi nach Tel Aviv. Auf einen Bus zu warten wäre zu absurd gewesen. Kaum saßen wir im Wagen, musste ich mein Gesicht an Stefans Schulter drücken und losheulen. Stefan und ich redeten während der einstündigen Fahrt kein Wort miteinander. Als wir in Tel Aviv ankamen, liefen wir eine Zeit lang schweigend nebeneinanderher, bis wir an einer Straßenecke plötzlich gleichzeitig stehen blieben. Stefan sah mich an: »Ich hab dich in Lebensgefahr gebracht. Kannst du mir das jemals verzeihen?« Ich wusste nichts darauf zu sagen. Vielleicht, weil ich schon so lange dringend pinkeln musste. Aber nicht dazu gekommen war. Wie auch? Raketen stopp, Pinkelpause?

»Ich muss mal auf Toilette«, lautete meine Antwort. An diesem Tag sprachen wir nicht mehr über das, was passiert war.

Erschöpft suchten wir uns eine Bleibe für die Nacht und beschlossen, unseren letzten Abend mit Bier und Burgern zu begehen: Auf das Leben! Auf die Freundschaft! Als Stefan sehr offensichtlich mit einer Soldatin am Nachbartisch flirtete, spürte ich ein unangenehmes Gefühl in meiner Magengegend. Ich schob es auf den Burger und das Bier.

Auf dem Weg zurück ins Hotel entfachte wie aus dem Nichts ein Streit. Stefan warf mir vor, eine unmögliche, besserwisserische

Person zu sein, mit der er niemals im Leben eine Beziehung führen könnte. Ich heulte – mal wieder – und schrie zurück, dass ich über eine Beziehung mit ihm nicht einmal nachdenken würde, so absurd wäre diese Vorstellung. Auf dem Flug nach Hause sprachen wir kein Wort.

Zurück in Berlin, hörte ich zwei Wochen nichts von Stefan. In dieser Zeit grübelte ich immer wieder darüber nach, warum er eine Beziehung auf einmal überhaupt angesprochen hatte. Ich spürte, dass ich mich ärgerte, als potenzielle Partnerin so vernichtend ausgeschlossen zu werden. Immerhin hatten wir zusammen den Nahost-Krieg überlebt! Ich vermisste ihn schrecklich. Das unangenehme Gefühl in meiner Magengegend kam zurück. Auch wenn ich es mir immer noch nicht eingestehen wollte, konnte ich meine Befürchtung nicht mehr verdrängen. Ich hatte mich in meinen Sandkastenfreund verliebt.

Nach zwei Wochen klingelte Stefan an meiner Haustür. Er stand vor mir, hielt eine rote Rose in der Hand. Als er zu sprechen begann, traten ihm Schweißperlen auf die Stirn: »Ich war gemein und ungerecht. Das tut mir leid. Aber ich kann es erklären: Ich habe mich in dich verliebt. Und das hat mir Angst gemacht. Und wenn ich Angst habe, werde ich gemein und ungerecht. Ich will nicht nur mit dir schlafen, sondern ich will mit dir zusammen sein und auf dich aufpassen.« Stefan verstummte und sah mich an, als könnte er selbst nicht glauben, dass er eben all das zu mir gesagt hatte. Ich küsste ihn.

Es war weder besonders leidenschaftlich noch außergewöhnlich wild oder einfallsreich. Es war einfach nur Sex mit meinem besten Freund, in den ich mich verliebt hatte.

Danach saßen wir eine gefühlte Ewigkeit auf meiner Couch und schwiegen. Wir hielten Händchen und waren beide so verlegen wie noch nie. Ich fürchtete, Stefan würde sich das womöglich alles nur einbilden, weil er sich eben an mich gewöhnt hätte, nach unserer Reise. Ich wollte gerade ansetzen, mit ihm darüber zu sprechen, aber er verschloss mir mit einem Kuss den Mund. »Wir werden es sehen, wir müssen es ausprobieren«, beantwortete er meine unausgesprochene Frage. »Und jetzt, jetzt will ich endlich mit dir schlafen, weil ich sonst wahnsinnig werde.« Ich musste lachen.

Von nun an war alles ganz einfach. Wir begannen, uns gegenseitig auszuziehen. Sehr langsam. Nach 25 Jahren schien es, als hätten wir für diesen Moment nun alle Zeit der Welt. Obwohl wir unsere Körper schon so gut kannten, war es, als sähen wir den anderen zum ersten Mal richtig an. Es war mitten am Tag. Es gab keine Musik, keine Kerzen, keinen Regen, der an die Scheibe prasselte, keinen menschenleeren Sandstrand, keinen Sternenhimmel, keine Wüste, kein Meer. Einfach nur Stefan und mich, in meiner Einzimmerwohnung.

Irgendwann, nachdem wir uns, von ständigen Küssen unterbrochen, gegenseitig ausgezogen hatten, löste ich mich aus seinen Armen, stand auf, ging in Richtung Bett und zog Stefan an der Hand hinter mir her. Dass wir beide nackt waren, fühlte sich selbstverständlich an. Ich legte mich mit dem Rücken auf meine Matratze. Stefan kniete sich vor mich zwischen meine Beine und sah mich sehr lange an. Wir sprachen kein Wort. Seltsamerweise war es mir nicht unangenehm, so betrachtet zu werden. Im Gegenteil. Ich genoss seinen Blick, seine Ruhe und dass er so fasziniert von mir war. Ich spürte, dass ich ihm gefiel. Dass ich ihm mehr gefiel, als er es vermutlich selbst erwartet hatte.

Auch ich sah Stefan plötzlich in einem ganz anderen Licht. Er war immer noch mein bester Freund, aber nun auch der Mann, dem ich in meinen Fantasien schon so oft begegnet war. Der Mann, in den ich mich verliebt hatte, den ich begehrte und jetzt in mir spüren wollte. Stefan verstand mich ohne Worte, beugte sich zu mir und bedeckte mich mit Küssen. Wir ließen uns weiterhin sehr viel Zeit, unsere Körper gegenseitig zu fühlen und einander zu schmecken. Als ich es nicht mehr aushielt, zog ich Stefan auf mich. Ganz behutsam drang er in mich ein.

In diesem Moment wurden alle meine Fantasien der letzten Zeit wahr. Und in Wirklich fühlte es sich noch schöner an, als ich es mir ausgemalt hatte. Wir küssten uns, sahen einander in die Augen und streichelten einander. Wir liebten uns. Es war weder besonders leidenschaftlich noch außergewöhnlich wild oder einfallsreich. Es war einfach nur Sex mit meinem besten Freund, in den ich mich verliebt hatte. Es war unglaublich. Es war echt. Es war geteilt. Es war der beste Sex meines Lebens.

Die Autorinnen

SABINE ANDERS, Jahrgang 1979, hat Literatur studiert und eine Doktorarbeit über den amerikanischen Schriftsteller Cormac McCarthy geschrieben. Sie ist als freie Autorin und Übersetzerin tätig. 2010 ist ihr Buch *111 Gründe, Pferde zu lieben* im Schwarzkopf & Schwarzkopf Verlag erschienen.

ANNA BUNT wurde 1980 in Esslingen am Neckar geboren. Mit 18 Jahren wurde sie sich ihrer devoten Neigung bewusst. Damit begann für sie ein schwieriger Auseinandersetzungsprozess, den sie einfühlsam in ihren autobiografischen Romanen *Subjektiv* und *Submissiv* (ANAIS) thematisiert.

SOPHIE CARLSEN wurde 1988 in Norden, Ostfriesland, geboren. Sie fing früh an, Geschichten zu schreiben, und probierte sich in unterschiedlichen Genres aus, wobei sie schnell ihre Vorliebe für erotische Themen entdeckte. Sie studiert Germanistik in einer kleinen Universitätsstadt in Mittelhessen. Mit *So weißverliebt* (ANAIS) legte sie 2010 ihren ersten Roman vor.

VERENA MARIA DITTRICH ist Wahlberlinerin mit Spreewaldwurzeln, hat Kunst und Literatur studiert und arbeitet als Journalistin. Nach ihrem Debüt *Sexgöttin* hat sie *111 Gründe, Berlin zu lieben* gefunden und sich mit Marie Sommer einen hitzigen Mailwechsel in *Zuckerpüppies – Zwei Frauen packen aus!* geliefert.

HANNA DONATH wurde 1979 in Frankfurt am Main geboren. Heute arbeitet sie als Redakteurin bei einem Printmagazin und lebt in einer WG in Freiburg. Im Frühjahr 2011 ist ihr erster Roman *Wem die Nacht gehört* bei ANAIS erschienen.

CHRISTIANE HAGN hat in Erlangen Theater- und Medienwissenschaften, Psychologie und Spanisch studiert. Seit 2005 lebt und liebt sie in ihrer Wahlheimat Berlin und schreibt – am liebsten Bücher und Kurzgeschichten, nicht so gern SMS. Nach ihrem Debütroman *Mein Herz ist ein Idiot* (ANAIS) stürzte sie sich für *Auf Männerfang* und *Glück to go* in zwei packende Selbstversuche.

CORNELIA JÖNSSON wurde 1980 in Lörrach am Ende der Welt geboren. Ihr gelang die Flucht über Wien nach Berlin, wo sie Theaterwissenschaft und Philosophie studiert hat. In Kreuzberg verfasst die Walter-Kempowski-Preisträgerin und mehrfach Geliebte derzeit Romane und Theaterstücke. Ihre *Spieler*-Trilogie ist bei ANAIS erschienen.

VANESSA VIOLA LAU ist Juristin und Yogini, Weltenbummlerin und Abenteurerin. Sie arbeitete in internationalen Kanzleien und Konzernen in Peking, Taipeh und Hongkong. Heute lebt sie in Berlin und Tokio. 2010 veröffentlichte sie ihr Buch *Küss mich überall* im Schwarzkopf & Schwarzkopf Verlag.

MIA KOWALSKI kommt aus Hamburg und kämpft hauptberuflich gegen Zeitdiebe jeglicher Couleur. Darüber hinaus beschäftigt sie sich ab und an mit dubiosen Comics und kognitiver Linguistik.

KIRA LICHT hat Naturwissenschaften studiert, schreibt aber über das, was sich in Laborexperimenten so gar nicht erforschen lässt. Sie wohnt mit ihrem verzogenen Hund und ganz vielen Büchern in der Nähe von Bochum. Ihr Debütroman *One Night Wonder* ist bei ANAIS erschienen, ihr Buch *Unisex* im Schwarzkopf & Schwarzkopf Verlag. Ihr neuestes Buch heißt *Mein Leben in Seife* (ANAIS).

MIA MING wurde im Rheinland geboren und lebt seit zehn Jahren in Berlin-Kreuzberg. Ihre Bestseller-Trilogie *Schlechter Sex* und ihre Bücher *Seitensprünge 1*, *Seitensprünge 2* und *Perfekte Nächte* sind im Schwarzkopf & Schwarzkopf Verlag erschienen.

ELKE MORRI verdient mit Sex ihr täglich Brot. Sie macht mit Prominenten und den restlichen Freaks erotische Interviews und schreibt schräge Reportagen. Morri lebt als freie Journalistin am Wörthersee. 2010 erschien ihr Buch *Alle Männer sind Freaks* im Schwarzkopf & Schwarzkopf Verlag.

ALEXANDRA NEWSKI wurde 1979 in Nowosibirsk, der Hauptstadt Sibiriens, in eine deutsch-russische Familie geboren und verbrachte ihre Kindheit und Jugend in Russland. Sie studierte Ingenieurwissenschaften in Berlin und arbeitet inzwischen in einer PR-Agentur. 2011 legte sie mit *Fuck off/on* ihren Debütroman vor.

ANOUK S. wurde 1980 im Rheinland geboren. Nach ihrem Magisterabschluss in Philosophie und Neuere Deutsche Literatur war sie zunächst als freie Journalistin und Autorin tätig. Zur Zeit arbeitet sie an ihrer Promotion, für die sie sich – wie in ihren literarischen Werken – mit den Phänomenen Macht und Herrschaft auseinandersetzt. 2009 veröffentlichte sie die Anthologie *Der Gedanke* bei ANAIS.

MARIE SOMMER war schon immer von dem Mann-Frau-Sex-Liebe-Ding fasziniert, weshalb sie sich auch als *Dirty Girl* und als eine der *Zuckerpüppies* in ausufernde Feldforschungen auf diesem Gebiet stürzte. Marie ist um die dreißig und macht »was mit Medien«.

JULIA STRASSBURG kam 1978 in Hannover zur Welt. Nach dem Grafikdesignstudium in Hamburg strandete sie in Berlin, wo sie heute freiberuflich tätig ist. Schon früh verlieh sie dem schöpferischen Kribbeln in ihrem Kopf Ausdruck in Text und Bild. Mit *Was sie will* (ANAIS) legte sie 2010 ihren ersten Roman vor. Im Frühjahr 2012 folgte ihm das erzählte Sachbuch *Schöner leiden*.

BESTER SEX 3
*33 Frauen erzählen ihre aufregendsten,
unanständigsten & romantischsten Abenteuer*
Von Alexandra Newski, Mia Ming, Marie Sommer,
Christiane Hagn, Cornelia Jönsson, Julia Strassburg,
Kira Licht und viele anderen

ISBN 978-3-86265-190-0
© Schwarzkopf & Schwarzkopf Verlag GmbH, Berlin 2011
Sonderausgabe als GIRLTALK 3, Berlin 2012

Titelbild: Alexandra Newski, Autorin | Foto: © Nico Klein-Allermann

KATALOG
Wir senden Ihnen gern kostenlos unseren Katalog.
Schwarzkopf & Schwarzkopf Verlag GmbH
Kastanienallee 32, 10435 Berlin
Telefon: 030 – 44 33 63 00
Fax: 030 – 44 33 63 044

INTERNET | E-MAIL
www.schwarzkopf-schwarzkopf.de
info@schwarzkopf-schwarzkopf.de